胡自逢著

文史哲學集成

周易鄭氏學

文史哲出版社印行

周易鄭氏學 / 胡自逢著. -- 初版. --臺北市：
文史哲, 民 97.09 印刷
頁： 公分.（文史哲學集成；84）
參考書目：頁
ISBN 978-957-547-007-4 (平裝)

1.

091

文史哲學集成 84

周易鄭氏學

著者：胡自逢
出版者：文史哲出版社
http://www.lapen.com.tw
e-mail：lapen@ms74.hinet.net
登記證字號：行政院新聞局版臺業字五三三七號
發行人：彭正雄
發行所：文史哲出版社
印刷者：文史哲出版社
臺北市羅斯福路一段七十二巷四號
郵政劃撥帳號：一六一八〇一七五
電話886-2-23511028 ・ 傳真886-2-23965656

實價新臺幣四五〇元

中華民國五十八年（1969）八月初版
中華民國九十七年（2008）九月 BOD 初版一刷

ISBN 978-957-547-007-4

周易鄭氏學序

胡生自逢，川人也。少喜國學，入國立四川大學，從向仙喬、林山腴、趙少咸、龐石帚諸老先生遊，植基甚厚。及卒業，任教空軍子弟學校，隨軍入台，繼又轉教於省立台北第二女子中學，先後凡十餘年，力學不倦，未嘗自足也。

民國四十五年，余創國文研究所於台灣師範大學。翌年，自逢來學，年已四十，於諸生爲最長，而勤苦攻讀，過於儕輩。自逢在所，專治金石之學，以金文釋例一文，頗受孔達生先生之激賞；其所修之第二外國語爲法文，余初意修外國語文必以年少者爲勝，及詢法文教授宋瑋達女士，方知冠諸生者竟爲年長之自逢，爲之驚詫不置；此皆自逢勤苦攻讀之效也。自逢既得碩士學位，時孔達生先生方兼理故宮及中央兩博物院事，特延攬爲助。自逢不自饜於所學，又來從余問易。初治宋易，於伊川易學尤能得其精微，嗣治漢易，於康成易學更能有所悟入。會余有香江之役，自逢詰疑問難，魚雁往還，未曾或輟。迨余返台，乃督其撰成周易鄭氏學一文，自逢卒以是獲博士學位，時年已四十有九矣。昔老子曰：「大器晚成。」驗之於自逢，余始知其言之不誣也。

余少從先師蘄春黃季剛先生侃問學，先生告以治小學經學必由許鄭，余以是寢饋於許鄭之書者數十年，雖愚者時有一得，丁時喪亂，奔走四方，未遑悉書以問世。偶作許慎生平行迹考，鄭玄學案等文，不過初啓其端，略發其凡而已。然與諸生講學，則時時道之。諸生之俊彥者往往有所會心，欲因其說而分別精研之，以補余闕。於是賴生炎元撰毛詩鄭氏箋釋例，而鄭氏之詩學明；李生雲光撰三禮鄭氏學發凡，而鄭氏之禮學明；今自逢撰周易鄭氏學，而鄭氏之易學又明。淸儒之治鄭學者，固莫之能過也。他日儻有步賴、李、胡三博士之後塵者，續研鄭氏之尚書學、春秋學，使鄭氏之經學無不大明，豈非學苑之盛事也哉？至許氏以「五經無雙」著稱於世，有淸一代撢研其說文之學者二百餘家，可謂極盛，而撢研其五經之學者寥若晨星，寧非憾事？是則有望於後之博士矣。

自逢之周易鄭氏學，付之剞劂，即將蕆事，來書請序。余旣序賴炎元，王忠林、李雲光三博士之書，則於自逢之請亦不能無以應，因述自逢治學之勤苦成就及余之所感以付之，亦所以爲來者勗也。

中華民國五十八年六月二十二日高郵高明撰

周易鄭氏學序

民國四十六年元月，台灣師範大學國文研究所奉命招收博士班研究生，十二年來，子衿成業，燦乎彬彬，迄至今日，經教育部博士學位評定委員會考試通過者，凡有七人，曰羅生錦堂、曰賴生炎元、曰王生忠林、曰李生雲光、曰胡生自逢、曰周生何、曰陳生新雄。自逢於此諸生中，則又致力彌專，問年最高。其博士論文爲周易鄭氏學，徵引繁博，條理密察，蓋能抉鄭氏易學之幽微者也。

胡生論文之指導者、爲高君仲華、程君旨雲、與余三人。五十五年八月十五日，教育部舉行博士學位評定考試，所聘委員，爲陳大齊、吳康、林尹、高明、陳槃、陳泮藻、廖維藩等、由陳委員大齊主試，獲得全票通過，爲中華民國第五位文學博士。今者自逢已應聘爲台灣省立高雄師範學院國文系主任，而嘉新水泥公司文化基金會又爲刊其論文，自逢請言於余，因略述其概云。

中華民國五十八年九月瑞安林　尹景伊序於台灣師範大學國文研究所

周易鄭氏學目錄

第四章　鄭氏小學疏證……………………………………………………二二七

本章不分目、按今注疏本之篇次、依經傳附錄鄭氏易注有關小學之字辭、隨文而疏證之。

周易鄭氏學

胡自逢著

前言

漢高密鄭君康成，以師儒徧治群經，而易注尤爲晚出，此彌足珍貴者也。惜唐代易用王輔嗣注，鄭學乃日以寖微，至南北宋之際，而易注又亡！宋王伯厚，始自諸經義疏、集解、釋文等書中，輯爲一編。及清、稽古之風特盛。輯鄭氏易注者，惠氏定宇以下，名家間出，鉤抉網羅，殆無遺漏。使吾人於斷簡殘編中，頗復窺見先儒制作之苦心，斯亦不幸中之大幸也，閒嘗彙輯諸本，理其繁複，審其可否，以爲定本。次復考其易學淵源，由康成業師馬季長而上，有費氏、京氏、孟氏，遠及十翼，皆可見其涯略。次及鄭氏易例，由義理、卦爻、時位、禮制四端，條分縷析，以尋其例類，雖復枝葉紛披，而若網在綱，紀別儼然也。末則考其小學，就文字之形音義以求康成詁易之方法。足見其態度之謹嚴，矩矱之不越，而立言之有據。謹於卷首撮舉鄭易之異於諸儒者，以爲騶唱焉。

一、注易年代

康成於漢靈帝熹平三年以前注尚書中候及易、書、詩、禮四經之緯。四年，在禁錮中，注周官、儀禮、禮記。光和五年著發公羊墨守，箴左氏膏肓，起穀梁廢疾。中平元年以後，注古文尚書、毛詩、論語、又撰毛詩譜、論語釋義、仲尼弟子目。獻帝初平二年，至徐州，居南城山，注孝經。時年六十五。知群經之注及他種要著，皆成於六十有五以前，惟易猶未注。爾後養精菑學，勤力弗已。當更思有以發明也。至建安五年春，寢疾，時袁紹與曹操相拒於官渡，令其子譚遣使偪玄隨軍，欲挾以自重。不得已乃載病到元城縣，疾篤不進，乃注周易，注畢，知病不起，作自序。是年六月卒。年七十四。知易注成於易簣之前，最爲晚出，蓋畢生心力之所鍾也。至易注卷數，史志所載不一，七錄十二卷，釋文敍錄十卷，錄一卷。隋志、舊唐志九卷，新唐志十卷，宋崇文總目一卷，唯文言、說卦、序卦、雜卦四篇，餘皆佚。玉海云：「鄭氏所注第九、總文言、說卦、序卦、雜卦四篇，學者不能知其次，乃謂之鄭氏文言。」據此，則鄭氏易注，疑爲九卷也。何則？周易古本，原爲十二篇，今見漢石經殘字本可證。故七錄仍爲十二卷。鄭既合文言、說卦、序卦、雜卦爲一卷，十二篇內，除去此四篇，尚有八篇，合之則爲九卷。今王輔嗣易本卷數循鄭之舊，而以文言附經，餘說卦、序卦、雜卦三篇，仍合爲一卷，其踪跡猶可見也。參取後漢書本傳、鄭學錄、禮學新探（高師近著）

二、鄭易有師承而不墨守家法

康成學有師承而不墨守師法，故能以通儒名重今昔。如注古文尚書，則采今文說；箋毛詩，則參稽齊魯韓三家。信能囊括兼容，而號爲通儒也。本傳范氏論之曰：「自秦焚六經，聖文埃滅。漢興，諸儒頗修藝文。及東京學者，亦各名家，而守文之徒，滯固所稟。異端紛紜，互相詭激，遂令經有數家，家有數說，章句多者，或乃百餘萬言。學徒勞而少功，後生疑而莫正。鄭玄括囊大典。網羅衆家，刪裁繁誣，刊改漏失，自是學者略知所歸」。按康成綜理異同，整齊衆家，辨正經義，歸於至當。使後世有所折衷。范史之論，信非虛語。其於易也，上承孟、京、費、馬諸儒之學，其師傳歷歷不爽（詳見篇內）。孟氏易學，本分章句災異二科。康成有其章句，而不及災異。京氏房，嫡傳孟氏之災異者也。而京房受業於焦延壽，延壽嘗從孟喜問易，是京易猶孟易也。京易多論世應、飛伏、游魂、歸魂、納甲，而鄭惟取其十二支配乾坤十二爻之說，以爲爻辰之依據，餘則略焉。費氏傳古文易，以十翼解經，鄭皆因之，而鄭氏易本，不全用古文。馬季長、康成之業師也。季長以禮制、人事說經，鄭以爲未足。不惟於斯二者，益宏廓其說，而又合之以爻辰、爻體等，以補馬傳不言易象之闕略。凡此，皆康成不守師法之事實。所謂博采廣攬，兼容幷蓄，如溟海之納江河，而復爲百川之所宗也。

三、鄭以小學通經義

昔孟子謂「善說詩者，不以文害辭，不以辭害志」（萬章）。志者，先民立言之初衷也。孟子固謂不拘拘一字一辭之常訓。然而一字一辭之不識不知，則其害志而昧經義爲必然矣。康成邃於小學。其詁易也，以文字聲音訓詁爲主，以期不害於作者之志。三者之中，尤重聲音。蓋聲音爲形義之樞紐。形因音立，義緣音變，或因音而定。故文字之形，雖遞變屢異，而推溯其音變所由，則其爲義，莫不渙然而冰釋，怡然而理順矣。此聲音所以握文字之管轄，而爲溝通形義之孔道也。康成詁易，深得聲音之理，而又力能御之，故於詁易時，則沛乎游刃而有餘也。如旅初六，「旅瑣瑣」，注云：「瑣瑣，小也」。瑣小雙聲，皆齒音也。旅九四，「得其資斧」。鄭易作「齊斧」。諸家皆執「齊」字以爲訓，愈解愈煩，其失也亦愈遠。不知資齊雙聲，鄭用假字，一聲之轉耳。繫傳：「成天下之亹亹者」。亹亹，鄭訓沒沒。於詩「鳧鷖在亹」，又訓亹爲門。沒門之與亹，皆爲雙聲，一音之轉也。「古者包犧氏之王天下也」句。鄭訓包爲取。包無取義，鄭則叚包爲捊。捊字，鄭於謙大象下，訓爲取。包捊二字亦雙聲。此皆由音以通義者也。不知聲音之理，不明通假之故，則惟執形以求義，未有不詰鞫而爲病者，此鄭易以小學通經義之證也。以小學通經義，則詁訓有據，此又漢儒篤實之學風也。

四、鄭易求義理於故訓

十翼專言義理，爲義理之鼻祖。天人之幾微，性命之本原，靡不該備。十翼言卦體、卦德、以及六爻時位比應承乘之理，鄭易無不祖述焉。十翼爲易經最早之故訓，亦即本經尤早之注疏。舍此而言義理，是數典而忘其祖也。鄭易以十篇之義說經，注中往往可見。譬之乾九三、九五、即本說卦之文，以言天人之道，隨、大有等卦辭下，又據文言釋四德之義以說經皆是。更於繫傳「易有太極」句下，注曰：「極中之道」。以中訓極，屢見於故訓、洪範「建用皇極」傳，詩「士也罔極」傳，園有桃「謂我士也罔極」傳，思文「莫匪爾極」傳、諸極字皆訓中。極中之道，猶云至中之道，約而言之，即謂中道。易尙中道，中者天下之正道（詳見篇中）。道者義理之總名，太極又易道之本原。是皆義理之極致，而易、詩、書、禮皆嘗言之。此鄭易求義理於故訓之徵也。無徵不信，求義理於故訓，則與後世之鑿空臆說，但爲一人之私言者，迥不相侔矣。

五、鄭易歸本於人事

易本憂患之書，爲衰世之學。所謂「興於中古」者，罹憂患之世也。所謂「作易者其有憂患」者，成於憂患之人也。故吉凶悔吝之辭，見於經文，皆爲人而發也。乾九三曰：「君子終日乾乾」，傳即曰「君子進德修業」。則所以乾乾者在此。此經傳明言人事之確徵，今人能舍人事而言易乎？故易雖言天道而不離人事，所謂道不遠人也。六十四卦之大象，皆有「君子以」字，譬之乾大象曰：「天行健，君子以自强不息」。震大象曰：「洊雷震，君子以恐懼修省」（舉二卦以概其餘）。一言進取，一爲檢身，皆因天道以修人事者也。言天道而必及於人事者，蓋天人相因。天道之隱微，因人而日章；人事之紀綱，又因天而建立（人紀法乎天常）。天人相因之理（天人之際）彖傳蓋常言之，而以咸恒爲至著。咸彖曰：「咸感也。二氣感應以相與。」又繼曰：「天地感而萬物化生，聖人感人心而天下和平。觀其所感，而天地萬物之情可見矣。」恒彖曰：「恒久也。天地之道，恒久而不已也。」又曰：「日月得天而能久照，四時變化而能久成。聖人久於其道而天下化成。觀其所恒，而天地萬物之情可見矣。」按二氣之相感應，則四時行焉百物生焉，固天道也。而人之相與親睦，以各盡其相生相養之道，亦感通恒久之義，則人事也。傳於咸恒皆言見天地萬物之情。曰萬物、則人自在其中，人特萬物之靈秀者耳。即此以見天人之理，靡不從同（傳言天人之理者固不止於咸恒二卦而已）。傳論天道，而卒歸之於人事。此其立言之旨，固已章明較著矣。鄭易即本傳義而推明人事。注中往往可見。凡鄭易用猶字以起下文，皆其顯著之例也。如同人卦辭：「同人于野亨」下，注曰：「乾爲天，離爲火。卦體有巽，巽爲風。天在上，火炎上而從之，是其性同於天也。火得風，然後炎上益熾。是猶人君在上施政教，使天下之人和同而事之，以是爲人和。同者君之所爲也。故謂之同人」。按注以同人卦象火性炎上而同於天，猶人君施政教以和同天下之人。猶者，天人之理同，人當與天地合其德也（乾文言：「夫大人者、與天地合其德，與日月合其明……」）賁卦辭：「賁亨小利有攸往」下，注曰：「賁、文飾也。離爲日，日天文也。艮爲石，石地文也。天文在下，地文在上，天地之文，交相飾成賁者也。猶人君以剛柔仁義之道飾成其德也」。按注由天地之文交飾成賁，猶人君以剛柔仁義飾成其德也。恒卦辭「恒亨无咎利貞」下、注曰：「恒久也。巽爲風，震爲雷。雷風相須而養物，猶長女承長男，夫婦同心而成家，久長之道。」按注以雷風之相須養物，猶夫婦同心而成家。明夷卦辭「明夷利艱貞」下，注曰：「夷傷也。日出地上，其明乃光。至其入也，明則傷矣，故謂之明夷。日之明傷，猶聖人君子有明德而遭亂世，抑在下位。則宜自艱，無幹事政，以避小人之害也」。按注以日之明傷，猶聖人君子之遭亂世，則不宜幹事也，睽卦辭「睽小事吉」下，注曰：「睽乖也。火欲上，澤欲下，猶人同居而志異也，故謂之睽。」注藉火澤之性相乖違，猶人同居而志異。損卦名下，注曰：「艮爲山，兌爲澤。互體坤，坤爲地。山在地上，澤在地下。澤以自損，增山之高也。猶諸侯損其國之富，以貢獻於天子，故謂之損矣。」按注藉澤之自損，猶諸侯損其國之富以貢獻於天子。益卦辭「利有攸往，利涉大川」下，注曰：「震爲雷，巽爲風。雷動風行，二者相成。猶人君出教令，臣奉行之，故利有攸往，利涉大川矣。」按注由雷動風行之象，猶人君出教令而臣能奉行也。夬卦辭「夬揚于王庭下」，注曰：「夬決也。陽氣浸長至於五，五尊位也，而陰先之。是猶聖人積德悅天下，以漸消去小人，至於受命爲天子，故謂之夬」。按注以五陽決去一陰，猶聖人積德以漸消去小人也。升卦名下，注曰：升上也。坤地巽木，木生地中，日長而上。猶聖人在諸侯之中明德日益高大也。故謂之升。」按注由木生日長之象，猶聖人在諸侯之中明德日益高大也。困卦辭「困亨」下，注曰：「坎爲月，互體離，離爲日。兌爲暗昧，日所入也。今上掩日月之明。猶君子處亂世，爲小人所不容，故謂之困也。」按注由兌上掩日月之明，猶君子困處亂世爲小人所不容也。井卦名下，注曰：「井法也、坎水也，巽木桔槔也……井之象也。井以汲人，水無空竭。猶人君以政教養天下，惠澤元窮也。」按注由井之汲養人，猶人君以政教養天下也。井九三「井渫不食」，注曰：「謂已浚渫也。猶臣修正其身以事君也。」按注藉井之浚渫，猶臣修正其身以事君也。革卦名下，注曰：「革改也。水火相息而更用事。猶王者受命，改正朔，易服色，故謂之革也。」按注以水火之更用事，猶王者受命改朔易服之事也。鼎卦名下，注曰：「鼎象也。卦有木火之用……鼎烹熟物之象。鼎烹熟以養人。猶聖君興仁義之道以教天下也，故謂之鼎矣。」按注藉鼎烹熟以養人，猶聖君興仁義以教天下也。震卦辭「震亨」下，注曰：「震爲雷，雷動物之氣也。雷之發聲，猶人君出政教以動國中之人也，故謂之震。」按注取雷之發聲，猶人君出政教以動國中之人。艮卦辭「艮其背」下，注曰：「艮爲山。山立峙各於其所，无相順之時。猶君在上，臣在下。恩敬不相與通，故謂之艮也。」按注即兩山分立之象，猶君臣恩敬之不相與通也。豐「九三折其右肱」，注曰：「三艮爻，艮爲手。互體爲巽。巽又爲進退。手而便於進退，右肱也。猶大臣用事於君，君能誅之，故无咎。」按注取右肱便於進退，猶大臣用事而君能誅之也。按鄭易今存者十之三四，而用猶字以起人事之文，有十七條之多。大象言「君子以」。以者，取以爲法也。鄭易注不言以，而特曰「猶」。猶者，譬況之詞。人固猶天；天亦猶人。謂天人之理同，天人之事應。則合天人而一之。其重視人事，又過於大象之言「以」矣。

第一章　周易鄭氏注彙輯

康成易注之輯佚始於宋王伯厚氏。康成爲漢季通儒，學綜天人，徧注羣經。其易注在魏晉本與王輔嗣注並行於大江南北，至唐人義疏，專用王注而鄭學寖微，南北宋之際鄭注遂亡！浚儀王伯厚深爲痛惜，始自集解、釋文、諸經義疏、文選、後漢書注中收拾殘缺，輯爲周易鄭康成注一卷，規模初立，創始爲難！後之作者，每疵其短。以爲：王本每條注文未著其出處；篇第淩亂，與經傳又不相應；即一卦之內，六爻先後，亦紊其自然之序；繫傳中所引，尤爲雜亂；此其顯失也。又用字不能畫一，如說悅之參差互出，逸豫之相互代用，皆是。而搜求不廣，紕漏滋多，又誤以鄭氏易緯之注爲易注，此皆後人所易見者。然而一注參用數書，其間去取裁酌，頗見匠心之獨運，又瑕不掩瑜也。踵其後者，有明人胡孝轅氏，姚士粦氏，清儒元和惠氏，歸安丁小雅氏，鄞縣袁陶軒氏，平湖孫步升氏，曲阜孔廣林氏，武進張惠言氏，甘泉黃奭氏九家。各有專著，互見短長。今次而論之：

首爲胡孝轅氏，胡刻本附李氏集解之後，名集解附錄，凡集解已引鄭注，皆略而不錄，胡引經傳元文，多未成句，或僅一二字，閱者殊感不便。其王本經注連書本係一辭，而胡本二分之，於是注文僅注經中一字而已。如大畜九三「良馬逐逐」。而引注文曰「逐、兩馬走也」。有妄改王本之字，如晉九四注文王作碩鼠，而胡本改碩爲鼫，則注訓大鼠之義无着矣。有踵王之誤者，如繫傳天一之作天二，貳當爲弍而作式，易有四象句下之以緯注爲易注皆是。至如王本注文讀如某，元爲小字，而胡改作大字，則其長也。要之，胡氏爲易解作附錄，一仍王本之舊，實則不過刋梓而已。胡本又附姚士粦氏所補注文二十五條於卷末，姚亦有誤，坤象傳「馴致其道」，「馴從也」，乃向秀之義而誤入注，是也。

次爲惠定宇本，惠氏三世篤古，爲清代漢學宗師，其輯本於王胡多所增益，信爲王氏之功臣。如標明注文之出處，補出七十餘條，有足多者，補王本奪字，更置王附卷末之文以入注，如「蓋取諸大過」一條注文是。正王本之誤。如觀象下，王本誤以宮闕爲門闕，井九二注文「九三」之誤作「生一」皆是。省王本複雜之字而不害其辭者，如比象下注文「賁飾也」一段中，省去「日」、「石」二字，坎六三注文省一「木」字，省之一無所妨，皆王之諍友也。然亦有踵王胡姚之誤者，如小過象下，王誤以鄭氏乾鑿度之注爲易注，晉九四胡誤改碩鼠之碩爲鼫，坤象傳下姚誤以向秀之訓爲鄭注，定宇皆仍其誤而未之改正。漸初六，惠又誤以疏文足辭之字（者）爲注文則非。又喜改經文，好用古字，（惠世守古學，著有九經古義）如易謙爲嗛，易納爲內，熟爲孰，烹爲亨，雖與古本合，然未必即爲鄭本之原文，此則嗜古之過也。而說卦「妙萬物而爲言」，易「妙」爲「眇」，尤無明據，則近於誣。又置易贊於簡端，亦失古人綴序卷末之素，此其短也。

次丁氏後定本，今不得見，然張本據丁而訂正之，張輯即丁本也。丁援王胡惠三本，更爲考定，補鄭注二十餘條，具見篇中。凡鄭注易緯之文與夫注漢書之鄭氏實非康成而並混入易注者，皆一一刊削之。又重理王本次序，補其所未備。惠於王本所引，既徧注其出處矣，其有惠氏所未及知，丁皆爲之補著，俾後世讀是書者，得以悉窺其原委，此丁氏之功也。

次袁氏本。袁輯鄭氏佚書二十三種，手自寫定者四種，而易注居首。袁本每條皆有考證，以著其由來，定其可否，或訓釋注文之義。凡王本所具，皆標出「原輯」二字，均與諸本不同。又補注文五條：觀大象下補鄭象云云一條，无妄六二，補「六二在震」一條（以與經義不協，未用）鼎九二補「仇九四」一條，下繫「易之興也」二句下補「易是文王所作」一條，又「人謀鬼謀百姓與能」句下，補「言謀爲善」一條，是也。其正字誤之處尤多，如訟「九二再易之田」句，「田」字王作「地」，袁改作「田」，以上文「不易之田」、「一易之田」例之，作「田」是也。又明夷「六二明夷睇于左股」，釋文出「夷于」二字，其下小字云「如字，子夏作『睇』，鄭陸同，云旁視曰睇。」袁則曰「據釋文，鄭『夷』作『睇』，非明夷下別出『睇』字也，今去之。」此鄭以「睇」代「夷」，經文中「夷」、「睇」二字不當兩出，袁去此「夷」字，是也。

此足見其考證之細。益彖下注云「而四體巽之下應初」，「下」字元譌作「不」，袁據義海改作「下」，正與爻畫合，此亦袁本考證之精處。有正王本之次序而至當者，如大畜「自九三至上九，有頤象居外，是其不家食吉而養賢」三句，王本元置卦名之下，而袁本更置於彖傳「不家食吉養賢也」句下，則甚是。蓋注本釋此句，而於卦名無與也。又按注文義訓之主從而正其先後之次，賁「六四白馬翰如」。注文「翰白也」三字，王本次「翰猶幹也」之後，而袁移於首句是也。又補王本奪字，豫大象下注文「而萬物乃豫也」，王本無「乃」字，而袁據詩疏所引補入。大畜「九三日閑輿衛」句下注文中，王奪「閑習」字，袁據釋文補之。然以意增字者，鼎卦名下注文「鼎烹熟以養人」句，袁於熟下增「物」字，則非也。又說卦傳「離爲電」句下注文「取火明也」一條，本惠氏所補，而袁以爲王氏之原輯，亦非。旣濟九五爻下，禮記坊記疏引鄭注一條云「互體爲坎也。又互體爲離，離爲日，坎爲月。日出東方，東鄰象也；月出西方，西鄰象也。」注文止此。其下「離爲牛，是東鄰之祭殺牛也」二句乃疏文，袁亦併入注文而連引之。疏於前文「坎爲豕，西鄰禴祭則用豕，」故又引鄭坊記注云「離爲牛」釋曰「是東鄰之祭殺牛也。」乃對引以明東西用牲之異，實疏文，而袁以爲易注，此其大誤也。旅初六爻下注文曰「每者不能以禮行之。」袁改「者」爲「皆」，黃本從之。不知「每」字已含「皆」意，「者」爲別事之詞（說文），每者非止一事之言也。說文屮部每字下，段注引毛公曰「每雖也」，又自謂「凡言雖者皆充類之辭，今俗言每每者，不一端之辭，皆盛也。」按小雅皇皇者華云「駪駪征夫，每懷每及，」傳「每、雖。」疏「汝駪駪衆多之行夫，受命當速行，每人懷其私以相稽留，則於事無所及矣，」此即證「每」「皆」二字訓義相同，袁不之察，而率爾改之，皆其失之大者也。

次孫步升重校惠氏輯本，於惠復多訂正，又著補遺一卷，新補者四條：蠱初六，補「子改父道」一條（今入附錄），離六五補「自目曰涕人爲煙所衝」一條（今入附錄），下繫「後世聖人易之以書契」句下，補以「書書木邊」一條，說卦「兌爲羊」句下，補「羊女使」一條。孫氏本補惠輯之遺，故此卷中多有王姚袁丁張諸家所已引之注文，惟惠氏遺之耳。孫移王本原附卷末數條入注，如釋「乾道變化」一條，蠱上九注一條，說卦「艮爲狗」一條，則是。其於惠本，或補其佚字，如乾九五下注文「飛之象也」，惠本奪「也」字，而王本未奪，如此之類尚多（不具引）。又引熊朋來經說以證坤六二「直方」下衍「大」字，則他本所未及，而惠本引書，出處含胡者，孫一一分疏之，如蠱卦名下，惠引「甲者造作新令之日」一條，惠但云正義，孫則云「首句是正義，先之以下是正義序。」夬九五「莧陸」。惠引注文「莧陸一名商陸」下注釋文二字。孫則云「此正義文」，以正惠氏誤著出處。觀象下「諸侯貢士」一條，惠不著其由來，孫補出「鄉飲酒禮疏」五字。此孫之功。而夬九三「壯于頄」，豐卦名下注「豐之言倎」二處，孫改「頄」爲「頯」，易「倎」爲「腆」以從王本之正字，甚是，此其所長。然而泰初九，王誤引漢書注以爲康成之易注，惠從之，孫氏初未之察，同條又妄以音訓「僉勤也」不誤之文爲誤（說見篇中）。否九四誤以「曷」爲「疇」之古文，按說文「曷」乃「疇」之古文，甲金文均作曷形可證。又謙卦名下孫引證惠本作「嗛」之字爲古文，（今按漢石經亦作嗛）固是，但非鄭易，而不加辨正，是爲曲從。賁六四「賁如皤如」，釋文本作「燔」，孫據易音改作「蹯」。家人九三「家人嗃嗃」，王惠本同，而孫從晁氏易改作「熇熇」。此宜以小字注明當作某，不可逕改經字，凡此皆其短也。

次孔氏本，補注文二條：蠱彖下補「蠱事也」一條，乾文言補「與日月齊其明」一條，是也。正王本之誤，「乾元用九」下注文「舜既受道」孔以爲「道」字有誤，宜作「禪」字，固是。然蒙彖下注文「亦所以利義而幹事」，孔以爲「利」字當作「和」，案注文此句本釋經文「利貞」二字，語本文言：「利者義之和也」，則利義與和義，語出一源，俱爲約文，（按公羊疏實作「利」字）不必改也。又正王本之誤而王本實不誤者。比九五爻下，注文「三則已發」。孔以王本「發」字譌，當作「法」，不知王據周禮正義作「發」；孔依左傳作「法」，兩本不同，不得云譌。較諸義訓，「三則已發」直承「驅禽而射之」句下，「發」字又順，譌於何有？困九二爻下注文「二與日爲體」，孔以此句又譌，而改爲「二與四爲離體」，不知「離爲日」，說卦已有明文，二句同用互體離，此不煩改作也。凡此皆不免於好事。又孔惠同引一注，惠本在前，而孔不謂惠己云然，多自謂所見如此，如上繫「八卦相蕩」句下，孔引釋文「衆家作蕩，」又曰「知鄭亦然」，謂己自知耳，而此條實惠所補，自不免於掠美，皆其失也。

次張氏訂正本，張本分十二卷，每卦先列彖爻辭而即次彖象傳於其後。是經傳雖分列，仍同在一卦之內，蓋從晁氏古易以彖象傳繫之於卦末也。此其特點。張即丁本而訂正之，已采丁之長而又補其所未逮。凡張氏以前諸家補出各條，皆標注某補，亦別本所未及。新補二條：旅九四「得其齊斧」，補鄭本經文一條，泰九二「苞荒」下補「荒大也」一條是。其正王本之誤處頗多：如蒙彖下注文「亦所以利義而幹事」，事下王本誤多「是也」二字。咸彖下注文「取之則吉也」，「取」王誤作「娶」。遯彖下注文「二五得位而有應」，王本「二」字誤作「曰」。困九二下注文「未爲土」，「土」字王本誤作「正」。補王本奪字。豫彖下注文「故利建侯行師矣」，王本奪「矣」字。臨彖下注文「奢淫則將亡」王本奪「則」字。升卦名下注文「升進益之象矣」，王本奪「矣」字。既濟九五爻下注文「互體爲坎也」，王奪「也」字，而噬嗑象曰下，王引釋文「勑猶理也」，此下奪引「一云整也」四字，張皆據原本以補之。而張改王本引自某書之注文，別以他書之注文相更，而愈於原引者，如賁彖下王本引詩白駒正義，張改用集解，較王所引詩疏之文爲簡絜，則是也。亦有雖正惠之誤，而王本不誤者，觀彖下注文「鄉大夫」，惠誤作「卿」。賁彖下注文「坎險于下」，「險」下惠多「止」字。頤彖下注文「頤者口車輔之名也」，惠妄刪「者」字。解彖傳「而百果草木皆甲宅」，注文「皆讀如人倦之解」，惠妄改「皆」爲「解」字。豐九三「豐其芾」，宋本釋文作「芾」，俗本作「韋」，而惠改從俗本。中孚彖下注文「三體兌」，惠改「三」字爲「互」，（此卦三爻互體爲兌，若改三爲互，則不明其爲何爻之互體）序卦傳訟下注文曰「飲食之會」，惠改「會」爲「惠」字，此皆惠本譌誤而王本固未誤。然易淆視聽，正之是也。至上繫「言行君子之樞機」三句下注文云「以譬言語之發，有榮有辱。」張即此注更引丁臧二家之言，以證虞文「言行」當作「言語」，實可存一說。然張每以孤本證王本之有誤，而不誤之王本實多。如上繫「有功而不置」，注「置當爲德」，張本云「王本作『置』，當作『誌』。」今見王本一作「誌」，別兩本實作「德」。足知張所見本或係傳刻之誤，非王本原誤，此好尋人過之失也。而說卦傳「巽爲木」一節中「其於人也爲寡髮」，據周禮考工記車人注引，鄭本傳文當作「宣髮」，王本故作「宣髮」，至張則改作「寡髮」，乃據疏文有「易作『寡』不作『宣』」之語，遽謂王改作「宣」，非。不知疏後文又曰「故鄭爲『宣』，不作『寡』」，此失察義疏之全章，而妄改王本注文，則大謬誤也。本節傳文「爲工」二字，晁易云「工，鄭作『墨』」，而張引鄭本傳文已出「爲墨」，又綴以「爲工」二字於其下，則又舛誤也。又雜卦傳「大過顚也」句下注文云「自此以下，卦音不協，似錯亂失正，弗敢改也」，「也」字原本作「耳」，袁孫黃引者皆作「耳」，張本譌作「也」，此其失之不可掩者也。

最後爲黃氏本，黃亦淸季輯佚大家，偏輯群書多種，單輯高密遺書十四種，易注其一也。黃本於諸家最爲晚出，諸家長短得失已瞭然如示諸掌，其補綴之功，反較前人爲難；凡鄭注之僅見者，諸家已槪括殆盡；然而黃氏旁搜冥索，不遺餘力，所補之條仍復不少。乾卦名下補「易歷三聖」一條，乾彖曰下，補孔子十翼一條，（以不甚切合，今未采入），比象曰下補「親諸侯」一條，大畜六四爻下補「牛在手曰梏，梏者梏前足」二條，晉初六補「摧退也」一條，萃初六，補「握小兒」一條，下繫「六爻相雜」二句下補「兩體交互」一條，說卦傳「萬物出乎震」至「成言乎艮」一段下補「坤不言」一條，凡新補九條，亦不易矣。黃本於鄭注詳加考釋之處尤多。如師九二「王三賜命」，「賜」今本作「錫」，黃博引經史以徵「賜」「錫」之相通。謙象曰「君子以捊多益寡」，詳釋「捊」字。大畜六五爻下注文「牙讀爲互」釋「互」字之義。晉彖下注文「接勝也」釋「接」字之義。豐九三「豐其芾」釋「芾」字。上繫「臧諸用」釋「臧」字。說卦「震爲龍」句下釋「龍」字。此等處皆引徵詳贍，多有可采。黃於惠本嘗發十疑以致詰難，辭氣之間，不稍假借！然而黃本可商之處，究亦不少。如乾彖傳「六位時成」句引「謂陰陽六爻上下耳」一條，本傳文「時乘六

之注，而黃本誤置於「六位時成」句下。「六爻」、「六位」，義固相涉，而與「上下」二字則不甚

切合，其可商一也。師象「丈人吉无咎」句下，王本注文作「丈人能以法度長於人，（釋文）丈之言長，能御衆有正人之德，以法度爲人之長，吉而无咎，謂天子諸侯主軍者（春官天府疏）」。除首句引釋文外，餘則天府疏全文。來源不同而義自完整。黃乃移「丈之言長」四字於首，而以「丈人能以」句承之，則割裂天府疏全文而與王本注義又无大差別，則是有意立異，其可商者二也。蠱象「先甲三日後甲三日」下，黃本引鄭注二條「甲者宣令之日，先之三日而用辛也，欲取改新之義。後之三日而用丁也，取其丁寧之義。」又「甲者造作新令之日，甲前三日，取改過自新故用辛也；甲後三日，取丁寧之義故用丁也」（二條皆見正義），其義相同，若欲兩存，當擇其一入夾注中，今並以大字書之，則伊誰適從？又上繫「精氣爲物」三句下，黃引集解、樂記二書注文「精氣謂七八也，遊魂謂九六也。七八木火之數也，九六金水之數，木火用事而物生，故曰精氣爲物。金水用事而物變，故曰遊魂爲變。精氣謂之神，遊魂謂之鬼，木火生物，金水終物。二物變化，其情與天地相似，故無所差違之也」（集解）。又「精氣謂七八、遊魂謂九六。遊魂謂之鬼，物終所歸；精氣謂之神，物生所信也。言木火之神，生物東南；金水之鬼，終物西北，二者之情，其狀與春夏生物，秋冬終物相似」（樂記疏）其義亦同。王本參用兩書而擷其菁英；黃又兩書並存而不擇其一入夾注。若然，又嫌冗贅矣，其可商者三也。噬嗑六三、引「小物全乾曰腊」句，釋文明云鄭注周禮之文；上繫「剛柔相摩」句下又引「摩迫也」三字，乃鄭氏樂記之注，釋文亦明言之。明知其非易注又强以入注，不知此輯鄭易注，非輯鄭禮注，殊不可解，其可商者四也。賁六四「白馬翰如」下，黃訓「翰」字，據釋文以駁孫丁張諸家之誤，實則本之袁氏。乾初九爻引周易「以變者爲占」一條，亦本之袁氏。升六四象傳「順事也」下引「事之以牛羊」句，從袁本，而舉證不及袁本之詳。又曰「詩緜正義引，（謂事之句）不知所屬，姑附於此，」不知袁本已先附於此。旅初六爻下注文「爻互體艮」，黃於「互」字下注曰「此字衍」，而袁本已删此字。若此非一，皆袁本所固有，而黃未嘗提及，自不免於掠美，其可商者五也；坎六四爻下，王本參用詩宛丘與禮器兩疏所引，以全注文之訓義，而黃則散還兩疏之原次，（坎六四注文王本作「六四上承九五，又互體在震上，爻辰在丑，丑上值斗，可以斟之象。斗上有建星，建星之形似簋，貳副也，建星上有弁星，弁星之形又如缶，天子大臣以王命出會諸侯，主國尊於簋，副設玄酒而用缶也。」黃本作「六四上承九五，又互體在震上，天子大臣以王命出會諸侯尊於簋，副設玄酒而用缶也〔禮記禮器正義〕爻辰在丑，丑上值斗，可以斟之象，斗上有建星，建星之形似簋，貳副也，建星上有弁星弁星之形又如缶。天子大臣以王命出會諸侯，主國尊於簋副設玄酒以缶。〔詩陳風宛丘正義〕）於是合之者具美，離之則兩傷矣，此美在合而不在離。又鼎初六爻下，王本參用儀禮、禮記、詩、御覽各書以成注文，而泰半用詩疏原文，後段不得已而參取各書以全文義，本具匠心。黃亦分散王之整章，以復各書之原次，（鼎初六注文，王本作「顚趾也，趾足也，無事曰趾，設陳曰足，爻體巽爲股，初爻在股之下，足象也。足所以承正鼎也。初陰爻而柔，與乾同體，以否正承乾，乾爲君，以喻君夫人事君，若失正禮，踣其爲足之道，情無怨則當以和義出之，然如否者嫁於天子，雖失禮无出道，廢遠之而已。若其无子不廢遠之，后尊，如其犯六出，則廢之遠之，子廢、坤爲順，又爲子母牛，在后妃之旁側，妾之例也。有順德子必賢，賢而立以爲世子，又何咎也。」黃本作「顚踣也，趾足也，無事曰趾，……遠之而已。〔以上與王本全同〕〔詩河廣正義〕遠之子廢，坤爲順，又爲子母牛。在后妃之旁側，妾之例也。有順德、子必賢，賢而立以爲世子，又何咎也？〔御覽〕嫁於天子，雖失禮，無出道遠之而已。若其無子，不廢遠之，后尊如故，其犯六出則廢之。」〔儀禮士婚禮疏〕）而文義繇宂，不可卒讀，其可商者六也；下繫「八卦成列，象在其中矣；因而重之，爻在其中矣」四句下，黃引「虙羲作十言之敎曰乾坤震巽坎離艮兌消息，无文字謂之易」一條，泛而無當，與傳文不相切合而亦引用，其可商者七也；下繫「重門繫柝」三句下。注文「爲守備警戒也」句、「警」字下黃本云「王氏本作驚。」今案惠本實作「驚」，王本則否，此王本不誤而妄以爲誤也。下繫「後世聖人易之以棺槨」二句下，黃本注文「初六在巽惟巽爲木」，「惟」字譌宜作「體」。次行「巽爻爲木」，當作「巽又爲木」。升象曰「君子以順德積小以成高大。」黃本曰「禮記中庸疏引易。」案此乃中庸注，非疏文。大畜卦內，黃本首條爲「不家食吉養賢也，」次條列「煇光日新，其德剛上而尙賢。」按兩條皆彖傳文，首條應在「煇光」一條之後，實亂彖傳之次，此其顯失，可商者八也。義海撮要引鄭注，有顯舉康成之名者，有單舉鄭字者，諸家但用具姓名各條，惟黃本敢採僅標鄭字之注文。此類不盡可棄；亦不全可採。觀黃本兼采各條中，每有擇焉不精之憾。如上繫「繼之者善也成之者性也」二句下，黃引義海七所錄注文中，有「空寂」、「覺照」云云，顯係後代釋氏之言。又擬之而後言三句下注文中引老子曰「善言旡瑕謫，善行旡轍迹」（老子二十四章。善行句在上。）下繫「爻也者效此者也」六句下，黃錄注文中引老子曰「復命曰常（老子十六章）。」鄭注顯引老子語，亦未經見。其可商者九也；又「理財正辭禁民爲非曰義」二句下，黃引注文中有「有以率其怠倦，有以鋤其强梗」等句，乃韓退之原道篇中成語，且率其怠倦，不過振作之，(率應訓勸，見小爾雅廣詁)，非禁民爲非之事，語亦不倫。又「神農氏沒至吉旡不利」一段下，黃引注文中，又雜有「木處而顚，土處而病也，爲之宮室，⋯⋯患至而爲之備(易害爲患)」此顯用退之之句（與上同在原道）以入篇，則爲唐宋間治易者所託爲之無疑。若斯之類，黃不加擇而悉采入，則貪多務得之過，其可商者十也。凡此十則，爛漫在紙，固不能爲賢者諱也。

綜上諸家，皆能有所發明，又各補出若干條，然亦時有所短，而瑕瑜互見。較而言之：伯厚擅創始之功，其於鄭注裁成鎔鑄，可謂慘淡經營，良工之心獨苦也。繼起諸家，惠氏之功居首，新補者七十餘條，姚補二十七條又次之。胡氏惟傳刻王本，孔循故常，斯二家者，備員而已。丁氏之識力，精銳過人，袁喜考證，孫爲惠氏之諍臣，咸足稱揚。張本取材謹嚴，爲餘家冠首。而勤求密抉，鉅細靡遺，論網羅之功則以黃氏爲最，所謂後來居上也。有清一代，輯佚之風特盛，博物稽古，保殘完缺，爲歷葉所弗逮。而輯佚之作，每後愈於前，蓋執柯伐柯，其則不遠，以人之失，成己之長，理自然也。都康成易注之輯佚，凡十大家。斯諸君子，互有譏評，寖相訂正，相次而下迄於黃氏，收功易而最晚出，庶乎可矣。然而黃本猶多可商之處，此今彙輯之所以作也。今之彙輯，於前人之可從者從之，不妄立異；其不可從者，則細心審辨，以定去取。自顧此輯，雖徒綜理舊文，亦復時有淺見，然後之視今亦猶今之視昔，則此輯之或見責於來哲，固意中事耳，其何敢辭！

彙輯凡例

1、凡經傳原文，首格寫出，注文退一格起行書之，以示區別。

2、經傳篇第，諸輯本各行所是，每不從同，今輯鄭注，理應從鄭本；但鄭本眞面目，無由考見。今十三經注疏，易用王輔嗣本，鄭王二家，同出費氏，則王本當卽鄭本，蓋皆費氏本也。輔嗣分卷，當亦上承鄭氏。且十三經注疏本通行已久，閱讀爲便。故於諸家所引注文，今悉納入注疏本經傳篇次之內，不妄立異。

3、凡鄭引經傳文字與今注疏本相異者，則於其下注曰今作某以爲別。

4、每條注文之下，用夾行小字先舉出處，次列輯本，其紛見群書者，擇要錄例，不具。

5、諸輯本除王氏外，餘自惠氏以下，皆標出某本，即視爲某家所補，以資識別。

6、諸輯本所引鄭注，文字相同，而其輯本成書之年月不明，不知誰家先補或各家皆自謂嘗補之者，則諸家並列之。

7、其有上下句皆別家所輯，而王本注文夾於其中，或別本與王輯上下相承，則於王輯下注出王字以爲識。

8、諸本錄經傳，句首多未標舉彖、爻、象等字，今則悉予標明，以醒眉目。

9、康成易注之輯佚，首出王伯厚氏，今以王輯爲底本，以比勘後出諸本，故於王本務存其眞，除間有割裂原注或譌誤繁冗，須加刪訂者外，不妄易一字，即經刪訂者，必附王本原文或加按語以說明之。

10、王本譌誤，經後人改定者，必於當字之下，注明元作某字以存其舊。

11、凡王本有奪衍者，於當字下注明元奪衍某字，以示別於他本。

12、注文一句有數字譌奪者，則於全句末，總予注明。

13、後人補正王輯，於今未得其人專輯之本而附見於某本之內者，則於注文下志之曰某補正，某本所引，庶不沒其所自來。

14、注經文中某字，通常當復舉經字而後注之，王本每略，今補。

15、王本錄鄭注，固多用大字，閒有出以小字者，今悉改用大字書之，以趨畫一。

16、注文以衍繹經義爲主，其僅注字音，不涉字義，王本以大字書之者，今悉用小字注於經文當字之下，不別起行。

17、鄭注讀爲或當作某字，已涉字義，而王本仍書以夾行小字者，今悉改用大字，視同注例。

18、鄭注字音，即以小字錄於經文當字之下；鄭引經文與今本異者，亦於當字之下注明今作某。然一字而遇此兩種情形時，則權退「今作某」三字於全句之末。

19、鄭注同一經文而散見各書，其文義不相聯屬者，則按注文之主從，於經文之下分行列次，其辭義一貫者，不別起行。

20、王本引鄭同一注文，有參用數書者，則注文與原書自小有出入，茲校錄各書原文，以著其異同。

21、王引鄭注雖參用兩書而前後相生，文義相足，合之爲是者，仍而不改。若其不能强合，則按各書原文分次之，王本所引，仍附錄於下。

22、鄭注見於某書，文義完足，而王本又雜引各書以增益之者，今則附錄王本所引外，仍用某書全文以求其純一。

23、王本參用各書注文，不及後出本之簡要者，則改用後本所引。

24、各書用鄭注，有引原文者，有撮舉凡要者，除原文外，其撮要之文，則於句末注「約義」二字以爲識。

25、某本所引鄭注文義一貫，而別家又以他書注文插置其間者，今爲文義完整計，悉予抉出，附於某本引文之後。但若插句無妨於整體者，不予移置。

26、諸家所引鄭注，文字逈不相侔，而皆有義據者，則兩存之。

27、諸本引他書以證明鄭注，而於鄭注有徵實之價値者，即以小字附於當條之下，並綴某本引三字於後。

28、諸本所引原書不言鄭注，而證之他文，實爲鄭注者，錄列；否則，槪予刪除。

29、世傳王本，固非一種。諸家校字時，每謂王本作某，指爲異字或譌誤；而今見王本，實不作某字，不如某本所指稱者。以諸家當時所見本，各不相同故，今定從善本。

30、諸本所引注文有重複淩亂者，則刪其重複，理其次第，以歸簡潔。

31、諸本所引資料，在疑似之間，無法決定者，則併入附錄，以備參考。

32、於綜觀各本或檢校群書時，偶有所窺，則於按語中直抒淺見。以見愚者之一得。

周易鄭康成注

上經

乾

易歷三聖：伏羲制卦，文王繫辭，孔子作十翼。正義序清黃奭輯本（以下稱黃本）。

初九、潛龍勿用。

周易以變者爲占，故稱九稱六。正義清袁鈞輯本（下稱袁本）張惠言輯本及訂正本（下合稱張本）同柳宗元與劉禹錫論周易九六說書云：鄭玄注易，亦稱以變者占，故云九六也。張本所引，黃本同。

九二，見龍在田，利見大人。

二於三才爲地道，地上即田，故稱田也。唐李鼎祚周易集解（下稱集解）

九二利見九五之大人。正義約義。

九三、君子終日乾乾，夕惕若厲，无咎。

三於三才爲人道，有乾德而在人道，君子之象。集解

惕懼也。釋文姚補。引見胡震亨本（下稱胡本）

九五、飛龍在天。

五於三才爲天道，天者淸明无形而龍在焉，飛之象也。集解張本云：王無也字，今本未奪。

上九，亢龍有悔。

堯之末年，四凶在朝，是以有悔，未大凶也。正義

用九、見群龍，无首吉。

六郎顗傳注無六字爻皆體龍郎顗傳注作乾元本云、一作乾。群龍之象也。班固傳注象上無之字。郎顗傳注象下無也字。舜既受禪，禪元作道，袁張本據郎顗傳注改。班固傳注無此四字。禹與稷契咎繇之屬班固傳注禹上有謂字並在於郎顗傳注無於字朝。後漢書郎顗傳注。班固傳注。

彖曰呂氏古易音訓曰：鄭康成合彖象於經，故加彖曰象曰以別之，諸卦皆然。朱震說同袁張同引。以後彖傳在二句以上，注文須分別者，傳文提行（即彖曰二字單列）：傳文僅一句者，則直承於彖曰之下。

萬物資始乃統天。

資取也，統本也，釋文。

時乘六龍

謂陰陽六爻上下耳。公羊隱元年疏。黃本

右八字，黃本原置六位時成句下，按公羊疏引此注，本康成自釋象傳時乘六龍四字之文，疏藉以回應上文天子駕六龍一句。鄭注用九見群龍无首經文曰「六爻皆體龍」，故以六爻上下，爲時乘六龍之注

脚。蓋以六爻變化，其猶龍乎。黃氏不察，但以六爻六位相涉，而置此八字於彖傳六位時成之下，誤也。

乾道變化

謂先有舊形，漸漸改者謂之變；雖有舊形，忽改者謂之化，及本無舊形非類而改，亦謂之化。禮記月令正義 袁黃本同引

禮記正義不言鄭注而實爲鄭注。以孔引易注後即引鄭注禮之文而曰：故鄭注周禮云云，謂兩處注文一義，不相違異也。此段元本附卷末，袁黃均移置於此，是也。

象曰 清丁杰補（下稱丁補）張本所引。音訓 以後象傳直錄於本行

大人造 徂早反也 釋文

造爲也。釋文

文言傳

君子體仁

體生也 文選陸士衡贈顧交阯公眞詩注 惠本

不成乎名

當隱之時，以從世俗，不自殊異，無所成名也。集解

確乎其不可拔

確堅高之貌 姚補胡本引 拔移也 釋文 王

閑邪以今注疏本無以字 存其誠 晁氏易惠本

君子進德修業及時今本及上有欲字時下有也字故元咎晁氏易　惠本

聖人作

作起也釋文

亢龍有悔，窮志今作之災也。呂氏音訓　惠本

利貞者情性今作性情也晁氏易。漢上易傳。惠本

乾始而能今作能以美利利天下晁氏易　惠本

與日月齊今作合其明書堯典鄭注。見詩噫嘻疏所引。黃本

坤

初六履霜堅冰至

讀履元作履讀張爲禮釋文黃本據釋文改

象曰馴致其道

馴音訓釋文云：徐音訓是依鄭義。黃本

六二、直方

直也，方也，地之性。此爻得中氣而在地上，自然之性，廣生萬物，故生動直而且方。禮記深衣正義

大

坤爻辭履霜、直方、含章、括囊、黃裳、玄黃協韵，故象傳文言皆不釋大，疑大字衍。元熊朋來五經說引。清孫堂重校本（

下稱孫本）黃本同。

六五黃裳元吉

如舜試天子，周公攝政。隋書李德林傳補張本引　丁

上六龍戰于野

聖人喻龍，君子喻蛇。儀禮鄉射禮疏　元本此條下尚有儀禮注蛇龍君子之類九小字按王氏全書無此例除惠氏外各本皆刪此九字為是。

文言傳

必有餘殃

殃禍惡也　釋文

為其慊於陽也，故稱龍焉。慊元作嫌，於下元有无字皆與今本同。无字，衍文。據漢上易傳所引刪。衍慊元作嫌讀如群公溓之溓，二溓字元作慊古書篆作立心與水相近，讀者失之，故作慊。元作溓溓雜也，陰謂此上六也，陽謂今消息用事乾也。上六為蛇，得乾氣雜似龍。詩采薇正義

按文言傳「為其慊於陽也」與鄭注「讀如群公溓之溓」二句，慊溓二字，王本傳文作嫌，注文讀如群公溓作慊，其餘各本亦參差互易，孫袁黃三本傳文作溓，注文讀如群公溓作慊均非，惟惠張二本傳文作慊，注文讀如群公溓作溓為是。據鄭注文義，當作讀如溓。說文溓字下、段注引公羊傳「溓者連新（按新穀）於陳上……鄭注周易引群公溓」云云，溓者新陳之穀相連，與鄭注溓訓雜之義正合，且詩采薇正義云「文言慊於無（字衍）陽為心邊兼，鄭從水邊兼，」其說甚明！惟張本注文「故作溓」之溓字又誤，當作慊為正。

屯

彖曰……天造草昧宜建侯而不寧

造成也。草草創昧封侯表注創下有也字不重昧字。昧爽也文選任彥升天監三年策秀才文注爲范尚書讓吏部封侯第一表注惠本。孔張黃同

讀而曰能，能猶安也。釋文。

象曰雲雷屯君子以經論。釋文論音倫鄭如字。正義云：鄭玄以綸爲論字。今本譌淪。姚補胡本引

論謂論撰書禮樂施政事。同上

六二乘馬般今作班 如 釋文

馬牝牡曰乘 釋文

匪寇婚冓。婚元作昏張作婚、從釋文 冓今作媾 釋文

冓猶會也釋文 正義作媾猶會也。

六三君子機今作幾 不如舍釋文

機弩牙也 釋文

象曰以從子用反。釋文 禽也。

蒙

蒙亨，匪我求童蒙，童蒙求我初筮告，再三瀆，瀆則不告，利貞。

蒙者蒙蒙物初生形，是其未開著之名也。人幼稚曰童，未冠之稱此四字釋文。王插入正義全文之中，從其類也。 亨者陽也，互

體震而得中，嘉會禮通，陽自動其中德於一本作施地道之上，萬物應之而萌牙生，教授之師取象焉，修道藝於其室，而童蒙者求爲之弟子，非己乎求之也。弟子初問則告之以事義，不思其三隅相況以反解而筮者，此勤師而功寡，學者之災也。瀆筮則不復告，欲令思而得之，亦所以利義而幹事。公羊傳定十五年疏。事下王誤多是也二字，從張本刪。

筮問惠本瀆褻也並釋文。姚補胡本引。

初六用說桎梏

木在足曰桎在手曰梏周禮大司寇疏

九二苞元作包、與今本同，諸家皆作苞從宋本釋文蒙

苞元作包當作彪，彪文也釋文黃本云此用京氏易

六五象曰順以巽也

巽當作遜釋文

上九繫今作擊蒙。釋文姚補胡本引

需

需讀爲秀，陽氣秀而不直前者，畏上坎也釋文

有孚光享貞吉釋文鄭總爲一句各本皆引不知誰補

象曰位溢音乎天位釋文

象曰君子以飲食宴樂

宴享宴也 釋文

九二需于沚今作沙 釋文

沙接水者詩鳧沚正義 惠本張黃本俱引惠氏九經古義云沚當作沚，與沙同。說文引譚長說沙或作沚，可從。

九三致戎寇今作至 釋文

訟

辯財曰訟 釋文

有孚咥今作窒。釋文馬作咥。按鄭從馬本

咥覺悔貌 釋文

九二、不克訟，歸而逋其邑，人三百戶无眚。

小國之下大夫，采地方一成，其定稅三百家以上又見禮記坊記正義故三百戶也禮記雜記正義不易之田歲種之，一易之田，休一歲乃種，再易之田元作地休二歲乃種，言至薄也。苟自藏隱，不敢與五相敵，則无眚災正義。元作災眚。眚過也釋文。

象曰患至惙今作掇也惙陟劣反釋文

懮憂也。釋文

九四渝安貞吉

渝然也。釋文

上九或錫之鞶帶

鞶帶佩鞶之帶周禮巾車疏。不云鄭注

周禮疏引易注不言鄭，而曰：「但易之鞶謂鞶囊，」即以康成禮記內則注「鞶囊」之義釋易注之鞶，蓋謂易注與禮記注一致而與周禮則異，故曰但。因一人（易與禮記）一馬（周禮）不同，故鞶之義自異。然疏皆以康成義釋康成注文，則易注自爲鄭注無疑。

終朝三拕徒可反之釋文　拕今作褫

師

軍二千五百人爲師周禮夏官序官疏。張本引丁小疋云：此疏脫注云二字，按疏云「師貞丈人吉，軍二千五百人爲師，丈之言長也以法度爲人之長」又曰「出兵而多，以軍爲名，次以師名，少旅爲名」與釋文及詩棫樸疏所引鄭注同。又序官疏與詩甫田疏，皆經注連書而同爲鄭注。（均見本條引文）丁說是也。張黃本有說，文緐不具。多以軍爲名，次以師爲名，少以旅爲名，師者舉中之言。詩棫樸正義

貞丈人吉无咎

丈人之言長周禮天府疏丈人能以法度長於人釋文　音訓　詩甫田正義云言以禮法長於人可倚仗也。能御衆有正人之德，以法度爲人之長，吉而无咎，謂天子諸侯主軍者。周禮春官天府疏。

初六否（方有反）臧凶（釋文）

九二、王三賜（今作錫）命（釋文）

象曰承天寵也

寵光耀也。（釋文）

比

象曰先王以建萬國親諸侯。

親諸侯，使諸侯相親，遞相朝聘。（周禮形方氏疏　黃本）

初六、有孚盈缶

爻辰在未上值東井，井之水人所汲用缶，缶汲器（詩宛丘正義釋文引末句有也字）

九五、王用三敺（釋文。今作驅）失前禽。

王因天下顯習兵于蒐狩焉（左傳正義作王者習兵于蒐狩）驅禽而射之，三則已發（左傳正義作法）軍禮也。（士師疏無也字）失前禽者，謂禽在前來者，不逆而射之，（士師疏無之字）旁（元作傍。今據周禮左傳兩疏改）去又不射，唯背（左傳正義作其）走者順而射之，不中亦（左傳正義作則）已。是皆（左傳正義作其）所以（士師疏無以字）失之（士師疏無之字）用兵之法亦如之，降者不殺，奔者不禁（左傳正義作禦）背敵不殺，（此句左傳正義作皆爲敵不敵己）以仁恩養威之道。（左傳正義以上有加字。周禮秋官士師疏　左傳桓四年正義）

小畜許六反。釋文惠本

畜養也。釋文

密雲不雨，自我西郊。

密靜也。雲靜止不雨，喻紂恩澤不加於民也，不雨之災，自其君也。西郊亦謂文王也。御覽天部雲。袁、孔（廣林）本俱引黃同。

九三輿說輹。輹元作輻據釋文今亦作輻。

輹伏菟釋文謂輿下縛木與軸相連鉤心之木是也。上九象傳正義與軸與字張本云王作輿誤。今王本實不作輿字。

履

履虎尾不噬今作咥人亨。噬音誓文選西征賦注惠本

噬齧也同上惠本

上九視履考詳今作祥。晁氏易惠本

履道之終，考正詳備。同上

泰

泰通也釋文

象曰后以財成天地之道，輔相天地之宜以左右民

財節也，輔相，左右助也。以者取其順陰陽之節，為出內之政，春崇寬仁，夏以長養，秋教收斂，冬勑

蓋藏，皆可以成物助民也。集解

初九拔茅音苗 釋文茹以其賁音訓。今作彙。征

賁勤也 釋文 音訓 丁補張本引 本條元本引作「彙類也茹牽引也茅喻君有絜白之德，臣下引其類而仕之」係據漢書劉向傳注，彼所引乃別一注漢書者，非康成也，王氏誤引，惠本仍之，丁小疋辨正甚悉，玆據刪。 釋文「彙古文作菁，董作賁，出也，鄭云勤也。」音訓「彙董遇作賁出也鄭作賁勤也。」據此則鄭作賁，不作彙，明甚。

九二苞荒

荒讀爲康，虛也。釋文 晁氏易云：「荒，鄭讀爲康，大也。」 臧在東云：「詩召旻箋云：『荒，虛也。』正義云『荒，虛。釋詁文，』假使當訓虛，則正可云荒虛也，何必改讀從康？晁氏所見釋文北宋本作大爲是。」 今按：兩訓可並存。

六五帝乙歸妹，以祉元吉。

五爻辰在卯，春爲陽中，萬物以生，生育者嫁娶之貴，仲冬之月嫁娶男女之禮，福祿大吉。周禮地官媒氏疏 通典嘉禮四，嫁娶時月議引張融曰：易泰卦六五帝乙歸妹以祉元吉，舊說六五爻辰在卯，春爲陽中，萬物生育，嫁娶大吉也。即約舉。鄭注耳

上六城復于隍

隍壑也 詩韓奕正義 惠本

否

九四䛐（今作疇）離祉 釋文　孫頤谷云，說文古疇字作𠷎，無此䛐字也……考古訓誰也之疇字作𠷎、與田疇字不同疑鄭氏經本作𠷎而訓爲誰，陸不察以爲古疇字也（張本）

䛐字，張本引孫說，以爲說文無「䛐」字，古訓「誰」之「疇」字當作「𠷎」疑鄭氏經本作「𠷎」，作「䛐」者誤字。黃本從之。按說文云「𠷎誰也，从口𠃬又聲，𠃬古文疇。」段氏疑說文「𠷎」字形誤，正當作「䛐」，从𠃬聲，不从又聲，（又在一部，𠃬、疇在三部），並以偏旁字𤰝𠷎幬等皆以「䛐聲」爲證，知古有「䛐」字，於形於音，皆有理據。今疑訓「誰」之「疇」字古或作「䛐」，从口𠃬聲。（𠃬字甲金文同作𠃬形，是「𠃬」本古體，爲䛐、疇之初文）正與釋文合，釋文作「䛐」形不誤。

九五休否

休美也 文選謝靈運還舊園詩注　惠本

其亡其亡繫于苞桑

苞植也，否世之人不知聖人有命，咸云（惠作曰）其將亡矣，其將亡矣。而聖人乃自繫于植桑不亡也 文選曹元首六代論注

本條自惠以下，各本皆引，疑惠所補。 猶紂囚文王於羑里之獄四臣獻珍異之物而終免于難，繫于苞桑之謂。 集解。　王

同人

同人于野亨

乾爲天，離爲火，卦體有巽，巽爲風，天在上，火炎上而從之，是其性同於天也。火得風然後炎上益熾，是猶人君在上施政教，使天下之人和同而事之，以是（義海撮要作事）爲人和，同者君之所爲也，故謂之同人。

風行无所不徧，徧則會通之德大行，故曰同人于野亨。 集解　義海撮要二　周易窺餘引風行至未，大行作无所不行（黃本引）

六二、同人于宗

天子諸侯后夫人無子不出儀禮士昏禮疏　禮記內則正義詩河廣正義引無無子二字

九三伏戎于莽，升其高陵。

莽叢木也釋文王　大阜曰陵李心傳丙子學易編　袁孔張黃本皆引，不知誰補。

九四乘其庸今作墉，釋文。古周易訂詁二

大有

大有元亨

六五體離，處乾之上，猶大臣有聖明之德，代君為政，處其位有其事而理之也。元亨者，又能長群臣以善，使嘉會禮通，若周公攝政朝諸侯於明堂是也。集解　義海撮要二

九四象曰明辨遰今作哲也釋文

遰讀如明星哲哲元作小字　釋文古周易訂詁三

謙

謙亨君子有終

艮為山，坤為地，山體高，今在地下，其於人道，高能下下，謙之象。亨者，嘉會之禮，以謙而元無而字為主，謙者自貶損以下人，唯艮之堅固，坤之厚順，乃能終之，故君子之人有終也。集解　周易義海撮要二引山

體高而在地下，高能下下之象惟艮之堅固坤之厚順乃能終之。

象曰君子以捊今作裒多益寡釋文　義海撮要二裒鄭荀諸儒作捊

捊取也釋文　漢上易傳義海撮要二

初六象曰卑以自牧也

牧養也文選潘安仁閑居賦注

六四撝謙

撝讀爲宣元作小字釋文

豫

豫利建侯行師

坤順也，震動也，順其性而動者，莫不得其所，故謂之豫一作逸。義海無此四字　豫一作逸　喜逸悅樂之貌也義海無也字　震又

義海無此及下兩又字　爲雷，諸侯之象，坤又爲衆，故利建侯行師矣元無矣字集解

象曰而四時不忒

忒差也　釋文

象曰雷元作靁出地奮豫先王以作樂崇德殷薦之上帝以配祖考。

奮動也雷䨻（元作，）動於地上而萬物乃（元無乃字）豫也（以上又見詩殷其䨻正義無乃字）王以者取其喜佚動搖，猶人至樂，則手欲鼓之，足欲舞之也。崇充也，殷盛也，薦進也，上帝天也（自以者至此，亦見文苑英華七百六十二，天也作天帝也。舊唐書儀禮志亦有上帝天帝也五字、集解天下奪帝字）王者功成作樂，以文得之者作籥舞；以武得之者作萬舞。各充其德而爲制祀天帝以配祖考者，使與天同饗其功也。故孝經云：郊祀后稷以配天，宗祀文王於明堂以配上帝是也。（集解 惠本 義海撮要二引萬物乃逸豫也，下即接王者功成作樂至末，配祖考下無者使二字，云作曰，文王下無於明堂三字（黃本） 自以者至天也，張本云王删此三十五字，惠依集解補。今按王者功成至末一大段，王本亦無，皆惠所補，論删，則非止删三十五字，蓋王止採詩殷其䨻正義（引文作䨻字可知）而未收集解所引，亦無理據。）

六二砎（今作介）于石（砎古八反。釋文）

砎謂磨砎也（元作小字 古周易訂詁二 釋文）

六三盱豫

盱誇也（釋文）

九四由豫大有得勿疑朋盍簪

由用也，簪速也（釋文）

上六冥豫

冥讀爲鳴（元作小字 釋文）

隨

隨元亨利貞无咎。

震動也，兌說也，內動之以（左傳正義作爲）德，外說之以言，則天下之人（元本云一作民）咸（左傳正義無咸字）慕其行而隨從之（義海撮要無之字及下句）故謂之隨也。（左傳襄九年正義引止此）既見隨從，能長之以善，通其嘉禮，和之以義，幹之以正，則功成而有福，若无此四德，則（義海撮要無若字則字德作者）有凶咎焉。焦贛曰，漢高帝與項籍，其明徵也。（集解焦贛以下，王刪，惠補，義海撮要亦無。）

象曰君子以嚮晦入宴息

晦冥（今誤作宴據周易校勘記改）也，猶人君既夕之後，入于宴寢而止息（正義惠本）

初九出門交有功

震爲大塗，又爲日門，當春分陰陽之所交也，是臣出君門，與四方賢人交，有成功之象也。昔舜愼徽五典，五典克從，納于百揆，百揆時序。賓于四門，四門穆穆，是其義也。（集解古周易訂詁三引震爲大塗至成功之象。）

蠱

蠱事也。（後漢書譙玄傳注孔本黃從之）

先甲三日後甲三日

甲者造作新令之日，甲前三日，取改過自新，故用辛也；甲後三日，取丁寧之義，故用丁也（正義云鄭義。又正義序云鄭氏之說以爲甲者宣令之日，先之三日而用辛也，欲取改新之義，後之三日而用丁也，取其丁寧之義。王本元作甲造作新令之日，先之三日而用辛也，欲取改過自新之義。後之三日而用丁也，取其丁寧之義。王本參用正義兩說而增過自）

二字，張本用正義原文（正義引鄭說之二）簡約而足。今從張本。

上九不事王侯，高尚其事。

上九艮爻，艮爲山，辰在戌，得乾氣，父老之象，是臣之致事也。故不事王侯，是不得事君，君猶高尚其所爲之事。（禮記表記正義。張黃本同引此條王附簡末，易漢學以此爲鄭注。證之爻辰，實爲鄭注。張移置注中是。）

臨

臨元亨利貞，至于八月有凶

臨大也，陽氣自此浸而長大，陽浸長矣而有四德齊功於乾，盛之極也。人之情盛則奢淫，奢淫則（元無則字）將亡，故戒以凶。（元有也字）臨卦斗建丑而用事，殷之正月也。當文王之時，紂爲无道，故於是卦爲殷家著興衰之戒，以見周改殷正之數云（魏濬易義古象通云鄭康成謂是周改殷正之兆）臨自周二月用事，訖其七月，至八月而遯卦受之，此終而復始，王命然矣　集解

八月爲遯（漢上易卦圖下　黃本熊氏象旨云鄭玄曰子至未）

觀

觀盥而不薦

坤爲地爲衆，巽爲木爲風，九五天子之爻，互體有艮，艮爲鬼門，又爲宮（張本云王作門誤據今所見兩本作門一作宮）闕，地上有木而爲鬼門宮闕者，天子宗廟之象也（集解周易窺餘引互體有艮至宗廟之象）

諸侯貢士於天子、卿大夫貢士於其君，必以禮賓之，唯主人盥而獻賓，賓盥而酢主人，設薦俎則弟子也。儀禮鄉飲酒疏　古周易訂詁三　周易窺餘引諸侯至弟子也無必字俎字黃本

初六童觀

童稚也　釋文　周易窺餘

噬嗑

象曰先王以明罰勑法

元本經注皆作敕，用正字，說見四勑章。惠張黃本皆作勑，從釋文。　猶理也　王　一云整也　釋文　孔張黃本俱引不知誰補六經正誤云鄭解勑為理為整。

九四、噬乾胏

胏簀也。　釋文　據注疑鄭本胏作笫（黃本）

上九何校滅耳

離爲槁木，坎爲耳，木在耳上，何校滅耳之象也。　集解　周易窺餘　古周易訂詁三

臣從君坐之刑　書康誥正義　臧補引見張本

象曰聰不明也。

目不明耳不聰　釋文

賁

賁亨小利有攸往

賁變也，文飾之貌釋文離上集解原有賁文離飾也四字複見故刪 爲日，天文也；艮爲石，地文也。天文在下，地文在上，天地二文，相飾成賁者也。自離爲日至地又見詩白駒正義云「離爲日，日天文也；艮爲石，地文也。天文在下，地文在上天地之文交相而成賁賁然」 王本此段元作「賁文飾也離爲日，曰天文也；艮爲石，石地文也天文在下，地文在上，天地之文交相飾成賁者也。」 猶人君以剛柔仁義之道飾成其德也。剛柔雜，仁義合，然後嘉會禮通，故亨也，卦互體坎艮，艮止於上，坎險於下，夾震在中，故不利大行，小有所之則可矣。集解

王本參用集解及詩白駒正義兩處所引注文，頗復增損，反不如直用集解全文之爲愈。（集解簡明）今就王本、白駒正義與集解三處原文較觀可知，張本用集解全文是也。然張本引正義亦有誤，彼云天文下無也字，今有，又云石下重石字，今未重。王本誠重石字，彼以王本爲正義也。

象曰无敢折獄

折斷也。釋文

初九賁其趾

趾足釋文 姚補，足下有也字胡本引

舍輿今作車而徒釋文

象曰義不今作弗乘也晁氏易、惠孔張本同引不知誰補

六四賁如燔今作皤如燔音煩釋文

六四巽爻也，有應於初九，欲自飾以適初，既進退未定，故燔作皤如也。正義 禮記檀弓正義

燔字今釋文（通志堂刊本及注疏本附刻者）云鄭作燔。孫袁孔黃本俱從顧炎武易音改作蹯，惟惠、張本仍作燔。惠無說，張本引丁小疋云：「顧寧人引釋文云『鄭玄本作蹯。』」張自云「顧所見釋文，即是今（張自今）本，安得作蹯音燔乎？」既張所見釋文不作蹯，今釋文自作燔，則宜從今釋文作燔爲是。又袁本云「據進退未定當作蹯，」張則從之，故於檀弓正義原文皤字下，以小字注之云當作蹯，是爲持謹。今按字義當作蹯，存其說可也，不必逕改王本原文。

白馬翰如

翰白也（釋元作設文謂刻本誤）九三位在辰，得巽氣爲白馬，翰猶幹也，見六四適初未定，欲幹而有之（之下元接翰白也三字今移於前，禮記檀弓正義）

「翰白也」三字，王本之釋文，今釋文於「翰」字下云「鄭云白也，亦作寒案反，」呂氏音訓所見釋文，自爲古本，音訓引釋文亦曰：「鄭云白也又寒案反。」唯惠、孫本俱刪此三字，張本從之。孫並云「釋文引『翰猶幹也』一句，一本作『翰白也，』誤。」孫據雅雨堂釋文作「翰幹也」而謂「翰白也」一本爲誤，雅雨堂釋文乃惠氏所定，此條不足爲據，惠單執正義「翰猶幹也」一義而未察釋文「寒案反」三字，正爲翰訓幹之義標音，訓白之翰，不讀此音自明。足見翰字固有二訓（白與幹），寒案反乃翰訓幹之音；其訓白之義，直回應經文白馬二字，不得云誤；白見其色，幹舉其德，義不相迕也。黃本從袁輯「寒案反者訓幹之音，是以白爲正訓，以幹爲旁訓」之義而復引申其說，俱以「翰白也」三字入注文，皆是。

匪寇婚冓（同屯六二釋文）

剝

陰氣侵陽上至於五，萬物零（今集解本作零惠張黃皆作靁）落故謂之剝也（集解漢上易引萬物零落謂之剝七字零不作靁黃本）

象曰不利有攸往小人長也

五陰一陽，小人極盛，君子不可有所之，故不利有攸往也。（集解）

初六蔑貞凶

蔑輕慢（釋文）

六二剝牀以辨

足上稱辨（釋文引作辨足上也）謂近膝之下，屈（集解同袁張黃作詘）則相近，申（集解同。惠袁黃作信。張云王作信。）則相遠，故謂之辨，辨分也。（集解）

六四象曰切近災也

切急也（釋文）

上九小人剝廬

小人傲很，當剝徹廬舍而去。（周禮地官遺人疏）

復

復反也，還也。陰氣侵陽，陽失其位，至此始還反起於初，故謂之復。陽君象，君失國而還反，道德更興也。（左傳襄二十八年正義）

七日來復

建戌之月以陽氣既盡，建亥之月純陰用事，至建子之月，陽氣始生，隔此純陰一卦，卦主六日七分，舉其成數言之而云七日來復正義序。羣書考索續集三　姚補胡本引

象曰商旅不行

資貨而行曰商，旅客也。釋文

初九无祇悔

祇病也釋文

六三卑今作頻復晁氏易　釋文云鄭作顰。請家皆作顰從釋文。王作卑從晁氏古易。按呂氏音訓云卑古文。顰今文。

六四中行獨復

爻處五陰之中，度中而行，四獨應初漢上易傳　惠本

六五象曰中以自考也

考成也釋文

上六有裁今作災眚釋文

異自內生曰眚，自外曰祥，害物曰災當作裁　釋文

无妄

妄猶望謂无所希望也釋文

彖曰无妄之往何之矣

妄之言望，人所望宜正行，必有所望，行而無所望，是失其正，何可往也後漢書李通傳論注　惠本

天命不佑

佑助也釋文　音訓

王本經注皆用「祐」字與今注疏本同。而釋文所出大字作「佑」與經文異，其小字云「音又，鄭云助也，本又作祐。」助也當承佑字而言，據此則鄭本經注宜作「佑。」

六二不菑畬

一歲曰菑，二歲曰新田，三歲曰畬。詩采芑正義　爾雅釋地疏

大畜

彖曰輝光日新絕句其德句連下　剛上而尚賢釋文

不家食吉養賢也

自九三至上九有頤象居外，是不家食吉元本奪吉字而養賢。禮記表記正義

九三艮馬逐逐今本無下逐字　釋文　顏氏家訓書證篇引此句亦作逐逐（袁本）

逐逐兩馬走也釋文

日人實反　閑輿衛釋文

閑習袁本日習車徒釋文王

六四童牛之梏今作牿

牛在手曰梏，牛無手，以前足當之。周禮天官內饔疏　黃本梏者者下有牛雖無手四字義複刪謂梏前足也左傳莊公三十年疏　黃本

巽爲木，互體震，震爲牛之足，足在艮體之中，艮爲手，持木以就足，是施梏。周禮秋官大司寇疏　元本注文下附小字云「鄭志泠剛問，蒙初六注云，木在足曰桎，在手曰梏。今大畜六四施梏於足，不審桎梏手足定有別否，答曰，牛無手故以足言之。」　附之者，明兩卦注文不相迕，牛無手也。

六五豶豕之牙

牙讀爲互元作小字釋文

上九何天之衢

何，後漢書注文選注引皆作荷，古字通。

艮爲手，手上肩也。乾爲首，首肩之間荷物處。乾爲天，艮爲徑路，天衢象也。後漢崔駰傳注

象曰道大行也。

人君在上位，負荷天之大道。文選魯靈光殿賦注　惠本

頤

頤貞吉觀頤自求口實

頤者集解者作中左傳正義作者是口車輔之名也。震動於下，艮止於上，口車動而上，漢上易作止因輔嚼物以養人，故謂之頤，頤養也，能行養則其幹事，故吉矣。二五離文皆得中，離爲目，觀象也。觀頤，觀其養賢與不肖也。頤中有物曰口實，自二至五有二坤，坤載養物，而人所食之物皆存焉，觀其求可食之物，則貪廉之情可別也。集解止此。左傳襄二十八年正義引頤中作頤者，頤養也作故謂頤爲養也。引漢上易傳三引頤者口車之名，故謂之頤作故曰頤，引止此黃本

初九、觀我朶頤

朶動也。釋文

上九象曰大有慶也

君以得人爲慶漢上易傳三 義海撮要三 惠本

大過

陽爻過也惠本 漢上易傳三

九二枯陽生荑，今作梯老夫得其女妻枯音姑荑音夷 釋文

枯謂無姑山楡羊朱反荑木更生，謂山楡之實釋文以丈夫年過娶二十之女，老婦年過，嫁於三十之男，皆得其子詩桃夭正義

習坎

六三檢（今作險）且枕。釋文

木在手曰檢，木在首曰枕。釋文（古周易訂詁三　象旨決錄，檢鄭云木在手，枕鄭云木在首。（黃本））

六四、尊酒簋貳用缶

六四上承九五，又互體在震上（禮記禮器正義）爻辰在丑，丑上值斗，可以斟之象，斗上有建星，建星之形似簋，貳副也。建星上有弁星，弁星之形又如缶。天子大臣以王命出會諸侯，主國尊于簋，副設玄酒以缶（以缶，元本用禮器正義所引注文作而用缶也。大段用詩正義，末句忽改此四字，不純，故易之。）。詩宛丘正義。

九五祇旣平

祇當爲坻，小丘也。釋文

上六繫（今作係）用徽纆寘于叢棘三歲不得凶 釋文

繫拘也。爻辰在巳，巳爲蛇，蛇之蟠屈似徽墨（公羊正義作墨　皆作皆作纆）也。三五互體艮，又與震同體，艮爲門闕，於木爲多節，震之所爲，有叢拘之類，門闕之內，有叢木多節之木，是天子外朝，左右九棘之象也。外朝者所以詢事之處也。左嘉石，平罷民焉，右肺石，達窮民焉，罷民、邪惡之民也。上六乘陽，有邪惡之罪，故縛約徽墨置於叢棘而後公卿以下議之。（上六以下十六字又見詩正月正義，約作以，後作使。）其害人者，置之圜土而施職事焉，以明刑恥之，能復者，上罪三年而赦，中罪二年而赦，下罪一年而赦，不得者不自思以得正道，終不自改而出圜土者殺，故凶。公羊宣元年疏。

離

象曰明兩作離，大人以繼明照於四方 作起也 釋文 王明兩者取君明上下以明德相承，其於天下之事無不見也。文選謝宣遠張子房詩注 惠本 明明相繼而起，大人重光之象，堯舜禹文武之盛也 漢上易 丁補張本引

初九履錯 七各反 然 釋文 惠本

六二黃離元吉

離南方之卦，離爲火，土託位焉，土色黃火之子，喻子有明德，能附麗於其 文選注無其字 父之道，文王之子發旦 御覽之作大無旦字 是也。初學記無此八字，文選顏延年讌曲水詩注引止此 愼成其業則吉矣。初學記儲宮部 御覽一百四十六 初學記愼作順，則作故，矣作也，

九三不擊 今作鼓 缶而歌，則大耋之嗟。釋文

艮爻也位近 元作在，據正義改 丑，丑上値弁星，弁星似缶，詩云坎其擊缶，則樂器亦有缶。詩宛丘正義 爾雅釋器疏弁星二字不重 耋年踰七十。詩車鄰正義 爾雅釋言疏 惠袁孔張黃本皆引不知誰補

九四㐬 原作突與今本同。據晁氏易改 如其來如焚如死如棄如

震爲長子，爻失正，又互體兌，兌爲附決，子居明法之家而無正，何以自斷其君父不志也。𠫓如震之失宜，不知其所如，又爲巽，巽爲進退不知所從，不孝之罪，五刑莫大焉，得用議貴之辟刑之，莫一本作若與周禮疏同如所犯之罪，焚如殺其親之刑，死如殺人之刑也。棄如流宥之刑。周禮秋官掌戮疏

六五出涕沱若戚嗟若

自目出曰涕漢上易丁補張本引

象曰麗今作離王公也釋文古周易訂詁九

下經

咸

咸亨利貞取女吉

咸感也，艮爲山，兌爲澤，山氣下，澤氣上，二元作一刻本誤氣通而相應以生萬物，故曰咸也。其於人也，嘉會禮通，和順於義，幹事能正，三十之男，有此三德以下二十之女，正而相親說，取元作娶之則吉也集解

象曰二氣感應以相與

與猶親也釋文惠本

初六咸其拇

拇，足大指也釋文

六二咸其腓

腓膊（市轉反）腸也（釋文）

九五、咸其脢

脢、背脊肉也（釋文 正義 漢上易傳）

上六象曰滕（今作滕）口說也（正義）

滕送也（此句又見釋文 義海撮要四）咸道極薄，徒送口舌言語相感而已，不復有志於其間（正義）

恆

恒亨元咎利貞

恆久也。巽爲風，震爲雷，雷風相須而養物，猶長女承長男，夫婦同心而成家，久長之道也。夫婦以嘉會禮通故无咎，其能和順幹事，所行而善矣（集解）

初六濬（今作浚）恆（釋文）

九三不恆其德咸（今作或）承之羞（釋文）

爻得正，互體爲乾，乾有剛健之德，體在巽（禮記緇衣正義）巽爲進退，不恆其德之象（緇衣正義作是不恆其德也）又互體兌，兌爲毀折，後或（或元作將。緇衣正義後或作是將）有羞辱也（禮記緇衣正義 後漢書馬廖傳注）

體在巽以上十六字，王附簡末，以緇衣疏不言鄭注故，然自巽爲進退以下，又見後漢書馬廖傳注，彼引稱鄭注，而文理一脈。以此證之，首十六字，當爲注文無疑。

六五、恆其德貞，婦人吉，夫子凶。

以陰爻而處尊位，是天子之女。又互體兌，兌爲和說，至尊主家之女，以和說（元作悅）幹其家事，問正於人，故爲吉也。應在九二，又男子之象，體在巽，巽爲進退，是無所定而婦言是從，故云夫子凶也（禮記緇衣正義）

緇衣經文連引恆卦九三六五辭曰「不恆其德或承之羞（九三）恆其德偵（易作貞）婦人吉夫子凶。」康成聯貫以注之曰：「羞猶辱也。偵問也，問正爲偵，婦人從人者也，以問正爲常德則吉，男子當專行幹事，而以問正爲常德，是亦無恆之人也。」禮記經注原文若是。正義本條引易注，亦未指名，然而連類相及，與九三爻下所引易注爲一事，（正義本文亦自爲一章）本以通釋緇衣經文下之鄭注，即引康成易注以釋康成之禮注，今九三爻下所引旣證知爲鄭注，則本條亦鄭之易注可知，且易注與禮注俱釋同一爻辭，文義一致，不過一繁一簡耳。蓋禮取辭意，易則兼明爻象，故文有豐約之殊，其爲鄭注也則一。

上六振恆

振搖落也。（釋文　古周易訂詁四）

遯

遯亨小利貞

遯逃去之名也。（釋文引無也字）艮爲門闕，乾有健德，互體有巽，巽爲進退，君子出門，行有進退，逃去之象。

二元誤作曰義海撮要引無二字五得位而有應，是用正道得禮見召聘，始仕他國漢上傳引正道見聘始仕它國八字當尚謙謙，義海撮要作謙損又無下句小其和順之道，居小官，幹小事，其進以漸，則遠妒忌之害，昔義海無昔字陳敬仲奔齊辭卿是也集解　周易窺餘引艮爲門闕，互巽爲進退，君子出門，行有進退遯去之象黃本

九三象曰有疾憊也

憊困也。釋文

九四小人否備鄙反釋文

否塞也釋文

大壯

壯氣力浸强之名釋文　古周易訂詁四

九三纍今作羸其角釋文　古周易訂詁四

六五喪羊于易易音亦釋文

易謂佼易也釋文

上六象曰不祥今作詳也釋文

晉

祥善也 釋文 古周易訂詁十

晉康侯用錫馬蕃庶晝日三接 蕃發袁反庶止奢反接音捷 釋文 音訓云庶鄭讀爲遮

康尊也，廣也。蕃庶謂蕃遮禽也。接勝也。 釋文 末三字又引見集韵羣經音辨 黃本

象曰明出地上晉君子以自照 今作昭 明德

地雖生萬物，日出於上，其功乃著，故君子法之而以明自照其德 集解

初六晉如摧如

摧讀如南山崔崔之崔 釋文 象旨決錄

摧退也 集韵 黃本

六二晉如愁 子小反 如 釋文

愁變色貌 釋文

九四晉如碩 元作鼫、與今本同。據正義改 鼠 易纂言 象旨決錄鼫鄭作碩 詩魏風碩鼠篇箋訓碩爲大，易注引詩亦訓爲大。則鄭本經文自以作碩爲正

詩云碩鼠碩鼠，無食我黍，謂大鼠也。（正義）

六五矢（今作失）得勿恤（釋文 古周易訂詁四 象旨決錄）

明夷

夷傷也，日出地上，（漢上易出作在）其明乃光，至其入地（元作也、與漢上易、義海撮要同）明則（漢上易則作乃）傷矣，故謂之明夷（義海撮要作故曰明夷，又無下句）

日之明傷，猶聖人君子有明德而遭亂世，抑在下位，則宜自艱，无幹事政（義海無政字）以避小人之害也（義海無之害二字）

集解

彖曰以蒙大難

蒙猶遭也（釋文 姚補胡本引）一云蒙冒也（同上黃本）

文王似（今作以下以字同）之（釋文）

箕子似之（釋文）

六二明夷睇（今作夷）於左股（釋文 禮記內則注）

旁視為睇（釋文引此句為作曰與周易訂詁四同）六二辰在酉，酉是（是字、胡本及正義皆同，諸本皆作在）西方，又下體離，離為目，九三體在震，震東方，九三又在辰，辰得巽氣為股。（古周易訂詁四引九三至為股）此謂六二有明德欲承九三，故云睇於左股。（禮記內則正義）

用拯馬
拯承也 釋文
家人
初九閑有家
閑習也 釋文
六二无攸遂在中饋
二爲陰爻，得正於內，五陽爻也，得正於外，猶婦人自修正於內，丈夫修正於外。无攸遂，言婦人无敢自遂也。爻體離，又互體坎，火位在下水在上，飪之象也。饋食也，元作饋酒食也　後漢書王符傳注作中饋酒食也。故云在中饋也。後漢書楊震傳注惠本
九三家人嗃嗃 晁氏易云嗃嗃鄭作熇熇然釋文云劉作熇熇
嗃嗃苦熱之意 釋文　古周易訂詁四
婦子嘻嘻
嘻嘻驕佚喜笑之意 釋文
九五王假有家 家字，張黃本俱云王本家作廟，今見王胡本實皆作家，惠孫本乃作廟也。
假登也 釋文

睽

睽音圭小事吉釋文

睽乖也，火欲上，澤欲下，猶人同居而志異志異二字、元本與集解同，惠孫本從之，唯袁孔張本俱作異志，黃本從之，不知何故。也，義海撮要引無也字及下二句故謂之睽。二五相應，君陰臣陽，君而應臣，故小事吉。集解

六三其牛㸷㸷今作掣　釋文云鄭作㸷漢上易云鄭作觢二字義同見爾雅釋文

牛角皆踊曰㸷釋文　古周易訂詁四鄭玄本作㸷云牛角皆踊曰㸷

上九後說之壺今作弧　釋文云鄭作壺　古周易訂詁四

蹇

彖曰往得中也

中和也釋文

初六象曰宜待時今無時字也釋文　漢上易傳

六四往蹇來連

連如字釋文

連遲久之意釋文正義

解

彖曰雷雨作而百果草木皆甲宅今作坼文選注引作宅

木實曰果，皆讀如人倦之解，解謂坼呼火亞反皮曰甲，根曰宅，宅居也文選左太沖蜀都賦李注古周易訂詁八引甲根二句

損

艮爲山，兌爲澤，互體坤，坤爲地，山在地上，澤在地下，澤元譌作擇惠作於，諸家皆作澤以自損，增山之高也。猶諸侯損其國之富以貢獻於天子，故謂之損矣。集解義海撮要引高下無也字又無末五字

彖曰二簋可用享

四以簋進黍稷於神也，初與二直，其四與五承上，故用二簋，四巽爻也，巽爲木。五離爻也，離爲日。日體圜，木器而圜，簋象也周禮冬官旊人疏。地官舍人疏云，離爲日，日圜，巽爲木，木器圜，簋象。詩權輿正義引：日圓作日體圓，餘同舍人疏。儀禮少牢疏引離爲日，日圓。巽爲木，木器象。以上三疏皆約引易注也。

象曰君子以徵今作懲忿懫今作窒欲釋文

徵猶清也懫止也釋文古周易訂詁十

六五或益之十朋之龜

爾雅云，十朋之龜者：禮記正義無此五字一曰神龜，二曰靈龜，三曰攝龜，四曰寶龜，五曰文龜，六曰筮龜，七

曰山龜，八曰澤龜，九曰水龜，十曰火龜（正義　爾雅釋魚疏　禮記禮器正義。）

益

益利有攸往，利涉大川

陰陽之義，陽稱爲君，陰稱（元無此稱字、義海撮要上句亦無稱字）爲臣。今震一陽二陰，臣多於君矣。（義海無矣字）而四體（義海無體字）巽之下（元本及集解均誤作不，義海作下是）應初，是天子損其所有以下諸侯也。人君之道（義海無之道二字）以益下爲德，故謂之益也（義海無也字及下二句）震爲雷，巽爲風，雷動風行，二者相成（義海無此句）猶人君出教令，臣（義海臣下有下字）奉行之，故利有攸往，坎爲大川，故（元無此五字義海同）利涉大川矣（義海無矣字　集解）

夬

夬揚于王庭

夬決也。陽氣浸長至於五，五尊位也而陰先之，是猶聖人積德說（元作悅）天下，以漸消去小人，至於受命爲天子，故謂之決。揚越也。五互體乾，乾爲君，又居尊位，王庭之象也。陰巽越其上，小人乘君子，罪惡上聞於聖人之朝，故曰夬（元作決）揚于王庭也（元無也字　集解）

九二惕號（音號）莫夜（如字　釋文）

莫无也，无夜非一夜（元作小字　釋文）

九三壯于頯今作頄　釋文鄭作頯　漢上易傳

頯夾面也釋文　古周易訂詁五

九四其行趑趄今作次且。釋文次、鄭作趑同七私反。姚作趑且，云卻行不前也。卻行不前乃馬注，姚誤引之。趄字惠引云七餘反。（見釋文）鄭次字從趑，則且字爲趄可知。

九五莧陸

莧陸商陸也釋文　元作一名商陸（引正義）。丁云依宋本正義，此句係馬傳。

遘

遘今作姤女壯勿用取女釋文

遘惠孫袁孔均從王作遘惟張黃本從集解作姤遇也。一陰承五陽，一女當五男，苟相遇耳，非禮之正，故謂之遘。同上　女壯如是，壯健似張從集解作以餘家皆從王作，淫，故不可娶，婦人以婉娩爲其德也。集解

象曰后以施命詰今則誥四方詰、起一反　釋文　古周易訂詁十

詰止也釋文　止字胡孔孫黃作正，惟袁張本作止

初六羸力追反釋文　晁氏易云鄭作蠃　豕孚蹢躅

九二，包百交反有魚釋文　丁補張本引

九三其行趑趄釋文見上卦

九五以杞包百交反瓜釋文

杞柳也釋文

萃

萃亨无亨字本萃下有亨字釋文今王假有廟，利見大人亨利貞，用大牲吉利有攸往。

萃聚也。坤爲順，兌爲說，元作悅與集解本同臣下以順道承事其君，說德居上待之，上下相應，有事而和通，故曰萃亨也釋文云馬鄭陸虞無亨字據集解此句當有。丁云「釋文誤衍鄭字」是也假至也，互有艮巽，巽元無此字爲木，艮爲闕，木在闕上，宮室之象也。四本震爻，震爲長子，五本坎爻，坎爲隱伏，居尊而隱伏，鬼神之象。長子入闕升堂，祭祖禰之禮也，故曰王假有廟。二本離爻也，離爲目，居正應五，故利見大人矣。大牲牛也，言大人有嘉會時可幹事，必殺牛而元作以盟，既盟則可以往，元奪往字故曰利往。集解。周易窺餘引互體有艮巽，艮爲門闕，巽爲木，宮闕之象。四本震爻爲長子，入闕升堂祭祖禰之象（黃本）

象曰君子以除戎器

除去也釋文

初六若號號戶羔反釋文　晁氏云號鄭爲號咷　丁補張本引一握爲笑

握當讀爲夫三爲屋之屋（釋文　困學紀聞一）

握小兒（集韵　黃本）

六二孚乃利用禴

禴夏祭名（釋文）

上六齎咨涕洟

齎咨嗟歎之辭也（釋文引　姚補胡本　辭姚作聲）自目曰涕，自鼻曰洟（釋文　王）

升

升（釋文作昇古周易訂詁同）上也。坤地巽木，木生地中，日長而上，猶聖人在諸侯之中，明德日益高大也。故謂之升，升進益之象矣（元無矣字之昇　集解　義海撮要五引木生地中日長於上故謂之升。　古周易訂詁五引木生地中至故謂）

象曰君子以順德積小以成高大（今無成字　禮記中庸注本注譌作疏　黃）

六四王用亨（許兩反）于岐山（釋文）

亨獻也（同上）

象曰順事也

事之以牛羊（詩緜正義引同　袁孔本　黃從之）

困

困亨貞大人吉无咎

坎為月，互體離，離為日，兌為暗昧，日所入也。今上揜日月之明，猶君子處亂世 集解作代避唐諱也 為小人所不容，故謂之困也，君子雖困，居險能說， 元作悅與集解同 是以通而无咎也。 集解

九二困于酒食，朱韍 今作紱 方來 古周易訂詁五

二據初，辰在未，未為土 元誤作正 此二為大夫，有地之象，未上值天廚，酒食象。困于酒食者，采地薄不足己用也。二與日為體，離為鎮霍，爻四為諸侯有明德當王者，離為火，火色赤，四爻辰在午，時離氣赤又朱 以下元本誤引是也文王將王天子制用朱韍十二字當刪。(張本)，儀禮士冠禮疏 朱深云 當作 于赤。 詩斯干正義

九五劓刖

劓刖當為倪伆 釋文 古周易訂詁五

井

井法也 釋文

坎水也，巽木桔槹也。互體離兌，離外堅中虛，瓶也。兌為暗澤，泉口也，言桔槹引瓶下入泉口，汲水而出，井之象也。井以汲養 當作 人，水無空竭，猶人君以政教養天下，惠澤无窮也。 集解

亦未繘井

繘綆也 釋文 姚補胡本引

羸其瓶

初六井泥不食

羸讀曰虆釋文同上

在井之下故稱泥，井而泥則不可食御覽地部泥下引袁孔黃同引不知誰補

九二井谷射音亦鮒釋文補張本引丁

射厭也釋文補張本引丁

九二坎爻也。坎爲水，上直巽生一當爲九三惠改艮爻也。艮爲山，山下有井，必因谷水所生，魚無大魚，但多鮒魚耳元本此下尙有夫感動天地，此魚之至大，射鮒井谷，此魚之至小，故以相況。凡二十三字實非鄭注、據刪。言微小也。元無此句文選左太沖吳都賦注

元本自「夫感動天地」以下五句，張本引盧召弓云「此劉淵林語，非鄭注。」今檢吳都賦云「釣餌縱橫，網罟接緒……衡（原注魚之有力者）鯨輩中於群犗，（犗牛以爲餌）攙搶（星也）暴出而相屬（鯨魚死而彗星出），雖復臨河而釣鯉，無異射鮒於井谷。」此段盛夸漁釣所獲，注文所謂「感動天地，」即對賦中攙搶句而言，謂衡鯨見獲，天爲見異。然則夫感動天地以下二十三字乃劉淵林語，實非鄭注，盧氏之言是也。

甕敝漏甕今仍同。釋文甕鄭作甕，兩形亦同。必有一誤。黃本上字改作雍，未知所據。

甕停水器也釋文

九三井渫不食

謂已浚渫也。猶臣修正其身以事君也。文選王仲宣登樓賦注

革

革改也此句又見釋文水火相息而更用事，猶王者受命，改正朔，易服色，故謂之革也集解

九五大人虎變

大人天子義儀禮士相見禮疏　約臧補張本引

上六君子豹變

君子諸侯上均同

鼎

鼎象也。卦有木火之用，互體乾兌。乾爲金，兌爲澤，澤鍾金而含水，爨以木火，鼎亨孰元作烹熟與集解同物之象。鼎亨孰以養人，猶聖君興仁義之道以教天下也，故謂之鼎矣集解

象曰君子以正位凝命

凝成也釋文

初六鼎顚趾利出否，得妾以其子，无咎

顚踣也，趾足也。無事曰趾，陳設元作設陳曰足，二句又見詩七月正義爻體巽爲股。初爻在股之下，足象也，足所以承正鼎也。初陰爻而柔，與乾同體，以否正承乾，乾爲君，以喻君夫人事君，若失正禮，踣其爲足之道，情無怨，則當以和義出之，然如否者，嫁於天子，雖失禮無出道，廢遠之內則無之字而已。若其无子，不廢遠之，后尊如故內則无故字其犯六出則廢之自嫁於天子至此又見禮記內則正義，又見儀禮士昏禮疏，不言注文。又詩河廣正義有嫁於天子至而已。自若其无子以下十九字御覽無（張本）遠之，子廢，坤爲順，又爲子母牛，在后妃之旁側，妾之列元作例也。有順德，子必賢，賢而立以爲世子，又何

咎也。御覽皇親部太子一

九二我仇有疾周易窺餘，先儒以仇爲匹者惟鄭虞與子夏傳（黃本）

怨耦曰仇釋文　王象旨決錄仇九四義　漢上易叢說　袁孔張同引約

九三雉膏不食

雉膏食之美者釋文

九四鼎折足，覆公餗，其形剭剭音屋　釋文　今注疏本作渥　王本作刑屋，分注云釋文剭，周禮云其刑剭音屋　漢上易云鄭作其刑剭

糝謂之餗，震爲竹，竹萌曰筍，筍者，餗之爲菜也。是八珍之食。周禮天官醢人疏　元本是八珍是作具餗美饌此三字元在菜也二字下鼎三足，三公象。若三公傾覆王之美道，屋中刑之周禮秋官司烜氏疏　元本於全文下有分注云：一云臣下曠官失君之美道，當刑之於屋中，餗一作蔌，注以蔌爲八珍所用。

王本參用周禮兩疏，更移「餗美饌」三字之語位，又易是字爲具。今於兩疏所引注文；各還其原次而文義未變。能存注文之眞，則存之爲貴，故不煩改作也。至諸家引文繁複，如黃本首末有「餗菜也」（釋文）「蔌爲八珍所用」（詩韓奕正義）二句悉刪。

六五金鉉

金鉉喻明道能舉君之官職也文選潘安仁西征賦注　王元長曲水詩序注　王仲寶褚淵碑文注　唐律義疏一

震

震亨

震爲雷，雷動物之氣也。雷之發聲，猶人君出政教以動中國元作國中之人也，故謂之震。人君有善聲教，則嘉會之禮通矣集解　之震以上，又見詩殷其靁正義。中國作國中，人也，無也字。

震來虩虩

虩虩恐懼貌釋文

笑言啞啞

啞啞樂也同上

震驚百里，不喪匕鬯。

驚之言警戒也此句用殷其靁正義集解無雷發聲聞於此正義無二字百里，古者諸侯之象，諸侯、侯下元有之字用正義本。出教令，能正義無能字警戒其國國下元有疆之二字，用正義。內正義止。饋食禮疏。自雷發聲至下段，不親也句止，又見儀禮特牲聞於，無聞字，之象，無之字，戒其無其字則守其宗廟社稷，爲之祭主，不亡，亡下元有其字，用儀禮疏。匕與鬯也。儀禮疏無也字人君於祭之禮，儀禮疏無此二字匕牲體薦鬯而已，其餘不親，親下元有爲字，用儀禮疏。也、升牢於俎，君匕之，臣載之，鬯，秬酒，芬芳脩元作條，用正義鬯，因名焉集解正義引鄭玄云人君於祭祀之禮尚牲薦鬯而已其餘不足觀也又云鄭玄之義，秬鬯之酒，其氣條暢故謂之鬯又周禮夏官太僕疏引雷發聲百里者諸侯之象。人君於祭祀之禮匕牲薦鬯而已其餘不親。

六二億於力反喪貝釋文

十萬曰億同上

六三震蘇蘇

蘇蘇不安也同上

上六震索索視矍矍

索索猶縮縮足不正也。矍矍目不正同上

艮

艮其背

艮之言很也 釋文 艮爲山，山立峙各於其所，无相順之時，猶君在上，臣在下，恩敬不相與通，故謂之艮也 集解。

九三艮其限，列其膑 釋文上易 今注疏本作夤漢古周易訂詁六

限要也 釋文

漸

初六鴻漸于干

干、大水之旁故停水處 詩伐檀正義，斯干正義釋文引作干水旁故停水處。

九三夫征不復，婦孕不育

孕猶娠也 釋文 九三與九五互體爲離，離爲大腹，孕之象也。又互體爲坎，坎爲丈夫。坎爲水，水流而去，是夫征不復也。夫既不復，則婦人之道顚覆，故孕而不育。禮記郊特牲正義。不言注文整體純用互體衍義，即鄭注也。

象曰離群醜也

離猶去也 釋文補胡本引姚

歸妹

六三歸妹以須

須有 周禮疏無有字 才智之稱 釋文止引此句 天文有須女，屈原之姊 詩疏作妹 名女須字 天文至女須十二字王作小注下接姊一作妹四字（仍分注） 詩桑扈正義 周禮天官序官疏

上六女承匡今作筐无實釋文 張本引盧召弓云宋本釋文鄭作匡，今誤爲筐

宗廟之禮，主婦奉筐匡當爲米儀禮特牲饋食禮疏士昏禮云婦入三月而後祭行詩葛屨正義 惠袁孔張黃諸本同引

豐

豐之言腆，充滿意也釋文

彖日日中則昃，月盈則食

言皆有休已無常盛公羊定十五年疏 惠本

初九遇其妃今作配主釋文

嘉耦曰妃同上

雖旬无咎

初修禮上朝四，四以匹敵恩厚待之，雖留十日不爲咎。正以十日者，朝聘之禮止於主國以爲限。聘禮畢

歸大禮曰旬，而稍，旬之外爲稍，久留非常。詩有客正義

六二豐其菩今作蔀文鄭作菩釋

菩小席釋文 漢上叢說引席下有也字

九三豐其芾今作沛文鄭作芾釋

芾祭祀之蔽膝釋文

日中見昧今作沫釋文鄭作昧

折其右肱勿咎

三艮爻，艮爲手。互體爲巽，巽又爲進退，手而便於進退右肱也。猶大臣用事於君，君能誅之，故无咎儀禮觀禮疏

上六闃其无人

闃无人貌釋文

闃字，諸本不同。胡張從王本作闃，惠黃作闃、袁孔作闃，今注疏本作闃，釋文作闃。考說文無此字，廣韻集韻皆作闃，周易校勘記凡兩形，石經、閩監、毛本作闃，岳本作闃。如此紛紛，莫能是正。竊疑此字當以从門从狊爲正，說文有狊字云「狊犬視皃，从犬目。」鶪郥从之得聲。今闃訓无人，當以門標形（經曰闚其戶闃其无人）以狊配聲。疑闃即从狊聲，廣韻闃狊二字皆在二十三錫（形聲字與其聲符每同歸一部）亦可證。今注疏本作闃者，狊首多着，耳。諸本作闃者，具下半佚，耳。其作闃者，乃闃之或體。觀說文鶪字訓伯勞，爾雅即作鶪，亦訓伯勞，可知也。

象曰天際祥今作翔也釋文惠本

際當爲瘵瘵病也釋文

自戕今作藏也釋文

戕傷也釋文

旅

初六旅瑣瑣，斯其所取災。

瑣瑣猶小小。（王有也字此句又見釋文云瑣瑣小也）爻互體（按魏了翁儀禮要義引賈疏作「爻互艮，」無「體」字，則「體」字當爲衍文，而「互」字疑爲「在」字之誤。寫本「在」或作「本」，與「互」形近而譌，後人又因「互」字而誤衍「體」字也。）艮，艮小石，小小之象。三爲聘客，初與二其介也。介當以篤實之人爲之，而用小人瑣瑣然客主人爲言不能辭曰非禮，不能對曰非禮，每者（者字袁改作皆，黃亦云當作皆，均非。言每即非止一端，不必遽改字）不能以禮行之，則其所以得罪。（儀禮聘禮疏）

九四得其齊（今作資）斧（釋文張本）

巽

九三頻巽吝（釋文於王注頻顣下云此同鄭意　丁補張本引）

兌

象曰離麗（今作）澤兌（釋文）

離猶併也（釋文姚補胡本引）

九四商兌

商隱度也（釋文）

渙

九五渙汗其大號

號令也（文選張平子東京賦注　惠本）

節

象曰節以制度不傷財不害民

空府臧則傷財，力役繁則害民，二者奢泰之所致。後漢書王符傳注

中孚

中孚豚魚吉。利涉大川，利貞

三辰在亥，亥爲豕。爻失正，故變而從小名言豚耳。四辰在丑，丑爲鼈蟹，鼈蟹魚之微者。爻得正，故變而從大名言魚耳。三體兌，兌爲澤，四上値天淵。二五皆坎爻，坎爲水。二侵澤則豚利，五亦以水灌淵則魚利。豚魚以喩小民也，而爲明君賢臣恩意所供養故吉 詩小雅無羊正義　易緯稽覽圖云「孚信內兩陰在內亦以五以中和之氣候之，兩陰猶民于君在上矣臣在下候行中正之道，政教信于民，故謂之中孚，兩陰者，三辰在亥爲豕，爻失正，故變而爲小名言豚，四辰在丑爲鼈，鼈魚之微者，爻爲正變以其大節言魚，三體兌爲澤，四値天淵，二五皆坎爻如水，水以水度侵澤所養故吉，互體是震，震爲木，二爻巽爲風，木在水上，而風行之。濟大川，象君能濟於難也。」此條原附卷末，文多錯簡，不可通讀，然以中孚注文校之，實爲鄭氏易注。此當後人引之以明中孚卦氣（稽覽圖首論甲子卦氣起中孚）之義，非易緯之原文，仍從張本附之於此。

象曰乘木舟虛也

舟謂集板，如今自自當作船空大木爲之曰虛 詩小雅谷風正義

按注文自字當作「船」，漢人稱「舟」爲「船」。說文舟部「舟船也。」段注「邶風：『方之舟之』，古人言『舟』，漢人言『船』，毛以今語釋古，故云『舟即今之船也。』」漢人謂「舟」爲「船」，故鄭訓舟字曰「如今船。」詩正義校勘記謂「自當作船，」甚是。後人作「自」者，當是船字佚其右半而爲「舟」「自」又涉「舟」形而譌之也。

小過

小過亨利貞

王本此處引注文一條曰：中孚爲陽，貞於十一月子，小過爲陰，貞於六月未法於乾坤

此本易緯乾鑿度文。漢上易誤引，王又爲漢上易所誤，今删。

不宜上上如字釋文

上謂君也釋文

象曰君子以行過乎恭

取過於禮而不爲害御覽人事部恭敬類袁孔本同引、黃從之

六五象曰已尚今作上也釋文姚補胡本引

尚庶幾也同上

既濟

既已也，盡也。濟度也釋文

六二婦喪其茀

茀車蔽也釋文周易窺餘

九三象曰三年克之憊也

憊劣弱也釋文

六四繻音須有衣袽釋文姚補胡本引

九五東鄰殺牛不如西鄰之禴祭

互體爲坎也元無也字又互體爲離，離爲日，坎爲月。日出東方，東隣象也；元無也字月出西方，西隣象也禮記坊記正義　元本此處又有分注云「坊記注云，東鄰謂紂國中也。西鄰謂文王國中也……既濟離下坎上，離爲牛，坎爲豕，西鄰禴（元作離）祭（元奪）則用豕，與言殺牛而凶，不如殺豕受福，喻奢而慢（元奪）不如儉而敬也。與易注不同。」此蓋引以補注意也。禴夏祭之名。詩天保正義　爾雅疏五

未濟

未濟亨小狐汔濟

汔幾也釋文　漢上易傳

繫辭上

天尊地卑，乾坤定矣。卑高以陳，貴賤位矣

君臣尊卑之貴賤，如山澤之有高卑也禮記樂記正義

動靜有常

動靜雷風也禮記樂記正義

方以類聚，物以群分

類聚群分謂水火也同上

在天成象

成象日月星辰也同上

在地成形

成形謂草木鳥獸也禮記樂記正義　御覽三十六作形者謂草木鳥獸

八卦相蕩今作盪釋文衆家作蕩

乾以易音亦知釋文

佼易詩天作正義臧補張本引

三極之道也

三極三才也釋文惠本

所樂而翫今作玩者釋文

君子居則觀其象而翫其辭古周易訂詁十一

震无咎者存乎悔

震懼也釋文

易與天地準

準中也平也釋文姚補胡本引

原始及反今作終釋文古周易訂詁十一

精氣爲物，遊魂爲變，是故知鬼神之情狀與天地相似故不違

精氣謂七八也，遊魂謂九六也，七八木火之數，集解數字下有也字，元刪。九六金水之數。木火用事而物生，故曰精氣爲物；金水用事而物變，故曰遊魂爲變集解遊魂謂之鬼此句前尚有精氣謂七八遊魂謂九六二句王刪物終所歸，精氣謂之神，物生所信也。言木火之神，生物東南，金水之鬼，終物西北，二者之情，其狀與春夏生物，秋冬終物相似。

禮記樂記正義 元本此處尚有分注云「一云二物變化，其情與天地相似，故無所差違之也」此三句乃集解結尾語，二物句上有「精氣謂之神，遊魂謂之鬼，木火生物，金水終物」四句與「故曰遊魂爲變」句相承，爲集解全文。元本參用兩書而會其精粹是也。 又月令疏引精氣謂七八二句 中庸鬼神之爲德疏引木火之神生物金水之鬼終物。 周禮天府疏引精氣謂七八二句

而道濟天下

道當作導 釋文

範圍天地之化而不過曲成萬物而不遺

範法也 釋文 範者刑之所自出，圍者數之所能周。天地之化有刑數故可得範圍。木撓而水弱，金堅而火燥。土均而布，稼穡出焉。相成也而開物，相克也而成務。制於形麗於數而未始有窮也。无以範圍之，則天有伏陰，地有愆陽，五行之氣怫鬱而失其性，其發也有不得其平而甚至於過。水有啓閉火有出納而必適其時。冶金以爲利，伐木以爲用，陶土以爲器而必順其理，此範圍天地之化也，故不過易也。天地也，聖人也，合則同，離則異，天下之萬物，出入死生之不齊而不可爲量數。由其道，得其宜，極其高大，莫不安其性命之情而致曲以成之者易而已。蓋帝之於萬物，所以出齊相見與夫役說戰勞而遂至於成也，豈一理而足哉，此之謂曲成萬物而不遺也。 義海撮要七 黃本

一陰一陽之謂道

道无方也，陰陽則有方矣；道无體也，陰陽則有體矣。无方故妙物而爲神；无體故用數而爲易。有方則上下位焉，有體則大小形焉，是物而已。然則所謂道者，未嘗離物而物无乎非道。則道非即陰陽，非離陰陽，而萬物之所由者，一陰一陽而已。彼師天而无地，師陰而无陽者，皆萬物之所不由也。 義海撮要七 黃本

故君子之道尟 今作鮮 釋文 矣 姚補 胡本引

尟少也上均同

臧今作藏諸用

臧善也釋文

富有之謂大業

兼濟萬物故曰富有御覽人事部一百二十二　臧補張本引

成象之謂乾，效法之謂坤

象有見而已，法則制焉。乾位乎亥前，天一肇焉，萬物於是始有見，坤位未後，萬寶成焉，裁而制焉，萬物皆覩，聖人立成器以爲天下利，亦合乎天地之法象而已義海撮要七　黃本

知崇禮卑崇效天卑法地

德之崇在智，以辨物故也；業之廣在禮，以交物故也。辨則天道升，故知言崇；交則天道降，故禮言卑。智於五行爲水，水趨下也而致用常在上，升而爲雲是也。禮於五行爲火，火炎上也，而致用常在下，若烹飪是也。然智天一也，辨而見獨，故崇效天，以遠而尊故也。禮地二也，示而弗閎，故卑法地，以邇而親故也。義海撮要七　黃本

而擬諸其形容象其物宜是故謂之象

擬諸其形容者，剛柔有體，象其物宜者，百物不廢義海撮要七　黃本

言天下之至賾而不可惡烏洛反也釋文　姚補作烏落反　胡本引

言天下之至賾今作動而不可亂也釋文　此句下釋文云鄭本作至賾云賾當爲動。黃於正文從今本作至動非也

隤當爲勭 釋文

儀今作議之而後動 釋文 姚補胡本引 汲古閣雅雨堂本釋文並云鄭姚桓元荀柔之作儀之。他本云陸姚桓元荀柔之。未知孰是（張本）

樞機之發，榮辱之主也

樞戶樞也，機弩牙也。戶樞之發，或明或闇，弩牙之發，或中或否。以譬言語之發有榮有辱 樞機二句禮記正義作樞謂戶樞，機謂弩牙末二句禮記正義作以喻君子之言或榮或辱。 左傳襄二十五年正義 禮記曲禮正義

其臭如蘭

蘭香草也 文選張平子東京賦注 丁補張本引

愼時震反斯術也 釋文 丁補張本引

術道 釋文

有功而不置 今作德 釋文云鄭作置

置當爲德 釋文 張云王本作置當作誌今見王本一作誌，別兩本實作德

君不密則失臣，臣不密則失身，幾事不密則害成

幾微也，密靜也，言不愼乎微而以動作則禍變必成 公羊文六年疏 惠本

野今作冶容誨淫 釋文

飾其容而見於外曰冶 當作野、惠改。惠本。 後漢書崔駰傳注

言妖野容儀王教誨淫泆也 釋文 惠本 惠刪也字

大衍之數五十，其用四十有九

天地之數五十有五，以五行氣通，凡五行減五，大衍又減一，故四十九也。正義　劉牧鉤隱圖引「有五」下有者字「氣通」下有於萬物故」四字，無「凡五行」三字，「故四十九也」作「故用四十九」　衍演也釋文天一生水於北，地二生火於南，天三生木於東，地四生金於西，天五生土於中，陽无耦，陰无配，未得相成，地六成水於北與天一幷，天七成火於南與地二幷，地八成木於東，與天三幷，天九成金於西與地四幷，地十成土於中與天五幷也。大衍之數五十有五，五行各氣幷，氣幷而減五，惟有五十。以五十之數，不可以爲七八九六卜筮之占以用之，故更減其一，故四十有九也。月令正義　義海撮要引作天地之數五十有五，其六以象六畫之數，故減之用四十九。案鄭無象六畫之義，謬妄之甚。（張本）

右條注文中，有「陽無耦陰無配」二句。張本引臧在東說，以鄭於易注云「陽無匹陰無耦（周禮校人，洪範正義所引）」謂本條注文有誤。（當云陽無匹）張又引左傳正義所引「地六爲天一匹，天七爲地二耦」二句注文爲陽稱匹陰稱耦之證，黃本從之，亦謂當云「陽無匹陰無耦。」按匹耦一義，本無專稱。禮記三年問，「失喪其群匹，」注「匹偶也（偶耦義同），方言「敵耦也」注「耦亦匹」，按下文左昭九年正義（張所援者）所引注文，雖有陽匹陰耦之文；亦見陰匹陽耦（陰無匹陽無耦）之句，不得云兩處注文皆誤。且本條云「陽無耦陰無配」，陰不言匹耦而言配，則匹耦配三字可活用。由知匹耦可以互用，不必專屬於陰陽一方，又於易義無與，不必置辨也。

揲之以四

揲取也釋文

天數五，地數五，五位相得而各有合

天地之氣各有五，五行之次，一曰水，天數也；二曰火，地數也；三曰木，天數也；四曰金，地數也；五曰土，天數也。此五者陰无匹，陽无耦，故又合之。地六爲天一匹也，天七爲地二耦也，地八爲天三

匹也，天九爲地四耦也，地十爲天五匹也。二五陰陽各有合，然後氣相得，施化行也。（左傳昭九年正義）

凡天地之數五十有五，此所以成變化而行鬼神也

天地之數五十有五，以之開物成務，以之冒天下之道，所謂易者，如斯而已。此所以成莫大之變化，行无形之鬼神也。新故相代，淸濁相廢，死生相膠，萬變相纏，此之謂成變化。五辰伏見，四時潛處，七宿軫轉，六甲內馴，此之謂行鬼神。鬼神无形而數能行之何哉？周官以八則治都鄙，有祭祀以禦其神，夫所謂神者，王之祭祀猶足以禦之而使從，況天地之數哉。（義海撮要七　黃本）

當期之日

四正卦之爻減二十四之數與當期之日相契。（漢上易叢說　黃本）

八卦而小成，引而伸之，觸類而長之，天下之能事畢矣。

八卦以象告而已，雖曰通神明之德，類萬物之情，而易之爲書未悉備也，故曰八卦小成。引而伸之，所謂數者，自一以至千百萬之不同，觸類而長之。所謂卦者，有上下焉，有內外焉，而遂於六十四。則大爲天地，幽爲鬼神，散爲萬物，驗天下而同吉凶之患，周世變而際古今之運，无不該也，无不徧也，故曰天下之能事畢矣。天能天而不能地，地能地而不能天，天人各有能有不能，是豈天下之能事哉？惟无能也，无不能也，然後天下之能事畢矣。（義海撮要七　黃本）

以制器者尚其象

此者（元刪此者二字　孫云殿版周禮疏作此四者，案當補四字）存於器象可得而用，一切器物及造立皆是（周禮春官太卜疏）

夫易聖人之所以極深而研機（今作幾，）也（釋文）

研喻思慮也文選陸士衡弔魏武帝文注又冊魏公九錫文注引無也字。丁補張本引機當作幾微也釋文王

是故蓍之德圓而神

蓍形圓而可以立變化之數，故謂之神也儀禮少牢饋食禮疏

神武而不殺所戒反者夫釋文姚補胡本引

不意意字今藏望三益齋木刻音訓本作衰，係依集解虞注而改。據釋文音，則作衰爲是備考殺也音訓晁氏易丁補張本引

以神明其德，釋文云荀虞顧至夫字絕句衆皆以夫字屬下句。

是故易有太極

極中之道淳和未分之氣也文選張茂先勵志詩注　惠袁孔張黃本同引

兩儀生四象

元本此處引一條云布六於北方以象水，布八於東方以象木，布九於西方以象金，布七於南方以象火。按此易緯乾鑿度注文。漢上叢說誤引。王又爲漢上所誤。今刪。

以定天下之吉凶，成天下之亹亹者，莫大乎蓍龜公羊注引此三句作莫善，徐彥疏云「今（今鄭）易本善作大爲異」，即引下注（自凡天下至包也二十四字）知鄭易作大不作善，注文「廣大無不包」，正詁大字（張本）

凡天下之善惡及沒沒之衆事皆成定之，言其廣大無不包也公羊傳定八年疏　惠本不云鄭注。公羊疏皆用鄭義，此注是鄭可知。

河出圖洛出書

春秋緯云，河以通乾出天苞，洛以流坤吐地符，河龍圖發，洛龜書感，河圖有九篇，洛書有六篇。正義　集解有也字　義海撮要七引鄭康成以春秋緯云河圖有九篇，洛書有二篇。二不作六。

有（今作又）以尙賢也（釋文）

繫辭下

八卦成列，象在其中矣；因而重之，爻在其中矣；剛柔相推，變在其中矣；繫辭焉而命之，動在其中矣。吉凶悔吝者，生乎動者也。

道无變動則爲三才而八卦以象告；道有變動則爲六爻而九六以數倚，天數肇於一，地數起於二，木生於三，金別於四而土備於五，此數之自然也。參天數而得九，兩地數而得六，九六定其數而卦成，卦成而爲爻，爻成而變動備矣。葢易者象而已。發天下之賾而託於健順動入陷麗止說之用；寓天下之道而形於天地山澤風雷水火之物，則八卦成列而象斯在其中矣。卦始於三畫，未有爻也。因而重之，則其體有上下，其位有內外，其時有初終，其序有先後，其數有九六，其序有本末而爻在其中矣。五陽也而居之以六，二陰也而居之以九，柔來而文剛，分剛上而文柔，剛柔之中不中，屢變而无常也。故曰剛柔相推變在其中矣。蹇之不可以往也，坎之不可以出也，大過之可以大有爲，睽之可以小事，履之所以經世，需之所以待時，率其辭而揆其方，天下之動不可易矣。故曰繫辭焉而命之，動在其中矣。曰在其中者，其理猶隱也。聖人繫辭焉而命之吉凶，則吉凶悔吝者生乎動者也。天下之理，動不若靜。靜而无爲則蕩然无執，孰爲吉凶，不覩一疵。孰爲悔吝，動而交物。則所謂吉者常少而凶悔吝者常多，此聖人之動所以常寓於不得已者歟。（義海撮要八黃本）

夫乾確然示人易矣，夫坤隤然示人簡矣

確然堅高也。乾之德不陷乎陰而其道上行。崇以臨之，刻以制之，可謂確然矣，然昭之以象，覩之以文，則日月有象，雲漢有章，因性而已，其德行常易也。坤之勢承天而以下爲順。其厚以載物，其靜以代終，可謂隤然矣。然山河之融結，草木之華實，其止說以性，其生成以時，循理而已，其德行常簡也。（義海撮要八黃本）

何以守位曰人

持一不惑曰守 詩鳧鷖正義 丁補張本引

古者包犧氏之王天下也

包取聚元作，也鳥獸全具曰犧 釋文

作結繩而爲罔罟以佃以漁，蓋取諸離

象卦制器皆取卦之爻象之體。正義稱諸儒 袁本

包犧氏沒神農氏作

女媧修伏犧之道無改作 書序正義 臧補張本引

神農氏沒黃帝堯舜氏作

金天高陽高辛遵黃帝之道無所改作，故不述焉 周禮春官大司樂疏 惠本 刪末四字

黃帝堯舜垂衣裳而天下治，蓋取諸乾坤

黃帝始燔肉爲炙 書鈔一百四十五 袁孔黃同引 始去羽毛 公羊桓四年疏 惠本

乾爲天，坤爲地，天色玄，地色黃。故玄以爲衣，黃以爲裳，象天在上地在下 詩七月正義 元本云乾爲天其色玄坤爲地其色黃但土無正位託於南方

(周禮司服疏)南方色赤，黃而兼赤，故爲纁也(禮記王制正義)。

王本參用周禮司服及禮記王制二疏，但著天地之色。此色若於衣裳無與，則色自色，易義何取？茲改用詩七月正義所引注文，以其明言玄黃乃衣裳之色，取諸乾坤者在此。

重門擊柝以待虣今作暴客蓋取諸豫。釋文 惠本

豫坤下震上，九四體震，又互體有艮，艮爲門。震曰所出亦爲門，重門象。艮又爲手，巽爻也，應在四

，皆木也，手持二木也。手持二木以相敲，是為擊柝。擊柝為守備警黃云王本作驚。按王本無誤，惠本乃作驚戒也。左襄七年正義引作手持兩木以相敵是為擊柝守備警戒也。四又互體為坎，坎為盜。五離爻，為甲冑戈兵，盜謂字誤、惠改作甲冑二字持戈兵，是暴虣當作客也。又以其卦為豫，有守備則不可自逸。周禮天官宮正疏

後世聖人易之以棺槨蓋取諸大過

大過者巽下兌上之卦，初六在巽體，巽為木。上六位在巳，巳當巽位，巽又為木，二木在外以夾四陽。四陽互體為二乾，乾為君父，二木夾君父，是棺槨之象。檀弓正義　不言注文，玉附簡末以互體爻辰說易，惠袁張黃皆次之注中是也

上古結繩而治

事大大結其繩，事小小結其繩正義　元本從書孔序正義引無二結字，首有為約二字，王又增結繩二字於為約之上為異。

後世聖人易之以書契

書之於木，刻其側為契，各持其一，後以相考合。書序正義　書序釋文引作以書書木邊，言其事刻其木謂之書契也

象也者像也

像擬也釋文謂眾家云然　張本

陽一君而二民，君子之道也；陰二君而一民，小人之道也。

一君二民，謂黃帝堯舜，謂地方萬里，為方千里者百。中國之民居七千里，七七四十九，方千里者四十九。夷狄之民居千里者五十一，是中國夷狄二民共事一君。二君一民，謂三代之末，以地方五千里，一君有五千里之土，五五二十五，更足以一君二十五，始滿千里之方五十，乃當堯舜一民之地，故云二君一民。禮記王制正義

易曰砎今作介于石釋文介衆家作砎 袁本黃同

其殆庶幾乎

庶幸也幾覬也詩免爰正義 臧補張本引

男女覯精

覯合也，男女以陰陽合其精氣詩草蟲正義

其易之門戶今無戶字邪正義八論及世說文學篇注引易贊此語門下有戶字 臧補張本引

因貳以濟民行

貳當爲式釋文 張黃俱云王作式。今見者兩本作式一作式。

易之興也其於中古乎

易是文王所作左傳序正義 袁本文王爲中古集解引虞翻云 丁補張本引

作易者其有憂患乎

文王囚而演易正義八論論卦爻辭誰作 臧補張本引

損德之修也：益德之裕也；困德之辯也。辯今作辨釋文作辯

修治也釋文辯，別也，遭困之時，君子固窮，小人窮則濫，德于是別也集解損其所有餘，則累去而德全；益其所不足，則智明而德光。无患而自若者衆人也；有憂而不改其操者君子也。困則君子小人較然見矣。義海撮要八 黃本

益長裕而不設

設大也王周禮考工記曰，中其莖，設其後人周禮考工記桃疏　惠本

周禮以下十二字，王刪惠補。考工記載桃氏爲劍之形制曰：「中其莖設其後」鄭注之云「從中以却稍大之也，後大則於把易制」言劍身自中向後漸寬大，便於把制也。是疏所引周禮以下十二字，確爲康成易注，而以證設有大義，惠補之是也。

六爻相雜，唯其時物也

二至四，三至五，兩體交互，各成一卦也象旨決錄　黃本

若夫雜物算撰今作德釋文十二古周訂詁象旨決錄

算數也釋文

則居音基可知矣釋文

居辭按居辭二字今本無，音訓引居辭者有之。惠本多也字

知者觀其彖辭

彖辭爻辭也釋文　象旨決錄

柔之爲道不利遠者，其要无咎，其用柔中也。三與五同功而異位，三多凶，五多功，貴賤之等也

謙懼遜說不可以大有爲，柔之道也。方睽之時，柔進而上行，小事吉而已。詩稱仲山甫之德曰柔嘉爲則而已。柔之爲道不利遠者，蓋遠者大者，非柔之所能爲也。故其要止於无咎者，以其用柔中故也。以過物而解難，豈柔之所能濟哉？三在下卦之上而過中，雖若乾之君子乾乾而且不能以无危也，故曰多凶。五

則操天下之利器，所往无不得志矣，故多功。繫辭曰列貴賤者存乎位。貴有常則功易以立，賤有等威而不僭以慢者，以多凶故也。故曰三多凶五多功貴賤之等也義海撮要八　黃本

當文王與紂之事邪

據此言以易是惠刪此字文王所作，斷可知矣左傳昭二年正義　又左傳序正義云案據此文以爲易是文王所作　惠本

夫乾天下之至健也，德行恆易以知險；夫坤天下之至順也，德行恆簡以知阻。

乾純陽也，爲天下之至健。坤純陰也，爲天下之至順。至健矣與時偕行而无所積，則疑若難而未嘗不易者，因性故也；至順矣與理偕會而无違，則疑若煩而未嘗不簡者，以循理故也。惟因性故拂性而行者有所不爲，則知險矣，此陰之所以不能陷也；惟循理故違理而動者有所不作則知阻矣，此陽之所以不能止也。險在前也，陽不能進而爲需，陰无得而勝焉，阻在前也。坤自由而爲比，陽无得而勝焉，此又乾坤之不忽於陰陽而爲健順之至歟！義海撮要八　黃本

成天下之亹亹者

亹亹沒沒元作汲汲，上繫出亹亹二字：鄭訓沒沒、見公羊定八年疏、此亦當作沒沒爲是。也釋文

人謀鬼謀百姓與能

鬼謀謂謀卜筮於廟門惠本儀禮士冠禮疏　言謀爲善謀助之，百姓能與安己者御覽人事部八十九袁孔黃同引

愛惡烏洛反　相攻釋文　姚補洛作落　胡本引

說卦

昔者聖人之作易也

昔者聖人謂伏犧文王也 書孔序正義

參天兩地而倚數 倚數周禮地官媒氏注引作奇數釋文云奇於豈反本或作倚音同

天地之數備於十，乃三之以天，兩之以地，而倚託大衍之數五十也。必三之以天，兩之以地者，天三覆，地二載，欲 元作必 極於數，庶得吉凶之審也 正義

發揮於剛柔

揮揚也 釋文

窮理盡性以至於命

言窮其義理，盡人之情性以至於命，吉凶所定。文選陸士衡弔魏武帝文注 惠本

兼三才而兩之，故易六畫而成卦

三才天地人之道。六畫畫六爻。儀禮士冠禮疏 惠本

雷風相薄

薄入也 釋文

萬物出乎震，震東方也。齊乎巽，巽東南也。齊也者言萬物之絜齊也。離也者明也，萬物皆相見，南方之卦也。聖人南面而聽天下，嚮明而治，蓋取諸此也。坤也者地也，萬物皆致養焉，故曰致役乎坤，兌正秋也，萬物之所說也，故曰說言乎兌。戰乎乾，乾西北之卦也。言陰陽相薄也。坎者水也，正北方之卦也。勞卦也。萬物之所歸也，故曰勞乎坎。艮東北之卦也。萬物之所成終而所成始也，故曰成言乎艮。

萬物出於 周易折中作乎 震、雷發聲以生之也。齊於 折中作乎 巽 此下漢上易傳九有相見於離四字 風搖動 漢上易作長 以齊之也潔猶新也 漢上易無也字相

見於離，漢上易折中並無此四字萬物皆相見，日照之使光大，萬物皆致養漢上易此下有焉字地氣含養使漢上易有有字秀實也。漢上易無也字萬物之所說，草木皆老，猶以澤氣說成之。戰言陰陽相薄，西北陰也，而乾以純陽臨之，猶君臣對合也。此六字折中無坎勞卦也，水性勞而不倦，萬物之所歸也。萬物自春出生於地，冬氣閉藏，還皆入地。萬物之所成終而所成始，言萬物陰氣終，陽氣始，皆艮之用事也。漢上易折中止此。漢上易無也字　惠本坤不言方，神當作坤之養物，不專此時也。此十三字正義引作坤不言方者所言地之養物不專一也兌不言方而言正秋者，秋分也。兌言秋分，則震爲春分，坎爲冬至，離爲夏至，乾爲立冬，艮爲立春，巽爲立夏，坤爲立秋可知。兌言正秋者，正時也。離言聖人南面而聽天下，嚮明而治。則餘卦亦可以類推矣。戰乎乾，言陰陽相薄而乾勝也。義海撮要九。黃本

神也者妙萬物而爲言者也

共成萬物，物不可得而分，故合謂之神惠本九　漢上易傳義海撮要九

莫盛音成乎艮釋文

盛裹也釋文

故火水相逮今本同云鄭無不字　釋文

乾爲首，坤爲腹，震爲足，巽爲股，坎爲耳，離爲目，艮爲手，兌爲口漢上易曰鄭本此章在乾爲馬之前　丁補張本引

兌爲口，兌上開似口漢上易惠本

艮爲狗

艮卦在丑，艮爲止，以能吠止人則屬艮；以能言則屬兌；兌爲言故也。周禮秋官序官疏　孫袁張黃同引　張入分注，欲取而未決，孫袁黃直采入注

。以鄭注義例觀之，入注是也。

兌爲羊

其畜好剛鹵　周禮夏官羊人序官疏　古周易訂詁十四

乾爲天

天清明无形　漢上易九　惠本

爲瘠馬

凡骨爲陽肉爲陰　漢上易九　惠本

爲均

今亦或作旬也　禮內則注　周禮地官均人疏云易坤爲均今書亦有作旬者　丁補張本引

爲龍

龍讀爲尨，取日出時色雜也

爲專　今作旉　釋文旉本又作專鄭市戀反　市姚作守　姚補胡本引

爲大塗

國中三道曰塗。震上值房心，塗而大者，取房有三塗焉　漢上易傳九　惠本

爲萑葦

竹類　漢上易傳九　惠本

其於稼也爲反生

生而反出也　漢上易傳九　惠本

爲墨今作工　晁氏易工鄭作墨、而張本爲墨下又有爲工二字、衍。惠本

其於人也爲宣今作寡髮　周禮考工記車人云半矩謂之宣，注易巽爲宣髮。疏云今易文不作宣作寡者蓋宣寡義得兩通故鄭爲宣不作寡也

宣髮取四月靡草死，髮在人體，猶靡草在地。考工記車人疏

爲黃今作廣顙　釋文　漢上叢說

爲矯輮　釋文

爲月

臣象也　文選月賦注

爲電

取火明也。久明似日，暫明似電也　集解　象旨決錄引大明者日暫明者電也　惠本

爲乾卦

乾當爲幹，陽在外能幹正也。釋文　漢上叢說

爲鼈爲蟹爲蠃爲蚌爲龜

骨在外　周禮考工記梓人疏　藝文類聚九十六引離爲蠃注云剛在外也　惠本

其於木也爲科上槀今作槁。釋文槁鄭作槀　古周易訂詁十四

科上者陰在內爲疾　漢上易九　惠本

爲徑路

田間之道曰徑路，艮爲之者，取山間鹿兔之蹊 初學記二十四 錦繡萬花谷後集二十五 惠本

爲小 今無小字 指 鼂氏易 孔張黃同引 惠袁

爲黚 今作黔 喙之屬 釋文 古周易訂詁十四

謂虎豹之屬貪冒之類 釋文 引虎豹之屬八字 古周易訂詁十四 王 取其爲山獸 漢上易叢說 惠本

爲陽 今作羊 古周易訂詁十四 漢上易九鄭本作陽 象旨決錄

此陽謂爲養无家女行賃炊爨今時有之，賤於妾也。 鼂氏易 陽養无家女行賃炊爨賤於妾者 漢上易 古周易訂詁十四引 惠本 羊女使 項安世周易玩辭 孫本

序卦

物生必蒙

蒙幼小之貌齊人謂萌爲蒙也 集解

物稚不可不養也

言孩稚不養則不長也 集解

飲食必有訟

訟猶諍也。言飲食之會恆多諍 一作爭 也 集解

履 履下今有而泰二字 然後安 鼂氏易 惠本

有大有者 今作 不可以盈 鼂氏易 惠本

有大而能謙必豫

言國旣大而有謙德，此四字元作而能謙從卦前注則於政事恬豫元作逸雷出地奮豫元作逸豫行出而喜樂之意集解

豫必有隨

喜樂而出，人則隨從。孟子曰吾君不游，吾何以休？吾君不豫，吾何以助，此之謂也正義

可觀而後有所合

此處元本引注文一條云：易乾鑿度曰陽起於子陰起於午，天數大分以陽出離以陰入坎坎爲中男離爲中女太乙之行出從中男入從中女因陰陽男女之偶爲終始也（後漢書崔駰傳注）

右爲易緯乾鑿度注非易注。王本誤引，茲刪。

致飾然後亨許兩反　則盡矣釋文

有无妄物今無物字然後可畜晁氏易惠本

故受之以大過

以養賢者宜過於厚正義

夫婦之道不可以不久也

言夫婦當有終身之義，夫婦之道謂咸恒者元作也集解

物不可以終久於此三字今作久居其所晁氏易惠本

主器者莫若長子

謂父退居田里，不能備祭宗廟，長子當親視滌濯鼎俎禮記曲禮正義惠本

雜卦

屯見如字而不失其居釋文惠本

損益衰盛今作盛衰之始也會通引釋文今釋文本無之　惠本

兌說見今作而巽伏也晁氏易惠本

蠱則飾今作飭也釋文古周易訂詁十六云飭鄭作節。節字誤

否泰反其類也

先尊而後卑，先通而後止者，所以類陽事也古周易訂詁二黃本

豐多故釋文云衆家以此絕句　張本

大過顚也

自此以下卦音不協，似錯亂失正，弗敢改耳晁氏易惠本

小人道消今作憂也晁氏易惠本

易贊易論正義八論云易贊易論　世說新語文學篇注作易序。

易一名而含三義元作易之爲名也一言而含三義引與世說注同易簡世說注作簡易一也，變易二也，不易三也。故世說注無故字繫辭云世說注云作曰乾坤其世說注無其字易之緼邪世說注作也又云元作曰易之門戶邪世說注作也又云元作曰與世說注同夫世說注無夫字乾確然示人易矣，夫世說注無夫字坤隤然示人簡矣，易則易知，簡則易從，此言其易簡之世說注作簡易無之字法則也。又云元作曰與世說注同世說注又有其字爲道也屢遷，變動不居，周流六虛，上下無常，剛柔相易，不可可世說注以字爲典要、唯變所適。此言順時變易出入移動者也世說注作此則言其從時出入

（移動也）又云（世說注云作）曰天尊地卑，乾坤定矣。卑高以陳，貴賤位矣。動靜有常，（世說注誤作爲）剛柔斷矣。此（世說注有則字）言其張設布列不易者（世說注無者字）也。（正義論易之三名引止此據此茲元作）三義而說，易之道廣矣大矣。（世說新語文學篇注）

夏曰連山，殷曰歸藏，周曰周易（書洪範正義引夏曰二句作易贊　周官太卜疏同　禮記祭義正義引三句作易贊）連山者象山之出雲連連不絕；歸藏者，萬物莫不歸藏於其中；周易者，言易道周普，无所不備（正義論三代易名）

神農重卦（正義八論，舉重卦之人此條王附易贊）

虙羲作十言之敎曰乾坤震巽坎離艮兌消息无文字謂之易（漢上易傳八引云云引易云虙羲至消息　左傳定四年正義此條王附易贊。）

附錄

諸家所引資料，在疑似之間，無法決定者，悉併錄於此以備參考。

上經

乾

文言

終日乾乾與時偕行

建辰之月，萬物生長，不有止息，與天時而俱行。（正義袁本云疏稱諸儒以爲云云鄭在其中）

屯

上六泣血漣如

體坎爲血，伏離爲目，互艮爲手，掩目流血，泣之象也。（集解引袁本云此論互體是鄭注，鄭易在九家中也。）

蠱

初六幹父之蠱，有子考无咎，厲終吉。象曰幹父之蠱，意承考也。

子改父道，始雖勞（仲氏易作厲）而終則吉，蓋其（仲氏易無蓋其二字）事若不順而其（仲氏易無其字）意則在于承其父（仲氏易作而意則順也）也。（董氏會通仲氏易孫本云堂按此條及離爻辭出涕沱若注，鼎象曰以木巽火注，會通引鄭氏俱不注明康成云云。今按鼎象曰注見集解，離爻辭注首句自目出曰涕，亦見萃卦釋文，疑必是康成說。惟此條文義頗不類。毛太史仲氏易引作鄭玄，或別有據。今姑存之，不敢臆斷也。）

觀

象曰先王以省方觀民設教

鄭衆云：從俗所爲，順民之教。故君子治人，不求變俗是也。如封太公於齊，五月報政；封周公於魯，三年報政是也。（史徵周易口訣義袁本云周永年云鄭衆不注易所引三條，疑康成易注有之，猶周官之載大司農說也。唐時尚未亡，故史氏得以采入。）

噬嗑

六三噬腊肉

小物全乾曰腊（袁本云釋文引鄭注周禮小物全乾曰腊）

无妄

象曰先王以茂對時育萬物

茂、勉也、對、遂、育、長也。（今補易緯坤靈圖鄭注）

按緯曰：「天無雲而雷，先王以茂對時育萬物」。緯說象辭，並引原文以證之。則鄭注緯即注易也。緯注又曰：「上乾下震」，則純爲无妄之卦體也，可爲易注之參考。

離

六五出涕沱若

自目出曰涕。人爲煙所衝，則出涕曰沱若，以下卦離火衝突之烈也。董氏會通孫本

下經

益

六三告公用圭

天子以尺二寸元圭事天，以九寸事地也。上公執桓圭九寸，諸侯執信圭七寸，諸伯執躬圭七寸，諸子執穀璧五寸，諸男執蒲璧五寸，五等諸侯，各執之以朝見天子。袁本　云鄭在九家中，禮是鄭學此是鄭注也。集解引九家易

鼎

九四鼎折足覆公餗

鼎者三足一體，猶三公承天子也。三公謂調陰陽，鼎調五味，足折餗覆，猶公不勝其任，傾敗天子之美故曰覆餗也。集解引九家易　袁本　云此與周禮司烜氏疏所約鄭義（按指疏云鄭義以爲餗美饌，鼎三足，三公象，若三公傾覆王之美道，屋中刑之）同。與卦名注及象傳下九家注之當屬鄭者並合其爲鄭注無疑

兌

象曰君子以朋友講習

鄭象云樂耽於酒，則有沈酗之凶，志累於樂，則有傷性之患。以君子樂之美者，莫過於尙詩書、習道義。敎之盛矣，樂在斯焉。周易口訣義　袁本　云此亦是康成引衆語

說卦

昔者聖人之作易也

易者陰陽之象，天地之所變化，政敎之所生，自人皇初起。今補　李氏易解賸義引路史前紀注五

本章參考書目

周易鄭康成注
宋王應麟輯本　明胡震亨輯本　清惠棟增補本　孫堂重校補遺本　張惠言箋易注全集本　張惠言訂正本
袁鈞輯本　孔廣林輯本　黃奭輯本
十三經注疏
漢書　後漢書
隋書
昭明文選
周易義海撮要
漢上易傳　卦圖叢說
太平御覽
初學記
周易音訓
丙子學易編
董氏會通
路史後紀
易解賸義
北堂書鈔
孫氏周易集解
周易集解纂疏
周易口訣義

周易篇第
周易玩辭
經典釋文
周易集解
易纂言
周易窺餘

第二章　鄭氏易學之淵源

經學淵源，肇自孔子。孔子以前，六藝掌於官府，自孔子刪訂筆削，總群經而會其大義，學術雖降在私門，經義則定於一尊。孔子以此為學立教，後之儒者，乃知所宗。故六經之傳授，皆自孔門始，其於易也固然。易為六經之首，契天人之幾，性與天道，子貢之所未與聞，而易悉言之。乾象曰：「天行健」；大傳曰：「一陰一陽之謂道，繼之者善也，成之者性也；」皆是。且「四時行焉，百物生焉」（論語），何一而非天道，人自不察耳：「大哉乾元，萬物資始」，「至哉坤元，萬物資生」，「乾道變化，品物流形」（乾坤彖傳），非自四時行而後百物生之天道乎？「百姓日用而不知」，詎云非然？易道之要若是，可不知其傳授之淵源乎？自魯商瞿子木，受易於孔子（見史記仲尼弟子列傳，儒林傳），五傳（漢書儒林傳：「商瞿授魯橋庇子庸，子庸授江東馯臂子弓，子弓授燕周醜子家，子家授東武孫虞子乘，子乘授齊田何子裝」）而至齊人田何。漢興，說易者皆本之田何，何以齊田徙杜陵，號杜田生。王同，周王孫，丁寬，皆傳田何之業。及田何授梁人丁寬，寬授同郡碭田王孫，王孫授施讎、孟喜、梁邱賀，由是易有施孟梁邱之學。自孟氏一派而衍為焦京馬鄭諸大儒之易學，此漢易之嫡系也。於此，則顯分章句災異二支，然異流而同源，分條而共本，其同出於孟氏則一也，孟喜又以田王孫之學授焦延壽，京氏直受業於延壽，則京易亦出於孟氏無疑，第非全為田王孫之舊耳。蓋孟易原分章句（按漢書藝文志有易章句孟氏二篇）災異二派，漢儒傳經，並傳災異陰陽五行之說，經則偏授弟子，災變則擇其人而後傳。漢書五行志言：「董仲舒治公羊春秋，始推陰陽為儒宗」。蓋經師而言災變，仲舒已開其端矣，孟氏陰陽災異之說，雖託之田王孫，然陰陽二字，易中固有，易以道陰陽，大傳「一陰一陽之謂道」是也，惟陰陽之說，與災異相生，其來源至早！荀子天論言：「夫日月之有蝕，風雨之不時，怪星之黨見，是無世而不常有之」。故此類學說，自晚周騶衍倡言以後，深入人心，已牢不可破，且易本卜筮之書，吉兇悔吝，易辭著見，儒者取以說易，亦自然之勢，矧又廷論風會之所趨耶！儒林傳謂喜獨得易家候陰陽災變書，傳其學者，固以災異陰陽爲一事耳。晉書太康二年，汲郡人不準盜發魏襄王墓，得竹書數十車，中有易經二篇（蓋即今之章句），又易繇陰陽二篇，書之所得，儻即此歟！焦延壽自云，嘗從孟喜問易，而傳稱延壽長於災變，又以其學授京氏，與費直同時之高相，亦專說陰陽災異，知漢儒多以此說易，非僅孟京焦氏而已。然而章句災變之說，雖經一師之傳授，而二者之爲道，究未嘗相混也。其後，傳費學者亦用京氏說，後漢書孫期傳謂荀爽易出於費氏，而荀注隨彖傳「大亨貞无咎」曰：「隨者震之歸魂（集解引）」，又解彖傳：「雷雨作而百果草木皆甲宅」句下，荀注：「解者震世也（引同上）」，此顯用京氏之說（書錄解題云，卦首注某宮某世，用京氏說也），則傳費易者亦有同於京氏者也。晉書郭璞傳：「（璞）好古文奇字，妙於陰陽算厤，又抄京費諸家要撮」，知京費之易，可以合流。孟京之易亦至近，京蓋主傳孟氏易中災異一派者也。王應麟曰：「虞翻注說卦云：『乾坤五貴二賤故定位（說卦傳「天地定位」句下，集解引）』，蓋用納甲卦氣之說」。虞氏世傳孟氏易，其注必本自師說，而納甲卦氣之說出於京氏，知孟京之易相近也，即以章句言，孟京亦每相同，文言：「利物」，孟京俱作利之（釋文引），下繫：「彖也者像也」句，「像也」二字，孟京還作「象也」（釋文），又「包犧」、孟京俱作「伏戲」（釋文），艮六二：「不拯其隨」，「拯」字，孟京俱作「承」（呂氏音訓），九三，列其夤，「夤」字，孟京俱作「䏰」（音訓），又「厲熏心」，孟京俱作熏（音訓），歸妹初九象曰：「歸妹以娣，以恆也」，「以恆」，孟京無此「以」字（音訓），又六三，「歸妹以須」，「須」字孟京俱作「嬬」（晁氏易），此其明徵也。至孟氏章句，僧一行猶及見之（一行曰：十二月卦，出於孟氏章句），則唐初尚存，瞿牧白生，則當時傳孟氏之章句者也，故不肯以長於災變之焦氏爲孟氏之徒。則西京時，章句災異二派，顯有畛域，亦以見孟易之兼斯二者也。瞿白之外，京氏亦傳孟氏之章句，其後馬鄭各家傳本，用字訓義，多有同者。其或形同而訓微別，或形殊而訓則同者，泰半與聲音有關，則通假之故也。蓋文字通假，由來已久，自殷契卜辭、鐘鼎款識，碑鐫簡書已然；經傳文字，尤爲習見。推尋諸家章句，所以源同而流殊者，職是之故，斯乃語文衍進運用之慣例，而學術之淵源，又藉茲可以徵驗也，鄭易時以十翼解經，則又費氏之家法也。至於鄭易之於緯，亦必有所取裁，蓋取其可信者而信之用之而已。夫緯本所以緯經，實即爲經作傳耳。雖異端雜論，充斥篇幅，而先儒師說，時亦間出。蓋東漢尚圖書讖緯，諸言陰陽災異而流於曲學詭奇之言者，亦淆亂於其間，然而去莠存苗，披沙簡金，豈復凡緯皆可棄去？康成之所取，蓋在於斯。綜合言之，鄭易源於孟京費馬，殆無可疑。其章句之學，兼擷之於孟京費馬諸家。其爻辰，則取法於京氏，會意於緯書。以十翼解經，深得費氏之家法，以人事禮文說經，又本之於馬氏。其論易之三義，易道本原，陰陽消息，數之變化，又兼取之於緯書。故能兼各家之長，擇精用宏，而集其大成也。今論鄭易之淵源，皆可一一指數，然而康成固非因人而成事者，其於諸家之說，頗復損益，貴能折衷至當，故康成易注，體大思精，本支一貫，實自成一家之學，百世之下，固可與日月爭其光輝也。

一、鄭易源於京氏考

漢有兩京房：其一，漢宣帝時人，嘗以易授梁邱賀，爲淄川楊何弟子，官至太中大夫，後出爲齊郡太守，賀後又事田王孫，事見漢書梁邱賀傳。一爲東郡頓丘人，字君明，今所稱引者也。元帝初元四年，房以孝廉爲郎，永光建昭間，數上疏言事及面對災異，旋爲石顯等所譖，出爲魏郡太守，房去月餘，竟徵下獄論棄市。先是，京房受易梁人焦延壽，延壽云：嘗從孟喜問易，又獨得隱士之說，託之孟氏，會喜死，房以爲延壽易即孟氏學，瞿牧白生不肯，皆曰非也（見漢書儒林傳）。然延壽之易，要當與孟喜有關，京易亦必源於孟氏，考漢書藝文志有孟氏京房十一篇，災異孟氏京房六十六篇，此其明徵也。房本傳云：「其說長於災變，分六十四卦更直日用事，以風雨寒溫爲候，各有占驗，房用之尤精」，則是京氏之易特擅災變，此所以見拒於堅守章句之瞿白而不肯仞其出於孟氏也。不知孟氏易學淹博，兼通章句災異（儒林傳謂喜得易家候陰陽災變書），君明之學，出於孟氏，而尤擅其災異一門，此又儒林傳以「京氏爲異黨」之所由也。京易多論世應、飛伏、游魂、歸魂、納甲，而今傳京房占法（見於火珠林）八卦六位圖（易漢學卷四載），以乾六爻配子寅辰午申戌，以坤六爻配未巳卯丑亥酉（今節其圖，首爲：乾屬金壬戌土、壬申金、壬午火、甲辰土、甲寅木、甲子水。次：坤屬土癸酉金、癸亥水、癸丑土、乙卯水、乙巳火、乙未土）。鄭氏爻辰法本之，周禮太師鄭注曰：「黃鐘，初九也，下生林鐘之初六，林鐘又上生太蔟之九二，太蔟又下生南呂之六二，南呂又上生姑洗之九三，姑洗又下生應鐘之六三，應鐘又上生蕤賓之九四，蕤賓又上生大呂之六四，大呂又下生夷則之九五，夷則又上生夾鐘之六五，夾鐘又下生無射之上九。無射又上生中呂之上六」。按月令：「仲冬之月，律中黃鐘」，黃鐘爲陽六律之首，始於子，當十一月，此用乾坤十二爻以配十二辰之法，實出於京房，惟鄭於乾六爻從京氏，於坤六爻則值未酉亥丑卯巳，爲稍異耳，京房所著，除漢志所著錄者外，阮孝緒七錄有京房章句十卷，隋唐經籍志有漢魏郡太守京房周易章句十卷，又有占候十種，七十三卷，唐書藝文志有京氏章句十卷，而占候存者五種，二十三卷，釋文序錄京房章句十二卷，今有京氏易傳三卷，別有積算雜占條例一卷。其章句已亡，僅散見於釋文，集解及群書所引，而康成易注頗有與之相同者，窮究根本，如示諸掌，蓋其原委可略見焉。本傳又云康成師事京兆第五元先，始通京氏易，今於章句間考之，信然。

蒙

九二、彪（今注疏本作包蒙）

按包字，晁說之易詁訓傳，呂祖謙古易音訓並云：「包，京房、鄭玄、陸績，一行皆作彪。」釋文云：「苞蒙如字，鄭云苞當作彪、彪，文也。」據此，則京鄭周易之傳本相同，而鄭用先師之說也，又按漢書藝文志，孟氏京房十一篇，別有災異孟氏京房六十六篇，明此十一篇爲章句，是孟京之章句同，鄭用京氏之易本，其章句之學，淵源於京氏可知。

泰

六五、帝乙歸妹以祉元吉

按困學紀聞引京房易傳：「湯嫁妹之辭曰：『無以天子之尊而乘諸侯，無以天子之富而驕諸侯，陰之從陽，女之順夫，本天地之義也。往事爾夫，必以禮義』」。周禮媒氏疏引本爻下鄭氏易注曰：「五爻辰在卯，春爲陽中，萬物以生。生育者，嫁娶之貴，仲春之月嫁娶，男女之禮。」審此兩段，知注從傳義，何以言之？京傳：「陰之從陽，女之順夫，本天地之義」者，言男女嫁娶，本天地之大義也。今謂京傳言嫁娶者，傳本引湯嫁妹之辭也。天地以生德至貴，故大傳曰：「生生之謂易」，又曰：「天地之大德曰生」，此即天地之大義也。復彖傳：「復其見天地之心乎」！復者一陽來復，萬物始生，天地固以生物爲心也。鄭注「生育者，嫁娶之貴」，言男女嫁娶，所以貴其能生育，故男女居室爲人之大倫也。上文曰：「萬物以生」，即明言天地之生德，正盛於此時，故制嫁娶之禮，在仲春陽中之月，所以應天地生物之時令，即本天地之大義而制禮，此鄭承先師之舊說，以禮制說易也。

大有

九三、公用亨于天子

按用亨二字下，釋文引：「衆家並香兩反，京云獻也。」古獻亨，亨通，亨飪三義同用亨形。亨獻字今作享，享之訓獻，經傳屢見（詩天保「是用孝享」傳、楚茨「以享以祀」箋，列祖「以假以享」箋，周禮牛人「凡祭祀供其享牛」注，考工玉人「諸侯以享天子」注，皆訓獻），又訓獻與香兩反之音正相符，而釋文云：「衆家並香兩反」，則康成自在其中，是京鄭之本同，其訓亦當同也。

豫

彖曰：故日月不過而四時不貸貸今作忒

今易本「不忒」二字下，釋文云：「他得反，鄭云：差也，京作貸。」按忒貸二字古通用，禮記月令：「毋有差貸」，注：「差貸，謂失誤，有善有惡也」。失誤，即差忒之意，鄭於彼，即以差忒之義訓差貸（按忒爲差，經傳通訓，不具引）。禮記釋文於差貸下亦云他得反，與易釋文正同，則讀貸爲差忒之忒至明，又以音言之，則弍貸皆從弋聲（貸從代聲，代仍從弋聲，均見說文），古凡形聲字之聲符相同者，其義訓每通（說詳第四章，茲略），又弍貸二字，古音同在第一部（段玉裁六書音韻表），古同音字可以通假（說詳第四章），又審貸字當係貣字之別寫，古弍貣二字相叚，書洪範：「衍忒」，史記微子世家引作「衍貣」，是其例。然貣從弋聲，古音在一部，亦足見同聲符之字，古每相通也。弍貸二字可通，是京鄭之義訓同也。

象曰：先王以作樂崇德，隱（今作殷）薦之上帝

今本「殷」字下，釋文云：「於勤反，馬云盛也。說文作樂之盛稱殷，京作隱」。按集解及文苑英華七百六十二並引鄭氏易注云：「殷盛也，薦進也，上帝，天也」。則鄭易象傳作殷可知，按隱殷二字一聲之轉（廣韻，隱在上聲十九隱，於謹切，殷在平聲二十一欣，於斤切），同以雙聲故（於字聲類屬影紐）相叚（文選蜀都賦「邑居隱賑」劉注：「隱盛也。」閒居賦「煌煌乎，隱隱乎」注：「隱隱盛貌。」上林賦「沈沈隱隱」注同。皆假隱為殷），此因聲通義之事（說詳四章）也。是隱殷二字每通用，京於隱字雖無訓而其義當同於殷也。

六三、汙（今作盱）豫悔

今本「盱」字下，釋文：「王肅云：『盱，大也。』鄭云：『誇也。』說文云『張目也。』子夏作『紆』，京作『汙』，姚作『盱』」。按此字鄭王俱作「盱」，其訓義略同（鄭誇，王大），京作「汙」，字形雖異而其訓仍相近。「汙」字，淮南注亦訓「大」，原道「而蹟蹈乎汙壑」注：「汙壑，大壑」。大戴「群臣服汙矣」注：「濫也。」濫亦侈肆誇大之義。即由本義言，「汙」本訓「薉」，「盱」本訓「張目」（說文），引而申之，皆有「大」義，京之作「汙」，自不取荒薉汙濁之義，若然，則於經文「汙豫」為不辭，汙豫之汙為狀辭，二字當即耽樂，縱樂之義，知京亦當訓「大」也。竊謂汙盱訓義相

近，亦以二字同從于聲（說文）之故，然此非強相牽附，觀釋文所引諸師，子夏作「紆」，姚作「盱」，與鄭王之作「盱」，京之作「汙」，其字皆從于聲，知故訓義由聲通，由來久矣。

九四、朋盍撍（今撍作簪）

今本「簪」字下，釋文云「徐側林反，子夏傳同，疾也。鄭云速也……京作撍……蜀才本依京，義從鄭。」依釋文鄭作「簪」，京作「撍」。按此二字亦相通，其偏旁皆從朁也。又釋文云：「蜀才本依京，義從鄭」謂蜀才本作「撍」而訓「速」，字形依京而義訓從鄭，則「撍」有「速」義，是兩家之訓同。又集韵平聲二十一侵有「撍」字云：「疾也，通作簪」，疾速義同，此可爲證。

无妄

无妄

按集解无妄象曰下，載虞翻引京氏曰：「大旱之卦，萬物皆死，无所復望。」釋文於卦名下曰：「馬鄭王肅皆云妄猶望，謂无所希望也。」據京云大旱而萬物皆死，民復何望焉（無聊以生），則是以望訓妄，與馬鄭之義訓全同。按妄望二字，廣韵同在四十一漾內，巫放切，聲韵全同，故諸師叚「妄」爲「望」（同音通假），足見京馬鄭章句之學頗同，蓋皆傳孟氏章句，一脈相承，有可踪跡。於此，鄭用先師之說也。

頤

初九、觀我端（今作朵頤）

今本「朵」，釋文云「多果反，動也，鄭同；京作瑞。」按釋文「瑞」字譌，宜作「端」，校勘記作「揣」，乃其別體，正字當作「朵」。說文：「朵、樹木垂朵朵也，从木、象形。」（丁果切）段注：「凡枝葉華實之埀者曰朶」按朶以象頤之垂而微隆起，如枝葉華實之垂也。「朶」通作「揣」，晁氏，音訓皆作「揣」，知宋時或宋本釋文尚作「揣」音訓並云「揣與朶同音，動也。」玉篇有「揣」字云：「都果切，垂貌。」集韻亦有「揣」字云：「動也。易『觀我朶頤』，京房讀。」則釋文於京本宜作「揣」，訓「動」爲是。且就音讀言，玉篇、集韻揣字皆都果切，與釋文朶作多果反，說文朶作丁果切，其音皆同（都、多、丁、聲類皆屬端紐，雙聲）就訓義言，「揣」集韻訓「動」，惟玉篇訓「垂」，動與垂，其義相成而非歧異，今按頤之爲物，平時則垂，食則動，含哺則垂動並見矣。用知京本應作揣，作揣者乃揣之別體，集韻內「揣」與「揣」同音都果切可知，「朶」「揣」之相通，「揣」字所從之偏旁亦有關，「耑」在廣韻平聲二十六桓，多官切，與「朶」亦爲雙聲也。

離

九四、㐬（今作突）如其來如

按晁氏易、呂氏音訓並云：「突，京鄭皆作㐬，云不孝子也」，是鄭從京本也，㐬字見說文子部云「𠫓，不順忽出也，从到（今倒字）子，易曰突如其來如，不孝子突出不容於內也，𠫓即易突字也，㐬或从到古文子」。按𡥈爲古文子（說文），故㐬爲到古文子，有不順而突然之義。據說文云：「𠫓即易突字」，則㐬突亦即一字，周禮秋官掌戮疏引鄭氏易注：「震爲長子，爻失正……突如，震之失正，不知其所如，又爲巽，巽爲進退不知所從……」，亦說明突如之意（兩云不知，見事之猝遽），是鄭注本先師之說也。

明夷

六二、明夷眱（今作夷）于左股

釋文於夷于二字下云：「如字，子夏作睇，鄭陸同。云旁視曰睇，京作眱。」按睇眱二字相通，以其聲義皆至近也。先言音，胰字廣韵在六脂（胰夷同以脂切），睇字在十二霽（睇弟同特計切），又脂韵霽韵，段氏同歸十五部，弟聲夷聲亦同在十五部，是二字古音相同，以義言，說文：「睇小衺視也，从目弟聲」，但無胰字，段注：「胰亦睇字」而無說，玉篇：「胰目小視」，又「睇傾視」，集韵去聲十二霽，睇胰眤（按𡰥古夷字廣韵）三字連舉云：「說文目小視也，南楚謂眄曰睇，或从夷，古从𡰥，集韵以胰爲或體。由上知睇胰二字之聲義至近，得相通叚，釋文先列睇，以此爲正字也。

睽

上九，後說之壺（今壺作弧）

按釋文於之弧下云：「本亦作壺、京、馬、鄭、王肅、翟子玄作壺」，是鄭沿先師之舊，又足見京馬鄭之章句同出一源也。

鼎

九四、其刑剭（今本作形渥）

按形渥之作刑剭，京鄭二本同。釋文於形渥下云：「於角反，沾也，鄭作剭，音屋」。音訓：「形、晁氏曰：『九家京荀虞作刑。』渥，陸氏曰：『於角切，沾也。』鄭作剭音屋，晁氏曰：『九家京虞作剭，重刑也，並音屋。』京謂刑在頄爲剭」。王本分注云：「剭，周禮注云：其刑剭」，按天官醢人疏引鄭易注云：「當刑之於屋中。」則京鄭於形渥二字皆作刑剭，剭之音亦同，此四字以聲音至近（形刑同戶經切，廣韵在十五青，渥在四覺，於角切，剭在一屋，烏谷切，於烏皆影紐字，屋覺二韵，段氏同歸第三部）故，得相通叚，惟鄭借剭爲屋，京直以爲刑在頄（廣韵巨鳩切音求云頰間骨，今易本夬九三壯于頄），俱爲刑名而其施微異耳，是鄭此注仍本之於先師也。

艮

九三、列其𦙍𦙍今作夤

今本夤字，晁氏易，呂氏音訓並云：「孟京一行作𦙍，鄭作䏰」。釋文則云：「引眞反，馬云夾脊肉也，鄭本作䏰」。按𦙍䏰一字，音義全同。玉篇：「𦙍，余忍切，脊肉也」又曰：「䏰，余眞切，脊肉也」，皆見肉部，二字訓同，切語上字同一聲類，余在喻紐（按𦙍䏰二字所從之聲符亦有關，引，廣韻余忍切，在上聲十六軫，寅，翼眞切，在平聲十七眞，引寅雙聲），則二字爲雙聲（廣韻有𦙍云當脊肉，又有䏰云脊䏰，集韻十七準有𦙍與廣韻訓同）說文螾（蚯螾）之或體作蚓，其所從之聲符與𦙍䏰正一例（亦可證𦙍䏰二字之音切同），而馬本作夤，乃叚夤爲䏰（夤敬惕意从夕寅聲、見說文夕部，夤䏰二字聲符同），第說文無䏰字，有胂字云：「夾脊肉也」，廣雅卷六下：「胂謂之脢」，說文：「脢背肉也」，按背肉亦夾脊，惟其範圍較廣耳，是脢䏰之義同。釋文於咸九五脢字下去：「廣雅胂謂之脢，胂音以人反」則胂䏰之音同，以人反與䏰之爲余眞切一音，以余同在喻紐，人字廣韻在十七眞，則胂䏰之聲義全同。要之，䏰𦙍一字，夤以从寅聲而叚，惟其形略別耳，是京馬鄭三家之義訓全同，其章句同出一源明矣。

繫上傳

易與天地準

按準字，釋文引京鄭詁訓云：如字，京云：『準，等也，』鄭云：『中也，平也』，」語雖相殊而義實一致。說文水部：「準，平也，从水，隼聲，」段注：「謂水之平也，天下莫平於水，水平謂之準，因之製平物之器，亦謂之準……漢志準者，所以揆平取正是也。」是準之訓平，乃其本義，京訓等，等亦平義。說文竹部：「等，齊簡也，从竹寺，寺官曹之等平也。」按說解，整齊書簡（說文齊簡也），固取其平，官曹相敵，亦取齊平也。鄭又訓中，中又平義，國語晉語：「夫以回鬻國之中」，注：「中，平也」周禮考工記弓人：「斲摯必中」，注：「中猶均也」，中與等義復相同，墨子經上：「中，同長也」，同長則相等也。是二家之訓同，而鄭用準之本義也。

以神明其德

按釋文：「衆家皆以夫字爲下句」，知京鄭亦然。

繫下傳

是故易者象也，象也者象今作像也

今本「象也者像也」下，釋文云：「衆本並云，像擬也，孟京虞董姚還作象」，據釋文：「衆本並云」，知鄭亦作像，訓擬，京還作象，按象像二字，經傳通用，字本作象。說文：象，南越大獸……」，又「像，佀也，从人，象聲」。段注：「象爲古文，聖人以像釋之，凡形像、圖像、想像字，皆當從人，而學者多作象，象行而像廢矣」。據段注則象像爲古今字。文選寡婦賦：「上瞻分遺象」舞鶴賦：「不可爲象」，注皆云：「象，形象也。」則文中象字即以代像字。且像訓擬，象亦有比擬之意。易乾象曰：釋文：「象，擬象也。」管子七法：「似也類也比也狀也謂之象。」是象有比擬之義。則象像二字之詁訓同。又漢書楊雄傳上：「常擬之以爲式」，注：「擬，比象也」何武王嘉師丹傳贊：「疑於親戚」，注：「疑讀曰擬，擬，比也。」是擬亦比象之義。要之，象像二字古通，其訓義亦同，則京鄭二本字形雖異，其用意全同，師法固不爽也。按史志載京房易著雖多，其於經義無涉者，茲概從略。

參考書目

十三經注疏
史記　漢書　隋書經籍志　唐書藝文志
易漢學
先秦漢魏易例述評

經典釋文
李氏周易集解
晁說之易詁訓傳
呂祖謙古易音訓
困學紀聞
說文解字注
玉篇　廣韵　集韵　廣雅疏證
昭明文選
管子
易義別錄
漢易十三家
漢儒傳易源流
漢儒傳經記
經傳釋詞
周易京氏章句
京房易傳
京房易章句
京氏易

二、鄭易源於費氏考

康成傳費氏易學，史有明文（後漢書孫期傳：而陳元鄭衆皆傳費氏易，其後馬融亦爲其傳，融授鄭玄，玄作易注）。既傳費易，則其易學之出於費氏，又絕無可疑矣。費氏名直字長翁，東萊人也。治易爲郎，至單父令，長於卦筮，亡章句，徒以彖象繫辭十篇文言解說上下經（漢書儒林傳）。其易著漢志闕焉。隋書經籍志云：「梁有漢單父長注周易四卷亡。」新舊唐志，陸德明釋文序錄，並作費直章句四卷。然漢志旣不載，本傳又稱無章句，則後出章句爲託附無疑（張惠言易義別錄，馬國翰費氏易序均以爲僞是）。惟費易家法，百世之下猶存，所謂以十篇解經是也。康成直承師法，其易注以彖象十篇之言解經者，班班可考，其師法之承受，固可見也。費易在當時雖未立於學官，然而民間盛行，大儒如二鄭、季長、荀、劉諸先輩咸爲之傳注，其學不得謂孤矣！且費氏以十篇說經，今雖不見原本，然而以傳解經，則必以傳合經，故費氏以傳說經，即以傳合經之嚆矢也。矧費氏本無章句，若弗合傳於經，將無以異於別家。無以異於別家，何以名其學而盛行於東京之世乎？魏志云：「鄭玄合彖象於經者，欲使學者尋省易了也。」則康成合傳於經，亦源於費氏也。宋吳仁傑考定古易，錄費直易乾卦以示例，以今注疏本所存乾卦之形式，爲費氏古本之形式，則似未必然！康成襲用費易本，輔嗣又沿康成之舊固然。第此僅謂以傳附經而已，其附經之方式，或彖傳隨卦辭，象傳自相連以附一卦經文之後，或分附象傳於六爻之後，如今注疏本坤卦以下之形式，費氏原本不傳，均無由覈定，於此寧從蓋闕。然而以傳附經之家法，鄭王二本固在也。今考鄭易之淵源，復有可據者，費易爲古文易，其本與中秘之經同（漢書藝文志：劉向以中古文易，校施孟梁邱經，或脫去无咎悔亡，唯費氏經與古文同），傳至東京，尤擅古文易經之名（後漢書儒林傳：「又有東萊費直傳易，授琅琊王橫前書作璜爲費氏學，本以古字號古文易，」「隋志亦稱費直易，」其本皆古字，號曰古文易。」）則是後世諸家傳本中有古文字者，皆因襲費本而即源於費氏者也。今以（1）承費氏家法而以十篇之言解經者；（2）注經用費氏古文本者兩端，以考鄭易之源於費氏者，庶乎有徵而可信也已。

（1）承費氏家法而以十篇之言解經者

乾

九三、君子終日乾乾，夕惕若厲，无咎

三於三才爲人道，有乾德而在人道，君子之象。

九五、飛龍在天，利見大人

五於三才爲天道。天者淸明无形而龍在焉，飛之象也。

按漢書儒林傳謂費氏「徒以彖象繫辭十篇文言解說上下經」，疑傳中「文言」，本爲「之言」，文涉字形而譌，文言在十篇之內，上言彖象繫辭，下即以「十篇」合計之，故復以「之言」二字相承也。質言之，即費氏以十篇之言解經也。按說卦傳：「昔者聖人之作易也，將以順性命之理，是以立天之道曰陰與陽，立地之道曰柔與剛，立人之道曰仁與義，兼三才而兩之，故易六畫而成卦，分陰分陽，迭用柔剛，故易六位而成章。」右引乾九三九五兩條鄭注，即用說卦傳三才天道人道之語以釋經義，爲以十篇之言解經之正例，此不越費氏之家法也。

坤

六二、直方

直也方也地之性，此爻得中氣而在地上，自然之性，廣生萬物，故生動直而且方。

按繫傳上：「夫坤，其靜也翕，其動也闢，是以廣生焉」。康成用大傳廣生之文，以訓經文直方之義，於以見地之性如此。天道大生，地道廣生。六畫卦初二兩爻象地，故曰在地上。曰自然之性者，謂地道也。地道之能廣生，蓋地氣之動。象傳：「六二之動，直以方也。」鄭取廣生，兼融繫傳象傳動字之義而用之，言簡而意賅，又不違經旨，不獨得費氏之家法，又下開後世義疏之正宗。可謂至矣！清人陳蘭甫曰：「費氏以彖象繫辭十篇文言解說上下經，此千古治易之準的也。孔子作十篇為經注之祖，費氏以十篇解說上下經，乃義疏之祖。費氏無章句，而鄭康成、荀慈明，王輔嗣皆傳費學。此後諸儒，凡據十篇以解經者，皆得費氏家法者也。」按使後世注家皆以十篇說經，則經義必日益昌明，微言大義，亦將發皇無餘，誠若是，則雜說異論自熄，星相隱度圖讖之言，自不得混迹於其間，惜哉！

泰

泰

通也

按注以通訓泰，本彖傳：「天地交而萬物通也。上下交而其志同也」。按同通互用義同，山海經海內經：「伯陵同吳權之妻」，注：「同猶通也。」莊子在宥：「聞廣成子在於空同之上。」呂吉甫曰：「空同之上，無物而大通之處也。」亦以通訓同，彖傳「萬物通」，即乾彖傳「大哉乾元，萬物資始……乾道變化，各正性命」之意也。蓋萬物之生長暢遂，各得正其性命，通之至也！此皆天地條暢之氣（易名之曰太和、乾元）絪縕鼓盪，洋溢於兩間，有以致之，鄭以通訓泰，既本諸彖傳，亦揭出泰卦之精義也。

否

九五、繫于苞桑

猶紂囚文王於羑里之獄，四臣獻珍異之物而終免於難，繫於苞桑之謂

注文：「紂囚文王於羑里而終免於難」，亦本大傳而言之也。按下繫：「易之興也，其於中古（鄭注

：文王爲中古）乎，作易者（鄭注：易是文王所作，皆見前章）其有憂患乎」，以文王而罹憂患，則紂之爲難可知也。

鼎

九四，鼎折足，覆公餗，其刑剭（今本作其形渥）

糝謂之餗，震爲竹，竹萌曰筍，筍者餗之爲菜也，是八珍之食，臣下曠官，失君之美道，當刑之於屋中

按下繫：「易曰：鼎折足，覆公餗，其刑剭（依鄭本作）凶，言不勝其任也」。鄭注：「臣下曠官，失君之美道」。其意正自大傳「不勝任」三字而來明甚。

艮

艮其背

艮爲山，山立峙各於其所，元相順之時，猶君在上，臣在下，恩敬不相與通，故謂之艮也。

按本條注文，即用彖傳：「上下敵應（按艮☶☶六爻不相應），不相與也」之意，以釋經文背字，不相應則相背，注曰：「恩敬不相與通」，則上下敵應之情至顯矣。

豐

豐之言腆，充滿意也。

按彖傳：「豐，大也…………日中則昃，月盈則食。」日中、月盈，皆見充滿之意，彖傳總以大字訓豐，正符充滿之義。孟子盡心：「充實而有光輝之謂大，」是也。

中孚

中孚豚魚吉

三辰在亥，亥爲豕…………四辰在丑，丑爲鼈蟹…………豚魚以喻小民也，而爲明君賢臣恩意所供養故吉

按詩無羊正義引鄭此注而曰：「注意以豚魚喻小民………以彖（按指彖傳）云：『豚魚吉，信及豚魚』，喻則澤及民，觀彖（指彖傳）爲說」。正義以鄭注觀彖傳有：「豚魚吉，信及豚魚也」之文，故注彖辭「中孚豚魚吉」，遂出豚魚喻小民，爲明君賢臣恩意所供養」之辭，即正義所謂「澤及民」者也。正義曰：「觀彖爲說」者，即本彖傳之意以釋經，此正義謂鄭注以十篇說經之確證也。

隨

元亨利貞无咎

震動也………既見隨從，能長之以善，通其嘉禮，和之以義，幹之以正，則功成而有福，若无此四德，則有凶咎焉。

按本條注文出文言傳云：「元者善之長也，亨者嘉之會也，利者義之和也，貞者事之幹也。君子體仁足以長人，嘉會足以合禮，利物足以合義，貞固足以幹事，君子行此四德者，故曰乾元利亨貞。」按左傳襄九年載穆姜引隨彖，其釋四德與文言傳小異，曰：「元體之長也………嘉德足以合禮………」，體德二字不同，穆姜約引原文故，後世以此而疑文言殊非。鄭注他卦四德，雖辭有詳略，而取自文言則一，如咸彖下注曰：「其於人也嘉會禮通，和順於義，幹事能正。」恒彖下注曰：「夫婦以嘉會禮通故无咎，其能和順幹事，所行而善矣。」則較略。同人彖下注曰：「遍則會通之德大行。」謙彖下注曰：「亨者嘉會之禮。」賁蒙下注曰：「剛柔雜，仁義合然後嘉會禮通。」明夷彖下注曰：「則宜自艱無幹事政。」震彖下注曰：「人君有善聲教，則嘉會之禮通矣。」注文尤略，隨四德之多寡而異其文，然其舉四德之名，說四德之義，則與文言不殊，此鄭用文言傳以釋經也。

同人

同人于野亨

乾爲天，離爲火………巽爲風………故曰同人于野亨

謙

謙亨君子有終

艮爲山，坤爲地…………故君子之人有終也

豫

豫利建侯行師

坤順也，震動也…………震又爲雷…………坤又爲衆…………故利建侯行師

觀

觀盥而不薦

坤爲地爲衆，巽爲木爲風…………天子宗廟之象也

噬嗑

上九、何校滅耳凶

離爲槁木，坎爲耳，木在耳上，何校滅耳之象也。

離

九四、㐬如其來如（㐬今作突）

震爲長子…………巽爲進退不知所從

咸

咸亨利貞取女吉

咸感也，艮爲山，兌爲澤…………娶之則吉也

明夷

六二、明夷睇于左股

旁覛爲睇……又下體離，離爲目，九三體在震，震東方，九三又在辰，辰得巽氣爲股……故云
睇於左股

損　損

艮爲山，兌爲澤……故謂之損矣。

萃　萃

萃亨、王假有廟

萃聚也，坤爲順，兌爲說……互有艮巽，巽爲木，艮爲闕……五本坎爻，坎爲隱伏……故
曰利往

困　困

困亨

坎爲月……兌爲暗昧……是以通而无咎也。

漸　漸

九三、夫征不復，婦孕不育

九三上與九五互體爲離，離爲大腹……又互體爲坎，坎爲丈夫……故孕而不育

旣濟　旣濟

九五、東鄰殺牛，不如西鄰之禴祭

互體爲坎，又互體爲離，離爲日，坎爲月……西鄰象也。

按右引自同人至旣濟凡十三條，注文中云，某卦爲某，某爻爲何，皆著某卦爻之象也。除離爲目，巽爲股，兌爲暗昧，坎爲丈夫，不見於說卦，疑爲逸象外；餘悉見說卦。又疑兌爲暗昧，乃兌爲澤引申之

象，觀井卦下鄭注：「兌爲暗澤」可知也。

(2)注經用費氏古文本者

否

九四：𠷎今作疇離祉

今本「疇」字下，釋文云：「直留反，鄭作古𠷎字」。按釋文云「鄭作古𠷎字」，即謂鄭本作古文𠷎字也。釋文以𠷎爲疇之古文，說文口部：「𠷎誰也，从口𢑥又聲，𢑥古文疇。」說文則以𢑥爲疇之古文，按甲金文皆有𢑥字，則𢑥爲古文是也。𠷎字當爲从口𢑥聲而訓誰，說文𠷎字下半多一又字（說詳首章），𠷎亦疇之古文，而在𢑥字之後，則𢑥𠷎並爲古文，惟孳乳之先後有別耳，其情形與說文並載古文各體，而以小篆承其下相似。說文主小篆而作，故其中有古文，有籀文，有或體，三者皆可名之曰古文。古文者，所以別於小篆也。說文內所稱古文，不外㈠倉頡所製之字，㈡史籀大篆，㈢壁中書（即魯恭王壞孔子宅於壁中所得古文經：禮記、尚書、春秋、論語、孝經等，漢初及後漢以降凡言古文，大抵指壁中書而言）倉頡所製之字，今無由考定，唐人杜子美詩已有「倉頡鳥迹旣茫昧，字體變化如浮雲」之句，蓋倉頡乃古文之象徵，凡先代古文，前人概有指爲倉頡所造，實則所謂古文，要不出甲金文字之範圍，而史籀大篆，則源於殷周古文，壁中書出於戰國晚年，不過齊魯之俗字，爲殷周文字之變體，（漢代稱古文有指先秦寫本舊書，有指今古文之學派，名同實異，自宜分辨）。覈其實，惟殷周文字（斷自晚周以前之甲金石文字），乃可名之曰古文也，鄭注易用費氏古文經本，其中古文，自源於費氏無疑。

同人

九四，乘其庸庸，今作墉

今本其墉下，釋文「徐音容，鄭作庸」按「庸」爲「墉」之古文，呂氏音訓引晁氏曰「庸古文」是也。

經傳「庸」「墉」二字每通用，禮記王制「附於諸侯曰附庸」注「小城曰附庸。」後世作「墉」，說文：「墉，城垣也。」「詩大雅皇矣「以伐崇墉」傳「墉城也。」後漢書伏湛傳引作「崇庸」（官本）可證。又按毛詩左傳爲古文（說文序：其偁易孟氏，書孔氏、詩毛氏、禮周官，春秋左氏，論語、孝經皆古文也），詩崧高：「以作爾庸」，直作「庸」，傳：「庸、城也。」（按作庸者是）而皇矣：「以伐崇墉」則作「墉」，乃後人傳寫之亂也。左氏襄九年傳「祝宗用馬于四墉」注：「墉城也。」釋文云：「本又作庸。」則作「庸」者是。說文「墉」字下，段注亦云：「庸墉古今字」，甚是。今知「庸」爲古文，鄭作「庸」，乃用費氏古文易本也。

豫

六二、砎今作介于石

今本「介于」下，釋文云：「音界纖介，古文作砎，鄭古八反，云謂磨砎也」，按依釋文，則鄭用古文也。

復

六三、卑今作頻復

呂氏音訓曰：「頻、陸氏曰：『如字。』本又作嚬，嚬眉也。鄭作卑，音同。馬云：憂頻也。晁氏曰：案卑古文頻字，今文作顰。」按晁氏以卑爲頻之古文是也。頻字說文作瀕云：「水厓，人所賓附也，瀕戚不前而止，从頁、从涉」，又曰：「顰、涉水顰戚也，从顰，卑聲」。據此，則瀕顰二字，皆有憂戚之義，亦皆爲後出之字，顰又在瀕字之後，鄭用費氏本，故多古文，知今釋文云「鄭作顰，非也。晁氏所見本作卑爲是。段若膺於說文顰字下注云：「易頻復………鄭作卑………按諸家作頻，省下卑，鄭作卑，省上頻，古字同音叚借，則鄭作卑爲是，諸家作頻非，顰本在支韵（按段氏古十七部諧聲表，支聲、卑聲、古音同在十六部，顰從卑聲，亦當在十六部），不在眞韵（眞聲、瀕聲，賓聲同在十二部），自各書省爲頻，又或作嚬，又莊子及通俗文叚矉（說文目部矉恨張目也，从目、賓聲）爲顰，而古音不可復知，乃又改易音義云鄭作顰，幸晁氏以道古周易，呂氏伯恭古易音訓所據音義皆作卑，晁云卑，古文也，今文作顰，考古音者得此，眞一字千金矣。」按段據古字以考古音，由卑之古音以證顰之古音當在十六部，即以卑爲頻之古文，知鄭作卑者，其注易用費氏本也。

坎

六三、來之坎坎，檢（今作險）且枕

今本「險且」下，釋文：「如字，古文及鄭，向本作檢，鄭云木在手曰檢」。按釋文云：「古文及鄭向本作檢」，知鄭本用古文也至明。

恆

初六、濬（今作浚）恆

釋文於今本「浚」字下云：「荀潤反，深也、鄭作濬」，又音訓引晁氏曰：「案濬古文，浚篆文，皆深也」。按晁氏以濬爲浚之古文：說文則以濬爲睿之古文，說文水部云：「㕡，深通川也，从𣦵谷，𣦵、殘也，谷、阬坎意也，虞書曰：㕡畎澮距川、濬、㕡或从水，濬古文㕡」。許晁二書所載篆文（與古文相對、㕡、浚是也）不同而濬之爲古文則一。段於「㕡畎澮距川」下注云：「川部旣偁咎繇謨濬く巜距川矣，此又偁，而字異何也？蓋前爲古文尚書，此爲今文也。以濬く皆倉頡古文知之。」段亦證「濬」字爲古文，以見於古文尚書也。至浚㕡二字，則以同音（同爲私閏切，古音在十三部）義近（皆有深意，並見說文），得相通叚，皆爲後出之篆文，濬浚同訓深，經傳數見，不具引。晁云濬浚皆深也並是。知鄭之作「濬」，用費氏本也。

姤

遘今作姤

釋文於卦名「姤」字下云：「古豆反，薛云：古文作遘，鄭同」。按說文無姤字，有遘云：「遘遇也，从辵冓聲」，正與彖傳：「姤遇也，柔遇剛也……天地相遇，品物咸章也」之訓合，則鄭不惟用古文，又兼承彖傳之故訓也。

困

九五、劓刖

釋文於「劓刖」下云：「鄭云：劓刖當爲倪仡。」又晁氏曰：「按象數當作倪仡，即臲卼之古文也，與上六字同。」按晁以倪仡爲臲卼之古文，亦可云劓刖之古文也，劓刖，荀王本作臲卼，云不安貌（見釋文）：困上六作臲卼曰：「困于葛藟，于臲卼」，仍不安之義；說文作槷魁（六篇下出部），尚書秦誓作杌隉（乃倒文），傳亦訓不安；其音義皆至近。故倪仡、臲卼、臲卼、槷魁、杌隉，可以互通。論其音，則倪廣韻五雞切 仡集韻五忽切 臲廣韻五結切 卼杌兀三字廣韻同五忽切 槷廣韻五結切 魁說文五結切 隉書韻五結切 劓廣韻魚器切 刖廣韻魚厥切，綜各書切語上字，惟五與魚，二字聲類同在疑紐，知諸字同以雙聲連字之關係，又皆有危而不安之義，故音義至近，得相通叚。今本作劓刖，非用其本義（劓，割鼻，刖，斷足，見廣韻），故乾鑿度曰：「至於九五，劓刖不安」是也。蓋九五無應無據（困☵☱坎下兌上），故有不安之象，然在君位，自无鼻足之刑。則鄭本用古文，其義亦當訓不安也。

豐

初九、遇其妃今作配主

今本「其配」二字下，釋文云：「如字。鄭作妃，云嘉耦曰妃」。按妃爲古文，於左氏可證。晁氏曰：「妃古文配字」是也。春秋左氏爲古文（說見上），傳言匹敵，多用妃字，左隱元年傳：「惠公元妃孟子，孟子卒，繼室以聲子生隱公」，正義：「釋詁云：元始也，妃匹也………妃者配匹之言，非有尊卑之異。」又桓二年傳：「嘉耦曰妃，怨耦曰仇。」康成易注用費本兼采傳文，爲古文古義。妃爲匹耦，爾雅已有明訓，白虎通嫁娶亦曰：「妃者匹也，妃匹者何？謂相與爲偶也。」後世叚配爲之，配之本義爲酒色（說文酉部），其來久矣。

六二、豐其菩（今作蔀）

釋文於蔀字下云：「鄭薛作菩，云小席」。按晁氏曰：「菩古文蔀字。」說文艸部：「菩艸也，从艸，音聲」，而無「蔀字」。廣韵、集韵上聲十五海皆引說文云艸也，此蓋草之可以爲席者也。

旣濟

六二、婦喪其茀

釋文於「茀」字下云：「方拂反，首飾也……鄭云：車蔽也……荀作紱」，音訓引晁氏曰：「茀，古文紱字」。按說文：「茀，道多艸，不可行，从艸、弗聲。」說文又曰：「市、韠也。上古衣蔽前而已，市韍象之。韍、篆文市，俗作紱。」段注：「此（此韍字）爲篆文，則知市爲古文」。據說文，則市韍紱一字。市爲古文，韍爲篆文，紱爲俗體，則市並爲韍、紱之古文也。茀則以音同市（二字皆分勿切，十五部）而借爲市。市爲衣之蔽前者，茀爲車蔽，故相借耳。則茀不爲紱之古文，晁氏於此字誤耳。茀之本義爲道多艸，言草多塞徑也。周語：「火朝覿矣，道茀、不可行也」。注：「草穢塞路爲茀」是也。鄭訓車蔽，不取茀之本義，但取市之爲蔽而已也。

繫下傳

因貳以濟民行

釋文於「因貳」下云：「音二，鄭云當爲弍」，又晁氏曰：「案弍，古文」，說文貝部云：「貳，副益也。从貝二聲」。二部又曰：「二，地之數也。以耦一。弍，古文二」。按弍爲二之古文，晁從說文，以弍爲古文是也。

右引鄭易傳本作古文可以徵信者，其傳費氏古文易經蓋無可置疑也。

參考書目

十三經注疏

史記　漢書　後漢書　三國志

東塾讀書記

莊子

說文解字注

呂氏周易音訓

姚氏易

經典釋文

易緯乾鑿度

白虎通

廣韻　集韵　廣雅疏證

國語

周禮漢讀考

易古文

周易古義

易章句
周易考異
經傳釋詞
經典文字辨證
費氏易
費氏易林
周易分野
周易費氏學

三、鄭易源於馬氏考

馬氏季長名融，扶風茂陵人，才高博洽，世號通儒，嘗爲康成之業師，嫡傳易學。漢安桓二帝間，季長凡兩拜議郎，再入東觀，典校秘書，專業著述。迨康成入關，因涿郡盧植，獲事季長。然季長素富貴，康成在門下，久不得見，唯高業弟子傳授而已。會季長考論圖緯，聞康成善算，乃召見於樓上。康成因從質諸疑義，問畢辭歸。季長嘆曰：「鄭生今去，吾道東矣！」語見後漢書本傳。康成在師門三年有餘，優游厭飫，耽玩師訓，執經論道，剖析疑難，此所謂親炙之者也。馬鄭於易，皆學費氏，費易本以古字號古文易。東京之世，其學獨盛於民間，潛業幽光，終詎能掩？於是季長爲之傳以授康成，康成因之而作易注，則馬鄭易學之密契入微，不卜可知。故鄭易雖用費氏古本，同其文字，而說經之義，多取自馬氏。今於章句之間釐然可辨者至多。惜馬氏易傳（隋唐志皆著錄），鄭氏易注，均已佚亡（馬傳亡於隋，鄭注亡於南北宋之際）！茲就釋文、集解、正義及群書所引者，考其涯略，其斷簡殘篇，若章句一類之獲存於今日者，猶遠踰於京費二家，此又不幸中之大幸也！章句之外，大要以禮制人事說易，鄭源於馬者，亦頗見焉。鄭易固集諸家之大成，而馬氏則導夫先路。蓋啓廸之功，有所歸矣。

上經

乾

文言

聖人作而萬物覩

按釋文於「聖人作」三字下曰：「鄭云：『起也。』馬融作『起』。」謂馬氏易傳之經文「作」字作「起」字也。經義考引馬傳經文亦作「聖人起」。惟史記伯夷列傳集解引馬傳云：「作，起也。」乃訓爲起，不同；而與釋文引鄭之訓義則相同。然無論經文爲起，或傳訓爲起，而鄭注之訓起，必本於師說也。

屯

六二、乘馬班如

按正義引馬傳云：「班，班旋不進也。」陸德明經典釋文於「班如」下云：「如字，鄭本作般。」按班般二字雙聲。班布還切，古音在十三部。般薄官切，古音在十四部（段氏分部）。據聲類，布在幫紐，薄在並紐，同爲重脣音，故二字以音近故，經傳每通用。書序「班宗彝」釋文：「班本又作般。」左傳成十三年「鄭公子班」釋文：「般本亦作班。」穀梁襄三十年「蔡世子般」釋文：「般本作班。」文選甘泉賦「般倕棄其剞劂兮」注：「般與班同。」篇章經見，不煩引。鄭作般，乃用其本義。按班，說文：「分瑞玉，从玨刀」；般字，說文云：「辟也。象舟之旋，从舟、以殳，殳令舟旋者也」。段注：「般辟、漢人語，謂退縮旋轉之貌也。大射禮『賓辟』注曰：『辟、逡遁、不敢當盛。』」是般有旋轉之義，以字象舟之旋也。馬訓班旋，亦讀班爲般，班無旋轉之義。釋文曰「班如字」，非也！班旋與般辟、槃桓之義同。屯初九「磐桓」，象旨決錄引馬傳作「槃桓云旋也」，晁氏曰：「按古文作般」，是也，屯彖傳曰「剛柔始交而難生」，故六爻多有難進之象，初言磐桓，二四上三爻皆言班如可見。由上知鄭作般，不惟從師訓，又能章皇先師之經說也。

蒙

上九、繫（今作擊）蒙

釋文於「擊蒙」下云：「馬鄭作繫。」晁氏曰：「馬融鄭荀爽一行作繫。」按後漢書孫期傳：「陳元鄭衆皆傳費氏易，其後馬融亦爲其傳，融授鄭玄，玄作易注，荀爽又作易傳，自是費氏興而京氏遂衰。」則馬鄭荀皆傳費氏易學，今三家同作繫，知費氏之本固然也。

需

元亨貞吉

按釋文云：「馬鄭總爲一句。」

訟

有孚窒

「窒」下釋文云：「張栗反，馬作咥，云『讀爲躓，猶止也。』鄭云『咥，覺悔貌。』」按馬鄭之訓義雖殊，而其經文則一，是鄭仍遵用師傳之本也。

九二、不克訟，歸而逋其邑，人三百戶无眚

「眚」下釋文云：「生領反，子夏傳云：『妖祥曰眚，』馬云：『災也。』鄭云：『過也。』」按眚訓過訓災、經傳數見，書舜典「眚災肆赦」傳：「眚過也。」左氏襄九年傳「肆眚圍鄭」注：「眚過也」。又穀梁莊二十二年傳「眚災也。」國語周語「脉其滿眚」注：「眚災也。」皆是。而鄭注復上六曰：「異自內生曰眚，自外曰祥，害物曰災。」眚災皆謂之異，其義至近；是鄭於彼，亦訓眚爲災異，惟曰「「眚自內生」，明災從天降也。正義於本爻下引鄭注曰：「小國之下大夫，采地方一成，其定稅三百家，故曰三百戶也，不易之田歲種之，一易之田，休一歲乃種，再易之田，休二歲乃種，言至薄也，苟自藏隱，不敢與五相敵，則无眚災。「正義引此段鄭注，明言「眚災」，則鄭亦訓災也。疑釋文「鄭云過也」一句有誤。是鄭亦用師說，經文復同。

師

師貞丈人吉

案釋文引馬傳云：「二千五百人爲師。」周禮夏官序官疏引鄭氏易注云：「軍二千五百人爲師，多以軍爲名，次以師爲名，少以旅爲名，師者舉中之言。」此鄭用師說也

初六、否臧凶

案釋文引否、馬鄭方有反，二家音同。

小畜

九三、輿說輹（今輹作輻）

按釋文引馬傳曰：「輹，車下縛也。」正義引鄭注曰：「輹，輿下縛木，與軸相連鉤心之木。」則鄭同師說，鄭較詳耳。輹字今本作輻，說文：「輻，車輮也。」又曰：「輹，車軸縛也。」則馬鄭作輹義得；輹，易說也。

履

履虎尾，不咥人

「咥」下釋文曰：「直結反，齧也，馬云：『齕也。』」文選西征賦注引鄭作「噬」云：「噬，齧也。」按訓齕，齕亦齧也（見說文齒部，說文作齕，从气聲，气、今省作乞），是鄭同師訓

豫

豫

卦名下、釋文引馬傳云：「豫，樂。」集解引鄭注：「豫，喜逸說樂之貌。」則鄭亦訓樂與師同。

象曰殷薦之上帝

按釋文引馬傳云：「殷，盛也。」集解引鄭注亦曰：「殷，盛也。」即從師說。

噬嗑

上九象傳，聰不明也

釋文引馬傳：「耳無所聞。」按聰主耳言（書洪範：「聽曰聰。」廣雅釋詁四：「聰，聽也」）。鄭嫌耳不言明，故仍師說而足其義曰：「目不明，耳不聰（釋文引）」。

剝

剝

案釋文引馬傳云：「剝，落也，」集解引鄭注云：「陰氣侵陽，上至於五，萬物零落，故謂之剝也。」是鄭本師說引而申之也。

六二、剝牀以辨

按釋文於「辨」字下曰：「辨、足上也，馬鄭同。」集解引鄭注曰：「足上稱辨，謂近膝之下，屈則相近，申則相遠，故謂之辨。辨，分也。」是鄭從師訓而復詳說之也。

復

六三、頻復

按釋文引馬傳曰：「頻、憂頻也。」呂氏音訓曰：「頻，鄭作卑，馬云『憂頻也』。晁氏曰：『案卑古文頻字，今文作顰。』」按說文：「顰从頻，卑聲。」頻、顰皆有憂戚之義，而卑爲古文（詳前節），蓋鄭說經用馬義，而經字則用費氏古文本也。

无妄

无妄

按釋文引馬鄭曰：「妄猶望，謂无所希望也。」馬鄭訓同。

六二、不菑畬

按釋文引馬傳曰：「菑，田一歲也，畬、田三歲也。」詩采芑正義引鄭注，「一歲曰菑，二歲曰新田，三歲曰畬。」鄭仍用爾雅釋地之文以補成師說也。

大畜

九三、曰閑輿衛

按釋文曰：「閑，習。馬鄭同。」

上九、何天之衢

釋文引馬傳曰：「四達謂之衢。」鄭本師說而訓衢爲大道曰：「人君在上位，負荷天之大道（文選王文考魯靈光殿賦注引）。」後漢書崔駰傳注又引鄭易注云：「艮爲手，手上肩也，乾爲首，首肩之間荷物處，乾爲天，艮爲徑路，天衢象也。」按爾雅釋宮：「四達謂之衢。」說文訓同，四達即大道也。淮南繆稱「聖人之道猶中衢而致尊邪」注：「道六通謂之衢。」楚辭天問「靡蓱九衢」注：「九交道曰衢。」二書注以六通九交訓衢，其爲大道之義益著，是鄭訓衢爲大道，即本之師說。

習坎

上六、係用徽纆

集解引馬傳曰：「徽纆、索也。」鄭用師訓，故注文曰：「繫拘也，爻辰在巳，巳爲蛇，蛇之蟠屈似徽纆也。三五互體艮，又與震同體，艮爲門闕，於木爲多節，震之所爲，有叢拘之類，門闕之內，有叢木多節之木，是天子外朝，左右九棘之象也。外朝者，所以詢事之處也。左嘉石，平罷民焉。右肺石，達窮民焉。罷民，邪惡之民也。上六乘陽，有邪惡之罪，故縛約徽纆，置於叢棘，而後公卿以下議之（公羊疏引）。」注曰：「蛇之蟠屈似徽纆。」又曰：「縛約徽纆，置於叢棘。」皆狀索、用索之辭，是用師訓也。

離

九三、則大耋之嗟

釋文引馬傳：「七十曰耋。」詩車鄰正義引鄭易注曰：「年踰七十也（禮記射義正義引踰作餘，無也字）。」則馬鄭義近。按王肅注云：「八十曰耋。」說文同。左僖九年傳服注：「七十曰耋。」釋言：「耋，老也。」疏稱「耋有七十、八十，無正文也。」

下經

咸

初六、咸其拇

按釋文：「馬鄭云：『拇、足大指也。』」則鄭同師訓。

九五、咸其脢

正義引馬傳云：「脢、背也。」鄭即師說而實指之曰：「脢，背脊肉也（釋文）。」其實一事。廣雅：「胂謂之脢。」說文：「胂，夾脊肉也。」又曰：「脢、背肉也」胂迫呂之肉，脢全背之肉，馬言其廣，鄭舉其狹，脊肉、背之一部，而實爲背之主幹也。

恒

上六、振恒

按馬傳曰：「振、動也。」鄭申其義曰：「振，搖落也。」均見釋文所引，是鄭援師說以爲注也。

大壯

九三、羝羊觸藩，羸其角

釋文引馬傳曰：「羸、大索也。」鄭因師訓而正其字（嫌羸無索義）作纍（釋文引），故無訓。按說文

：「羸、瘦也，从羊羸聲。」力爲切 又曰：「纍，綴得理也；一曰大索也；从糸畾聲。」力追切 羸無索訓，乃與纍音近（雙聲）而相假，馬用借字而鄭用正字，是鄭雖本師說，而增成之處頗多也。

晉

六五、矢今作失 得勿恤

按釋文於「失得」二字下云：「馬鄭本作矢。」足見師傳固爾。又曰：「馬云『離爲矢』」。按晉☲☷坤下離上，馬據卦象故云矢，又推本師說。集解引荀爽曰：「離者射也，故爲矢得。」亦以矢爲訓，馬鄭荀皆傳費氏易也。

家人

九三、婦子嘻嘻

按釋文引馬傳云：「嘻嘻、笑聲。」又引鄭注曰：「嘻嘻、驕佚喜笑之意。」鄭與師訓同。

睽

睽

卦名下釋文曰：「睽苦圭反，馬鄭並音圭。」二家音同。

上九、後說之壺今作弧

釋文於「弧」字下曰：「京馬鄭作壺，」按京房傳孟氏章句，今存故訓，孟京多相同（詳本章序文及第一節），馬易亦每用孟說。下繫：「耒耨之利」句下「耨」字，釋文引：「孟云『耘除草』，馬云『鉏也』。」晉六五、「失得勿恤」句下「失」字，釋文引：「孟馬鄭虞皆作矢」，是也。本句經文下、集解引虞翻曰：「兌爲口，離爲大腹，坤爲器，大腹有口，坎酒在中，壺之象也。」亦以壺爲訓。虞氏世傳孟氏易，其章句亦出於孟，故京馬鄭虞之傳本有同者，而鄭則直承師說也。

蹇

六四、往蹇來連

按正義及釋文引馬傳，並云：「連亦難也。」鄭注本師訓而疏通之曰：「連、遲久之意（引同上）。」明難者重慎之也。

解

彖曰：雷雨作而百果草木皆甲宅（宅今作坼）

按釋文於坼字下云：「馬作宅，云『根也』。」文選蜀都賦注引鄭云：「皮曰甲、根曰宅。宅，居也。」鄭同師說而申其理，曰：「宅，居也。」說文：「宅、人所託尻。」根所以定居草木，如人之託居於宅也。

損

六五、十朋之龜

按正義引馬鄭曰：「爾雅云：十朋之龜者，一曰神龜，二曰靈龜，三曰攝龜，四曰寶龜，五曰文龜，六曰筮龜，七曰山龜，八曰澤龜，九曰水龜，十曰火龜（禮記禮器正義引，無「十朋之龜者」句，餘同）。」是鄭從師說也。

夬

九五、莧陸

按釋文曰：「馬鄭云：莧陸，商陸也。」是鄭同師訓

姤

九五、以杞包瓜

按釋文曰：「包，馬鄭百交反。」又晁氏曰：「馬鄭讀爲庖。」是二家音同。

萃　萃

萃亨王假有廟

按釋文於「亨」字下云：「馬鄭陸虞等无此字。」鄭本與馬同。

初六、若號

按釋文云：「號、馬鄭戶羔反。」晁氏曰：「號、鄭爲號咷。」二家音同。

上六、齎咨涕洟

按釋文引馬傳：「齎咨、悲聲、怨聲。」鄭注本之而云：「齎咨、嗟歎之辭也。」

升　升

釋文引馬傳：「升，高也。」鄭注因之曰：「升，上也。坤地巽木，木生地中，日長而上，猶聖人在諸侯之中，明德日益高大也，故謂之升。升，進益之象。（集解引）」按釋文引鄭「升」作「昇」，二字通用。

六四、王用亨于岐山

釋文引亨：「馬鄭許兩反，馬云『祭也』，鄭云『獻也』。」按祭獻一意，說文作亯云：「獻也，从高省。㊀，象孰物形。孝經曰：祭則鬼亯之。」是馬鄭之音義全同。

革　革

釋文引馬鄭云：「革，改也。」集解又引鄭注：「革、改也。水火相息而更用事，猶王者受命改正朔，易服色，故謂之革也。」鄭因師訓而復就卦象人事以申說之也。

震

震來虩虩

釋文：「虩虩、馬云『恐懼貌』，鄭同。」又履九四「履虎尾愬愬」釋文引馬傳作「虩虩」，訓同。

笑言啞啞

釋文引馬鄭云：「啞啞，馬云『笑聲』，鄭云『樂也』。」樂與笑相因，其義一也。

艮

九三、艮其限

釋文：「限，馬云『要也』，鄭荀虞同。」是鄭依師訓。案集解引虞翻曰：「限，要帶處也，坎為要。」，馬鄭虞均上承孟氏章句，故義訓每同，明此為膂要（非要約之義，今俗作腰）。說文：「要、身中也」，是也。

列其夤

釋文引馬傳：「夤，夾脊肉也，鄭本作『䐪』。」又晁氏曰：「孟京一行作『朋』，鄭作『䐪』，今文也，徐音膂，皆夾脊肉也。」按夤䐪二字通，夤假為䐪。玉篇：「䐪、夾脊肉。」（詳第一節）是馬鄭義同。

豐

九三、日中見昧（昧今作沬）

釋文引馬傳云：「昧，星之小者，鄭作昧。」按鄭無訓而其本則與馬同。

上六象傳，闃其无人

按釋文引馬鄭云：「闃、无人貌。」鄭沿師訓。

自戕（今作藏）也

釋文引馬傳作「戕」，云「殘也」；鄭本同，云「傷也」。按殘傷一義。華嚴經音義下云：「殘、傷也。」漢書食貨志上「是天下之大殘也」注：「殘謂傷害也。」馬於他處，亦訓戕爲傷，大壯卦名下馬傳：「壯傷也」，即叚壯爲戕。壯側亮切，戕在良切，古音皆在十部，又壯戕皆从爿聲（說文），故訓傷也。馬鄭讀藏爲戕（或古本作戕，後作藏），亦以聲音故，說文無藏有臧，云「从戕聲」，亦在十部。臧藏古通用。詩桑柔：「自獨俾臧。」淮南汜論注引作「自獨卑藏」。荀子解蔽「心未嘗不臧也」，注：「臧讀爲藏，古字通。」臧戕古亦通用。詩十月之交「曰予不戕」釋文：「戕，王本作臧，」是也。

旅

九四、得其齊（今作資）斧

按釋文於「得其資斧」句下云：「資斧，衆家並作齊斧。」知馬鄭同，而鄭從師傳之本也。

繫上傳

在天成象，在地成形

禮記樂記正義引馬傳曰：「象者日月星，形者植物動物也。」又引鄭氏易注曰：「成象，日月星辰也；成形，謂草木鳥獸也。」鄭從師說。

震无咎者存乎悔

按釋文引馬鄭：「馬云『震，驚也。』鄭云『震，懼也。』」驚懼義相因，鄭本師訓。

故君子之道鮮矣

釋文引馬傳曰：「鮮，少也。」又引：「鄭本作尟。」按尟鮮一字，一正一叚，鄭本用正字。說文：「尟，是少也，是少、俱存也，从是少。」又曰：「鮮，鮮魚也，从魚羴省聲。」後世叚「鮮」爲「尟」

，鄭用正字而無訓，當同師說。

言天下之至賾而不可惡

按釋文：「惡、烏洛反，馬鄭同。」

古之聰明睿知神武而不殺者夫

按釋文引：「馬鄭殺，所戒反。」二家音同。

說卦

雷風相薄

按釋文引馬鄭云：「薄入也。」是鄭同師訓

爲矯輮

釋文引馬鄭作輮，二家傳本同。

爲黔喙之屬

集解引馬傳云：「黔、黑也。」釋文引鄭本作「黚」，按黚亦黑義。廣雅：「黔，黚，黑也。」說文：「黚、淺黃黑色。」二字以音同故（俱巨淹切，七部），每通用。段注，「地理志犍爲郡黚水，許水部作黔水，音同故也。」是鄭從師說。

本節參用清陶方琦所著鄭易馬氏學，而多有損益，頗出己意，不苟同也。

參考書目

十三經注疏
史記、漢書　後漢書　隋書經籍志　唐書藝文志
經典釋文

周易集解
說文解字注
廣雅疏證
國故論衡
呂氏音訓
晁氏易
國語
昭明文選
淮南子
楚辭
華嚴經音義
荀子
周易馬氏傳
馬融易
鄭易馬氏學

四、鄭易源於緯書考

緯書之興，始於哀平，而其爲學，當發迹於七十子之際。康成曠代宏儒，徧注諸緯，於乾鑿度中，更引易傳以注緯（如乾鑿度「易无形埒也」句下，鄭注引大傳「易无體」；又「陽變七之九」四句下，又引大傳「爻效天下之動也」句，並以釋緯文，皆是），則又躋緯於傳之林，其於斯學，蓋有所取云爾。考緯之一字，隨經而名，恒因經而見其妙用，緯之一辭，每與讖相連，緯又因讖而日益衰替矣！世之論者，每讖緯並稱，蓋讖者，先決吉凶，所以占驗後事；緯者，經之別支，所以羽翼經義也。此而不明，則緯學不彰，而後人之卑視蔑觀緯書也亦日甚！隋書經籍志云：「孔子既敘六經以明天人之道，知後世不能稽同其意，故別立緯」。緯之與經，固爲表裏，如輔車之相依，然如志所云，緯亦孔子所立，則未必然！當係史臣據漢儒依託之言以爲志耳。漢以來儒者，自京房、曹褒、郎顗、楊震以下，無不更相推求，而高密鄭君，則早年疲神殫精於其間（玄別傳：「年二十一博極群書，精歷數圖緯之書」），並以之詁經說禮，其於緯學，亦可謂集其大成矣。鄭君博極典墳，深熟經義，是非眞僞，夙已洞然胸中，而復爲之作注（鄭注易緯有稽覽圖注二卷，乾鑿度注二卷，坤靈圖注一卷，通卦驗注二卷，是類謀注二卷，辨終備注二卷，凡六種。又乾元序制記，坤鑿度二書，晁公武以爲僞託，今後漢書注七緯無其名，則二書果僞作也）者，固非貿然從事。第運會所趨，風靡一時！如尹敏菲薄圖讖而沈滯仕途；任安究極斯學而顯名朝野，於是佼黠之徒，因緣附會者有之矣，而言占候，逞術數者，又多竄入一己之私說，以爲緯固如是，故今之緯篇，顚倒錯亂，不可通讀，蓋其間眞僞叢雜而朱紫莫辨者已久。後之病圖讖者，因而並及於緯，而詆訐微辭，往往可見矣。然康成視緯與經，亦有軒輊之分，其注緯亦在注經之先（年譜四十八歲以前注緯，五十後注三禮，而易注尤晚出），其取之於緯也，務擇其精醕而棄其僞託之言，雜燕之說，如斯而已。至康成論易三義，推易道之本原，每兼取緯義以爲說者，其大略又可見也。

（1）易注用緯義

泰

泰

通也

乾鑿度曰：「泰者天地交通，陰陽用事，長養萬物也；否者天地不交通，陰陽不用事，止萬物之長也。」又曰「泰者正月之卦也，陽氣始通，陰道執順……」

按緯文與泰彖傳意旨全同，而語辭略異，緯固闡明彖傳之意，鄭注既本彖傳又兼取緯文爲之也。彖傳曰天地交而萬物通」，緯謂「天地交通」，是緯以交通釋交字。緯下句曰「陰陽用事」，以言天地交通者，陰陽二氣之交通也。按月令曰：「孟春之月，天氣下降，地氣上騰，天地和同，草木萌動。」謙彖傳曰「天道下濟，地道上行」，咸彖傳曰「柔上而剛下，二氣感應以相與」，皆言二氣交通之理，精微之至！蓋陰陽和而後雨澤降，百物生，皆所謂交通之事也。緯又繼云：「長養萬物」，則明彖傳「萬物通」之意，通者化育成長之謂，即言天地交通而後萬物咸通也。故鄭注總以通字訓泰卦名，既本彖傳，復兼取緯義，可謂精約之至也！

復復

復反也，還也，陰氣侵陽，陽失其位，至此始還反，起於初，故謂之復。復君象，君失國而還反，道德更興也。

稽覽圖曰：「坎常以冬至日始效（鄭注：坎北方卦名，微陽所生），復生坎七日（注：復時一陽生於陰之下）。」同葉又曰：「侵消息者，或陰專政，或陰侵陽。」

按緯文曰「效」者，謂某卦用事時所當效之氣，即緯（同葉）所謂「諸卦氣溫寒清濁，各如其所（按各如其所者，各如其所當效之氣，鄭注曰：『各得其正』，是也）」之意。今坎所效者陽氣也（緯注坎，微陽所生），坎所生之微陽，雖在群陰之下，而陽已復矣。陽氣剝盡（剝九月），經純陰之坤卦

（坤十月），而一陽來復（復十一月），是之謂反。復爲消息卦，緯曰：「侵消息者，或陰侵陽。」陰氣侵陽，則奪陽之位，故鄭易注曰：「陽失其位。」以人事明之，故易注又曰：「君失國。」亦與緯文「陰（臣）侵陽（君）」之義合，此鄭易注用緯書之義，以訓復卦之得名也。

七日來復

建戌之月，以陽氣既盡，建亥之月，純陰用事，至建子之月，陽氣始生，隔此純陰一卦，卦主六日七分，舉其成數言之，而云七日來復（正義序引）

按本條與前條釋卦名之注，同用緯文爲說（正義序云：「鄭引易緯之說。按經文『七日來復句，輔嗣注亦同鄭說，俱用緯義，惟一縣一簡耳」）。按易緯稽覽圖云：「冬至日在坎，春分日在震，夏至日在離，秋分日在兌。易緯是類謀以此四正之卦，卦有六爻，爻主一氣；餘六十卦，卦主六日七分八十分日之七，正歲三百六十五日四分日之一，六十而一周。」（漢上易卦圖引此作是類謀語，蓋以此段中有是類謀云云故）易緯以坎離震兌，分主四時之仲月（二至二分，適在仲月），爲方伯之卦；餘六十卦，分值周歲三百六十五日又四分日之一，故卦值六日七分（七分者，緯云八十分日之七）。陽氣隔純陰一卦（坤）而來復，六日七分，約爲七日，故注以之釋經文「七日來復」之義也。

損

損

艮爲山，兌爲澤，互體坤，坤爲地，山在地上，澤在地下，澤以自損，增山之高也，猶諸侯損其國之富，以貢獻於天子，故謂之損矣。

易緯乾鑿度曰：「損者陰用事，澤損山而萬物損也，下損以事其上。」按緯文「澤損山」之意不明，然非澤之虧損於山也，若然，則與彖傳「損下益上」之義不合，故鄭注緯則曰「陰宜自損以奉陽」。

澤卑，象陰也。鄭又於易注推明之曰：「澤以自損，增山之高也。」至易注：「猶諸侯損其國之富，以貢獻於天子」二句，即用緯書「下損以事其上」之意，然彖傳曰「損下益上」已先之矣，緯以「事」字釋彖傳之「益」字，見下之益上，分內之事也。

繫上傳

易有太極

極中之道，湻和未分之氣也

乾鑿度曰：「夫有形生於无形，乾坤安從生？故曰有太易，有太初，有太始，有太素也。太易者，未見氣也。太初者，氣之始也（鄭注：元氣之所本始）。太始者，形之始也。太素者，質之始也。氣形質具而未離，故曰渾淪……易无形畔（注：此明太易無形之時），易變而爲一（注：一主北方，氣漸生之始，此則太初氣之所生也），一變而爲七，七變而爲九，九者氣變之究也，乃復變而爲一（注：此一，則元氣形見而未分者。夫陽氣內動，周流終始，然復化生一之形氣也）」。按易注以中訓極（極中也，經傳通訓，書洪範「建用皇極」傳，詩氓「士也罔極」傳，楚茨「永錫爾極」箋，周禮天官「以爲民極」注，皆同），以極中狀道字，而復以湻和未分之氣，實道之內蘊；易注二句，總以訓太極也，然皆本於易緯之義。鄭由氣之通於有无，以推釋太易（即太極，緯名之曰太易）往復生成萬有之理，其大要於緯注中可略見焉。考鄭之緯注，即以緯之太易，擬易之太極，復本緯書論太易之理，以注易之太極也。緯曰：「太易者，未見氣也。」未見氣，即易注「未分之氣」也。氣已分已見，則爲太初，故緯曰：「太初者，氣之始」，鄭即注之曰：「元氣之所本始」，則此氣即名之曰元氣，易所謂「乾元」是也。按鄭注即以未分之氣，通太極、太易之名，則太極不過氣之假名耳。鄭於緯文（本篇）「易始於太極」句下，注之曰：「氣象未分之時，天地之所始」，是太極指未分之氣而名之，亦即天地之所以生者也。鄭推天地萬有之本原（太極），即直目之曰氣，與後世釋太極而陷於虛无玄妙之境者迥殊，此尤足多者也。鄭又本緯義，以爲氣通於有无，即通乎形而上下，皆此氣也，惟有形无形之分耳，此通於有无之氣，名之曰一，故緯曰：「易始於一」。鄭即注之曰：「易本无體，氣變而爲一」。緯又曰：「易變而爲一」，鄭又注之曰：「氣漸生之始」，緯繼曰：「乃復變而爲一」，鄭復注之曰：「此一，則元氣形見而未分者」。鄭注緯文，皆以氣訓一，首一字指氣之已分已形，末一字指氣之形見而未分，此即論氣之往復變化也（曰易變而爲一……乃復變而爲一）。緯於太易又名之曰易（簡稱），故緯曰：「易无形畔（按即『无形體，无方所』之意）」，鄭即注之曰：「此明太易无形之時」是也。易變而爲一之後，又變而爲七、爲九，乃復變而爲一（緯曰：「易變而爲一，一變而爲七，七變而爲九……乃復變而爲一」），此言終始（同卷緯文云：「天地之氣，必有終始。」又曰：「乾者、天也，終而爲萬物始」）往復之理，非故詭變其詞也。太易既爲湻和之氣，則其動而見也，自爲天地之元氣，此氣之往復變化，自无生有，由有返无，往復不已，互爲終始，以明天行之剛健，化育之流行，此太極之功能也（鄭緯注：「夫陽氣內動，周流終始，然後化生一之形氣」數語，即著此理。鄭兼由緯文「氣形質具而未離，故曰渾淪」二語中悟出）。又易注以中與湻和訓太極，亦出於緯義。中與湻和，即中和也。乾鑿度釋困之九二曰：「有中和，居亂世」，同葉釋師九二，在師中吉曰：「言有盛德，行中和。」釋臨六五曰：「陽氣在內，中和之盛。」此復以中和狀陽氣，則中和即天地之元氣也至明（鄭緯注以陽氣化生一之形氣，又以一爲天地之元氣）！同葉釋乾九五曰：「言德化施行，天地之和。」由上緯言中和，皆據二五，二五爲中，本爻位而言。中和即中德之異名，未發曰中，發而中節曰和（禮記中庸），易道尚中，天地貴有中和之德，緯復以中和統言天人（緯曰：「德化施行，天地之和」）者，致中和，則天地位，萬物育，无天人之際也（鄭於緯文「方上古之時」數句下，注曰：「天地氣醕，人物恬粹，」同葉，於「易者所以經天地」數句下、注曰：「王道繼天地而已。」皆明天人之際也）。於此推明易道之本原，易之三義：易簡也，變易也，不易也，其理胥在於斯。緯言易之大義，精醨如是，固不可以儕於圖讖之流而一概忽之也。

說卦

萬物出乎震，震東方也，齊乎巽，巽東南也，齊也者，言萬物之絜齊也，離也者明也，萬物皆相見，南方之卦也，聖人南面而聽天下，嚮明而治，蓋取諸此也。坤也者地也，萬物皆致養焉，故曰致役乎坤。兌正秋也，萬物之所說也，故曰說言乎兌，戰乎乾，乾西北之卦也，言陰陽相薄也。坎者水也，正北方之卦也，勞卦也，萬物之所歸也，故曰勞乎坎。艮東北之卦也，萬物之所成終而所成始也，故曰成言乎艮。

萬物出於震，雷發聲以生之也。齊乎巽，相見於離，風搖長以齊之也。潔猶新，萬物皆相見，日照之使光大，萬物皆致養焉，地氣含養，使有秀實，萬物之所說，草木皆老，猶以澤氣說成之，戰言陰陽相薄，西北陰也，而乾以純陽臨之，猶君臣對合也。坎勞卦也，水性勞而不倦，萬物之所歸也，萬物自春出生於地，冬氣閉藏，還皆入地，萬物之所成終而所成始，言萬物陰氣終，陽氣始，皆艮之用事，坤不言方者，所言地之養物，不專一也。

按右段鄭注，既本說卦傳之文，復兼采緯書之義，緯書乾鑿度曰：「八卦成列，天地之道立……震生物於東方，位在二月，巽散之於東南，位在四月，離長之於南方，位在五月，坤養之於西南方，位在六月，兌收之於西方，位在八月……艮終始之於東北方，位在十二月，八卦之氣終，則四正四維之分明，生長收藏之道備，陰陽之體定……而萬物各以其類成矣……孔子曰：乾坤陰陽之主也。陽始於亥，形於丑……陰始於巳，形於未，據正立位，故坤位在西南，陰之正也……君道倡始，臣道終正，是以乾位在亥，坤位在未，所以明陰陽之職，定君臣之位也」。鄭注之用緯義者，析論如下：

①鄭注：「雷發聲以生之也。」即兼用緯文「震生物於東方」之意。震為雷，及春雷動，則蟄蟲始振，草木萌芽而生也。

②鄭注：「齊乎巽，風搖長以齊之也。」即本緯文「巽散之於東南」句而言也。巽爲風，巽東南也。注文「風搖長以齊之」，正對緯文「散」字。散者，傳曰「風以散之」是也。

③鄭注「萬物皆相見，日照之使光大。」正用緯文：「離長之於南方」句，離爲日也「使光大」，即本「長之」之意。

④鄭注：「萬物皆致養焉，地氣含養，使有秀實，萬物之所說，草木皆老，猶以澤氣說成之。」自緯文「坤養之於西南方，兌收之於西方」二句中來。坤爲地，兌說也，又兌爲澤（皆傳文），注文「草木皆老，猶以澤氣說成之」，即自緯文：「兌收之」三字生出，緯文約耳。

⑤鄭注：「萬物之所成終而所成始，言萬物陰氣終，陽氣始，皆艮之用事。」本之緯文「乾坤陰陽之主，陽始於亥，形於丑，陰始於巳，形於未，據正立位（緯曰：坤位西南，陰之正也），君道倡始，臣道終正，所以明陰陽之職，定君臣之位也」數句之意。陽氣始爲春生，陰氣終爲冬藏，言終始者，終而復始，生生不已，終藏所以爲始生也，注約緯文之意。

又益象下鄭注曰：

陰陽之義，陽稱爲君，陰（稱）爲臣，今震一陽二陰，臣多於君矣。

按右條亦自緯文「君道倡始，臣道終正，是以乾位在亥，坤位在未，所以明陰陽之職，定君臣之位也」中出。按經傳中無直言陽君陰臣之文，惟坤文言曰：「陰雖有美，含之以從王事，弗敢成也，地道也，妻道也，臣道也，地道無成而代有終也。」此僅言陰爲臣道而已。繫下傳曰：「陽卦奇，陰卦耦，陽一君而二民，君子之道也，陰二君而一民，小人之道也」。此言陽爲君，亦言陰爲君也。而緯文中此段，已君臣連文對舉，又以陰陽之職與君臣之位相足，於是陽君陰臣之義更明，此鄭注陰陽稱義之所自出也。

易之爲名也，一言而含三義：易簡一也，變易二也，不易三也，故繫辭云：乾坤其易之緼邪，又曰易之門戶邪，又曰：夫乾確然示人易矣，夫坤隤然示人簡矣，易則易知，簡則易從，此言其易簡之法則也。又曰：爲道也屢遷，變動不居，周流六虛，上下无常，剛柔相易，不可爲典要，唯變所適，此言順時變易，出入移動者也。又云天尊地卑，乾坤定矣，卑高以陳，貴賤位矣，動靜有常，剛柔斷矣，此言其張設布列不易者也。據茲三義而說，易之道廣矣大矣。

易緯乾鑿度曰：「孔子曰：易者易也，變易也，不易也，管三成德。爲道苞籥。易者以言其德也，通情無門，藏神無內也，光明四通，俲易立節，天地爛明，日月星辰布設，八卦錯序，律歷調列，五緯順軌，四時和粟孳結，四瀆通情，優游信潔，根著浮流，氣更相實，虛無感動，淸淨炤哲，移物致耀，至誠專密，不煩不撓，淡泊不失，此其易也。變易也者其氣也，天地不變，不能通氣。五行迭終，四時更廢，君臣取象，變節相和，能消者息，必專者敗，君臣不變，不能成朝，紂行酷虐天地反，文王下呂九尾見，夫婦不變，不能成家。妲己擅寵，殷以之破。太任順季，享國七百，此其變易也。不易也者，其位也。天在上，地在下，君南面，臣北面，父坐子伏，此其不易也。」按易緯此段曰：「易也，變易也，不易也」。康成於易贊論易之三義，實兼取之。按易贊全引大傳之辭，類分屬比，以見三義之精蘊，傳已具之矣；而名稱之立，則取自易緯也。康成惟以「易簡」二字代緯文之「易」字，蓋乾以易知，坤以簡能，易簡之則，於乾坤之法象見之矣，故又益簡字以增足緯辭，其意（緯意）得以愈見彰著也。而簡易之要義，緯文俲易（鄭注，俲易者，寂然无爲之謂）淸淨，不煩不撓諸句，亦頗著見。蓋俲易淸淨以立易簡之則；不煩不撓，則簡易之施爲及其績效也，於人事治理可以見之；而无思无爲之旨，大傳已先之矣。

(2)易注用緯說

訟

九二、歸而逋其邑

小國之下大夫。

觀

觀盥而不薦

坤爲地爲象……九五、天子之爻。

困

九二、困于酒食

二據初，辰在未……此二爲大夫有地之象……爻四爲諸侯有明德受命當王者。

豐

九三、折其右肱无咎

三艮爻，艮爲手……手而便於進退，右肱也，猶大臣用事於君，君能誅之故无咎。

乾鑿度曰：「初爲元士，二爲大夫，三爲三公，四爲諸侯，五爲天子，上爲宗廟，凡此六者，陰陽所以進退，君臣所以升降，萬人所以爲象則也。」按鄭注訟九二、觀象、困九二、九四、豐九三，皆直用緯說也。

(3)爻辰法之理據

乾鑿度曰：「陽析（析古策字）九、陰析六、陰陽之析，各百九十二……故卦當歲，爻當月，析當日，大衍之數必五十，以成變化而行鬼神也。故曰日十者，五音也，辰十二者，六律也，星二十八者，七宿七，凡五十，所以大閡物而出之者，故六十四卦三百八十四爻戒各有所繫焉，故陽唱而陰和，男行而女隨，天道左旋，地道右遷，二卦十二爻而期一歲。乾陽也，坤陰也，並治而交錯行，乾貞於十一月子，左行陽時六，坤貞於六月未，右行陰時六，以奉順成其歲。」按易緯此段，本論以卦主歲之法。兩卦十二爻而朞一歲，而鄭氏爻辰法略取其意以建立。緯曰：「辰十二者六律也。」六律益以六呂，爲十二辰。周禮太師鄭注，即以律呂配十二辰。六律左旋，與緯文「天道左旋」正合。緯文「陽唱陰和」二句，「乾坤並治而交錯行」句，乾陽坤陰，先後參次，即乾坤十二爻，並隨十二辰以治十二月，而一歲之功成也。此爻辰法以乾坤十二爻配十二辰至簡易之原則也。

參考書目

十三經注疏
史記　漢書
易緯稽覽圖　易稽覽圖鄭氏注　易稽覽圖
周易乾鑿度　易緯乾鑿度　易乾鑿度　易緯乾坤鑿度
易緯坤靈圖　易坤靈圖鄭氏注　易坤靈圖
易緯通卦驗　易通卦驗鄭氏注　易緯通卦驗
易緯是類謀　易是類謀鄭氏注　易是類謀
易緯辨終備　易辨終備鄭氏注　易辨終備
先秦漢魏易例述評
易緯
易緯乾元序制記　易乾元序制記鄭氏注　易乾元序制記

易緯略義
七緯
易漢學
易義別錄

第三章　鄭易釋例

本章即義理、卦爻、時位、禮制四端以釋鄭易之例。比類撮要，其大略可得而言也。鄭於易之義理，言太極、易三義、陰陽、易數，皆本之傳義，不鑿空立異，言涉玄虛，務爲篤實著根之言，蓋有師儒之風也。其論卦爻，時位，第本應據承乘之義，以明六爻之變動。因爻位之參伍錯綜，剛柔進退，以極變化之情致。故鄭易無卦變之例。亦不必言卦變，而變易之情得矣。其取象也，純以爻辰，互體爲主。爻辰爲鄭氏所獨創，而互體則沿先儒之舊說也。至其言禮制，則散見篇中，往往而然。若條分紀別，則吉凶軍賓嘉，無一不具。於禮尤重綱紀名分。故於遘卦辭下，論男女之苟相遇，則注曰「非禮之正」。又注繫傳曰「君臣尊卑之貴賤，如山澤之有高卑」，是也。蓋禮是鄭學，其言禮制固若數家珍焉。惟論卦爻時，其稱名偶有雜亂。譬之爻體、互體，上下二體，有時皆名之曰體，舉一體字而三事具焉，此體究爲何體？實難猝辨。若昧其易例，則茫然莫解；得其緦理，則經渭立分。此釋例之足貴也。

一、義理

(1) 太極

繫辭上傳

是故易有太極，是生兩儀。

易緯乾鑿度卷上

極中之道，淳和未分之氣也。文選張茂先勵志詩注引

孔子曰易始於太極

氣象未分之時，天地之所始也。

按康成以「太極」爲極中之道，爲淯和未分之氣，爲天地之始。似爲三事，而實一物一義，覈其底蘊，皆言氣也。康成以中訓極字，而注文極中之極，則不與中同義，乃訓傳文之太字，猶云「太大也、至也」之意。極中者，至大至中之義。而大中之道，即中道也。大者贊之之辭。易尚中道，得其中雖否剝亦吉，失其中雖泰復亦凶。故彖象言吉，每以得中之故。訟彖傳：「有孚窒惕中吉，剛來而得中也。」解彖傳：「其來復吉，乃得中也。」困彖傳：「貞大人吉，以剛中也。」象傳亦然。坤六五象傳：「黃裳元吉，文在中也。」大壯九二象傳：「九二貞吉，以中也。」巽九二象傳：「紛若之吉，得中也」皆是。按易二五爲中，本就爻位言。易即以二五之中譬況中道。蠱九二象傳：「幹母之蠱得中道也。」離六二象傳：「黃離元吉，得中道也。」解九二象傳：「九二貞吉，得中道也。」夬九二象傳：「有戎勿恤，得中道也。是中即中道，傳有明訓。中又訓和，康成於蹇象傳「往得中也」（往者往之九五）句下注曰：「中，和也。」中和本一事。未發爲中，發而中節爲和（中庸）。中和兼言（包舉）天人平粹之氣，在天地謂之中氣。鄭於坤六二注曰：「此爻得中氣而在地上，自然之性，廣生萬物。」天地之中氣，自然生物，鄭所謂「地氣含養」（說卦傳注）者也。中氣固即中和之氣，淯和未分之氣也。如其分也。則爲天地之元氣矣（鄭緯注謂「陽氣內動，周流終始」，即指元氣而言）。何則?易緯乾鑿度以太易準太極（見二章四節），而曰「有太易，有太初」；又曰「太初者，氣之始也」；鄭注「元氣之所本始，」是也。天地之元氣，絪縕鼓盪而化育萬物，人則稟此元氣而生。論衡言毒篇：「萬物之生，皆稟元氣。」齊世篇：「上世之民，下世之民也，俱稟元氣，元氣純和，古今不異……一天一地，並生萬物；萬物之生，俱得一氣；」是也。人於受生之時、所稟之元氣，已有定分。其壽夭愚智彊弱，亦取決於是。故人有經年不患疾病者，其元氣足也。至於萬慮煎其心，百役勞其形，或飲食不節，攝養失宜，一旦生病，則元氣斲傷矣。病之輕重，則元氣之耗敗亦隨而有多寡之不同，此至簡至實之理。先儒每謂天人均此太極，正謂此等處，初非有甚深難解之理也。復就太極爲天地之所始而言，亦未離乎氣也。鄭注於此，仍本之繫傳曰「易有太極，是生兩儀」；兩儀句，鄭注闕佚，而緯注則有之。緯曰：「太極分而爲二，故生天地」（乾鑿度），鄭注之曰：「輕清者上爲天，重濁者下爲地。」輕濁皆自氣而言也。緯文太極分爲二，明承傳文是生兩儀句，二卽兩儀也。同卷緯又曰：「易始於一，分於二，通於三。」「分於二」句下，鄭注：「清濁分爲二儀。」鄭緯注已指清濁分爲天地，又曰「清濁分爲二儀。」則二儀即天地，是天地生於太極，太極固爲天地之本始矣。太極已生天地，更當繼生人物，故緯文「通於三」句下，鄭注「陰陽氣交，人生其中，故爲三才。」陰陽氣交而生人，此陰陽之氣，即太極已分之氣。天地人物，皆由太極而生（緯文於易始於太極，太極分而爲二，故生天地三句下繼曰：「天地有春秋冬夏之節，故生四時；四時各有陰陽剛柔之分，故生八卦；八卦成列，天地之道立，雷風水火山澤之象定矣。其布散用事也，震生物於東方，位在二月；巽散之於東南，位在四月；離長之於南方，位在五月，坤養之於西南方，位在六月；兌收之於西方，位在八月；乾制之於西北方，位在十月；坎藏之北方，位在十一月；艮終始之於東北方，位在十二月，八卦之氣終，則四正四維之分明，生長收藏之道備，陰陽之體定，神明之德通，而萬物各以其類成矣。」）太極不啻爲天地之本始，亦即萬有之根源也。太極爲氣。其分而見也，爲天地之氣（元氣）亦即陰陽之氣。天地之氣，化育萬物，經傳固數言之。禮運曰：「故人者，其天地之德，陰陽之交，鬼神之會，五行之秀氣也。」樂記曰：「天地訢合，陰陽相得，煦嫗覆育萬物。」又曰：「地氣上齊，天氣下降，陰陽相摩，天地相盪，鼓之以雷霆，奮之以風雨，動之以四時，煖之以日月，而百化興焉。」淮南天文訓：「宇宙生氣，氣有涯垠……清陽者薄靡而爲天，重濁者凝滯而爲地……陰陽之專精爲四時，四時之散精爲萬物。」精神訓：「古未有天地之時，惟像無形……於是乃別爲陰陽，離爲八極，剛柔相成，萬物乃形，煩氣爲蟲，精氣爲人。」論衡訂鬼篇：「夫人所以生者，陰陽氣也。陰氣主爲骨肉，陽氣主爲精神。人之生也，陰陽氣具，故骨肉堅，精氣盛」，皆是，由上載籍言天地之氣生人生物，歷歷不爽，易傳亦屢及之（引見前章）。故康成以氣訓太極，實有所本。康成又以此氣通於有无（說見前章），即通乎形而上下也。未分者，形上之氣，己分已見者，天地之元氣。驗之物理，徵之人生，皆確乎其不可拔，其言易道之本原，洵爲定論。繫傳謂易與天地準，故能彌綸天地之道，其所以能彌綸天地之道，範圍天地之化者，胥在於是。

(2)易三義

易贊

「易」之爲名也，一言而含三義：易簡一也，變易二也，不易三也。故繫辭云：「乾坤其易之緼邪！」又曰：「易之門戶邪！」又曰：「夫乾確然示人易矣，夫坤隤然示人簡矣。易則易知，簡則易從。」此言其易簡之法則也。又曰：「爲道也屢遷，變動不居，周流六虛，上下无常，剛柔相易，不可爲典要，唯變所適。」此言順時變易，出入移動者也。又云「天尊地卑，乾坤定矣；卑高以陳，貴賤位矣；動靜有常，剛柔斷矣。」此言其張設布列不易者也。據茲三義而說，易之道廣矣大矣。

按易贊論「易」之三義，一曰易簡，二曰變易，三曰不易。三義之義，大傳言之審矣，三義之名，鄭則本之易緯，乾鑿度曰：「易者易也，變易也，不易也。」又曰：「易者以言其德也，變易也者其氣也，不易也者其位也。」緯文實足以發大傳之旨趣，又以氣主變易，尤爲精至！鄭言三義，固本於傳而兼取之緯。以鄭易徵之：乾九二、九三、九五諸爻，注舉六位三才，以言「不易」之爻象（爻有不易之象）。艮象下注：「君在上，臣在下」夬象下注：「五尊位。」萃象下注：「臣下以順道承事其君。」即就卦象以言尊卑「不易」之常位。乾用九注曰：「六爻皆體乾，群龍之象。」龍陽物也，以象乾德，乾陽也。文言「陰疑于陽必戰」三句下注曰：「陰謂上六，陽謂今消息用事乾也，上六爲蛇，得乾氣雜似龍。」亦著乾陽象龍之義，故以乾象天地之陽氣（卦畫奇以象陽）。上六无陽而曰得乾氣，明奇耦陰陽剛柔之畫，往來上下於六虛，唯變所適，固无常也，按陽氣動則與陰遇，陽氣動而萬物生焉。蒙彖下注：「互體震而得中……陽自動其中，德施地道之上，萬物應之而萌牙生。」此陽實指陽氣。需卦名下注曰：「陽氣秀而不前者，長上坎也。」按需乾下坎上，注於此直以乾爲陽氣矣。蒙卦鄭注稱「陽氣動而萬物生」。陽氣動則與陰遇，是謂氣之變化。乾鑿度曰：「天地不變，不能通氣。」繫傳又曰：「一闔一闢謂之變。」動則變也，此以上言「變易」。鄭於緯注，又言「陰陽氣交而生物」（引見上目）；於易，隨初九注曰：「當春分陰陽之所交也。」咸彖下注曰：「二氣通而相應，以生萬物。」皆言二氣之相交，此乾坤「易簡」之義也。何則？繫下曰：「乾陽物也，坤陰物也。」繫上曰：「夫乾，其靜也專，其動也直，是以大生焉，夫坤，其靜也翕，其動也闢，是以廣生焉。」此直言「天地絪縕，男女構精」之事，故曰「乾以易知，坤以簡能」，其理至「簡易」。凡此，鄭易言三義之義也。又按鄭從緯書立名之序而三義之軒輊無分也。今就三義之內含言：不易者道，太極是也。陰陽變化以生萬物，謂之「變易」，「變易」原於「不易」，其爲變之法則，則「簡易」也。據鄭易太極，渾和未分之氣也，爲萬有之本原，固永元而「不易」。天地渾和（即中和）之氣已分已見，所謂動也，動則二氣分矣。鄭緯注謂「陽氣內動，周流終始」，即言此氣之動，而後大化流行也。動則變，變則化，故「變易」乃陰陽生化之過程，其法則至簡至易，故謂之「易簡」。陰陽之氣交遇，謂之「變易」矣，而傳曰：「一陰一陽之謂道」，此「變易」之原於「不易」。一陰一陽之相感相遇（傳又謂之一闔一闢），交蕃和洽，而後化生萬物，其理則至爲「易簡」也。故易之三義，統於一元，皆太極純和之氣爲之主張，所謂莫或爲之，若或爲之，此氣之潛移默運也。傳曰：「知變化之道者，其知神之所爲乎」！神也者神此者也。傳　文又曰：「天地之大德曰生。」復曰：「生生之謂易。」易道之精約，不外乎此。天地之生德，總原於太極渲和之氣，其生生不息，乃所以持續宇宙之大生命，易道不外乎生，不越乎生生而不已，以太極之功能，非化育不足以顯現之也。鄭易即主明天人生生之理，觀泰象傳「后以財成天地之道」注曰：「以者，取其順陰陽之節」言順天地陰陽之節也。六五爻下注又曰：「春爲陽中，萬物以生，生育者嫁娶之貴。」男女嫁娶，貴在生育，必當陽中物生之月，過則有愆期之悔，又標梅詩之所由作。此即謂順天地陰陽之節也。鄭易昌明天人生生不息之理，皆於三義中窺見易道之旨要，此易贊之所以深美易道之廣大也。

(3)陰陽

易以卦爻爲主，卦爻始於奇耦之畫，陽爻奇，陰爻耦。卦有六爻，因奇偶之畫參互錯綜，以象陰陽剛柔往來上下之變化。易不能離卦爻，自不能離陰陽而言易，康成易注即以陰陽之理爲說：

①天地有陰陽之節，是爲天道。

泰象曰后以財成天地之道，輔相天地之宜，以左右民

財，節也。輔相、左右，助也。以者，取其順陰陽之節，爲出內之政，春崇寬仁，夏以長養，秋教收斂，冬敕蓋藏，皆可以成物助民也。

按注云「順陰陽之節」，即順天地陰陽之節，明天地有陰陽之節候，所以成物也，春崇寬仁，夏以長養云云，則順節所施之政也。春爲陽中，萬物以生，及夏盛陽，萬物長養，至秋陽漸微而陰始壯，於冬則陽氣閉錮，潛入地中矣。孟子梁惠王篇「斧斤以時入山林」趙注：「時謂草木零落之時，」疏：「斧斤以草木零落之時入山林，不以草木生長之時入之。」草木生長在春夏，零落在秋冬，即易注順節爲政之意也。按四時代序，即陰陽之盛衰有以致之。乾鑿度卷上於此理言之甚悉，既曰：「震生物於東方，位在二月。」又曰：「震東方之卦也，陽氣始生受形之道也。」既曰：「離長之

於南方，位在五月。」又曰：「離南方之卦也，陽得正於上。」旣曰：「兌收之於西方，位在八月。」又曰：「兌西方之卦也，陰用事而萬事得其宜。」旣曰：「坎藏之於北方，位在十一月。」又曰：「坎北方之卦也，陰氣形盛，陽氣含閇（閉誤字）。」按緯舉震離兌坎四正之卦，其位各在四時（春夏秋冬）之仲月，陰陽消息之節候，至爲明著！四時行，百物生，天地之歲功告成，此天道也。順陰陽之節，所以裁成天地之道。陰陽之節，自天道也。

②陰陽者陰氣陽氣之謂，陽爻以象陽氣，陰爻以象陰氣。

不利有攸往小人長也。

陰氣侵陽，上至於五，萬物零落，故謂之剝也

按剝☶☷坤下艮上，五陰一陽爻，五陰爻，注總目之曰陰氣；則陰者陰氣之謂，陽自爲陽氣矣，鄭以陽爻爲陽氣，即以陽爻象陽氣也。

復　復

復反也還也，陰氣侵陽，陽失其位，至此始還反，起於初，故謂之復。

按復☷☳震下坤上，一陽生於五陰爻之下，一陽復反，陽固謂陽氣也。

蒙　蒙亨

亨者陽也，互體震而得中……陽自動其中，德施地道之上，萬物應之而萌牙生…………。

按蒙☶☵坎下艮上，鄭藉「互體震」以說陽動之象。蒙下體坎，坎一陽在中，易緯稽覽圖曰：「坎常以冬至日始效。」注曰：「坎北方卦名，微陽所生。」微陽，陽氣微弱，本條自動之陽，固爲陽氣也

。

③陰陽互爲消息，陽盛則陰衰，陰盛則陽衰

乾鑿度卷上

孔子曰隨者二月之卦，隨德施行，藩決難解

言二月之時，陽氣已壯，施生萬物，而陰氣漸微，不能爲難，以障蔽陽氣，故曰藩決難解也。

按漢儒孟喜卦氣說，以坎離震兌爲四正卦，四卦二十四爻，分主二十四氣；餘六十卦，分值周歲三百六十五日又四分日之一，卦值六日七分；其分值之法，每月五卦，需、隨、晉、解大壯值二月（見先秦漢魏易例述評）。隨在二月，故鄭以爲說，注謂此時陽氣壯而陰氣微，即陽盛而陰氣衰也。陰衰則無力爲難，故曰「難解」。反之，若陰盛則陽氣亦必衰殺，如姤剝等卦，理之自然也。

④聖人因陰陽之盛衰，以斷人事之吉凶

乾鑿度曰

故陰陽有盛衰，人道有得失，聖人因其象，隨其變爲之設卦，方盛則託吉，將衰則寄凶。

聖人見物情有得失之故，寄託陰陽之盛衰，以斷其吉凶也。

⑤又發陽尊陰卑之義

乾鑿度曰

故易者所以經天地，理人倫而明王道，是故八卦以建，五氣以立，五常以之行，象法乾坤，順陰陽，以正君臣父子夫婦之義。

天地陰陽，尙有尊卑先後之序，而況人道乎！

按上繫：「天尊地卑，乾坤定矣；卑高以陳，貴賤位矣。」法象莫大乎天地，天常人紀，人紀固本乎天常，此鄭易陽尊陰卑之義所由出也。

乾鑿度曰

孔子曰泰者天地交通，陰陽用事，長養萬物也，否者天地不交通，陰陽不用事，止萬物之長也，上經象陽，故以乾爲首，坤爲次，先泰而後否。

先尊而後卑，先通而後止者，所以類陽事也。

乾鑿度繼曰

損者陰用事，澤損山而萬物損也，下損以事其上。

象陽用事之時，陰宜自損以奉陽者，所以戒陰道以執其順者也。

按鄭注，「先尊而後卑，所以類陽事」謂陽事宜類次前先，是尊陽也。又謂「陰宜自損以奉陽，以執其順」，陰常執守恭順，即卑陰之義也。

乾鑿度又曰

坤位在西南，陰之正也。

陰炁始於巳，生於午，形於未，陰道卑順，不敢據始以敵，故立於正形之位。

按鄭謂「陰道卑順」，又云「不敢據始以敵，故立於正形之位」者，陽炁始於亥，陰炁始於巳，巳亥相直，若立於巳，則是據始而敵陽，敵相對抗也，故陰退二辰以避之，而立於正形之未位也。

坤

上六，龍戰于野

聖人喻龍，君子喻蛇

按鄭於儀禮注「蛇龍君子之類」，蓋以蛇從龍，蛇龍總喻君子固不分。而此則以龍喻聖人，蛇譬君子，聖人君子，同以德見稱，雖无尊卑之殊，頗有先後之次，又龍陽物，爲四靈之一，有飛騰之材，故鄭以象乾卦（乾用九注：六爻皆體龍」；蛇陰類（文言注：上六爲蛇），亦陽尊陰卑之申義也。

⑥以陽爲君，以陰爲臣

益

益利有攸往

陰陽之義：陽稱爲君，陰稱爲臣，今震一陽二陰，臣多於君矣……。

按坤文言曰：「陰雖有美，含之，以從王事，弗敢成也，地道也，妻道也，臣道也，地道无成而代有終也。」據此，陰爲臣道，則陽爲君道可知，此鄭所謂陰陽之義也，文言又曰：「坤道其順乎，承天而時行。」鄭本此義以說經，故萃彖下注曰：「臣下以順道承事其君也。」又益卦震下巽上☳☴，下體一陽二陰，故注曰「臣多於君」也。

說卦

戰乎乾，乾，西北之卦也

戰言陰陽相薄也，西北陰也，而乾以純陽臨之，猶君臣對合也。

按西北陰方而乾陽位焉，故注以君臣爲喻。是以陽爲君，以陰爲臣。曰臨之，則尊卑之分定，而君臣之義益章矣。

爲月

臣象也

按上繫：「陰陽之義配日月。」則日爲陽而月爲陰矣，故鄭本之而曰：「月臣象。」則陽君陰臣之餘義也。又按睽彖下注曰：「二五相應，君陰臣陽。」以睽九二、六五相應，曰「君陰臣陽」者，乃云臣居陽位，非以陽爲臣也，當別白觀之。

⑦陽爲君子，陰爲小人

剝

剝曰：不利有攸往，小人長也

五陰一陽，小人極盛，君子不可有所之，故不利有攸往也。

按泰卦：「泰小往大來吉亨。」象曰：「泰小往大來吉亨，則是天地交而萬物通也，上下交而其志同也。內陽而外陰，內健而外順，內君子而外小人，君子道長，小人道消也。」又否：「否之匪人，不利君子貞，大往小來。象曰：「否之匪人，不利君子貞，大往小來，則是天地不交而萬物不通也，上下不交而天下无邦也。內陰而外陽，內柔而外剛，內小人而外君子，小人道長，君子道消也。」據此，則陽爲君子，陰爲小人，卦辭象傳已發其義矣，泰卦乾下坤上，內卦純爲陽爻，外卦純爲陰爻，爻之外曰往，適內曰來，象曰「小往大來」，既以陽爲大，陰爲小矣；象傳復申述之，更以君子小人譬況三陽三陰，其分別至明，易氣從下生，故卦以初爻爲基，自此而上則爲長，觀復卦一陽來復（一陽在下），而象傳曰「剛長」，又曰「復其見天地之心乎」（陽動生物，天地以生物爲心）！尊此一陽也。姤卦一陰方始（一陰在下），而象曰「女壯，勿用取女」，傳曰「不可與長，重之至也」。故泰否二卦傳曰「君子小人之道消長」，亦見愼始防微，明示教戒之義。康成本之以說易，剝五陰，故注曰「小人極盛」，僅餘一陽，君子之道消極，故曰「不可往。」則陽爲君子，陰爲小人至明。

夬

夬揚於王庭

夬決也，陽氣浸長至於五，五尊位也，而陰先之，是猶聖人積德說天下，以漸消去小人……陰爻越其上，小人乘君子……。

按夬一陰當五陽之上，故注曰「小子乘君子」，五陽方盛而欲決此一陰，故曰「以漸消去小人」；則君子小人，隨陰陽爻而斥言之矣。

旅

初六旅瑣瑣

瑣瑣猶小小也，爻互體艮，艮小石，小小之象，三爲聘客，初與二其介也，介當以篤實之人爲之，而用小人瑣瑣然……。

按旅下體艮，初與二皆陰爻，初二皆爲介，故注曰「用小人」，明陰爲小人也。

乾

九三、君子終日乾乾

三於三才爲人道，有乾德而在人道，君子之象

按注「三於三才爲人道」，係就爻位言，三四兩爻皆爲人道。而曰有乾德，則據陽爻陽位而言。乾陽物也（繫傳），三據乾德始有君子之象，亦本陽爲君子之義。

⑧陰陽以象男女

家人

六二、无攸遂，在中饋。

二爲陰爻，得正於內；五陽爻也，得正於外，猶婦人自修正於內，丈夫修正於外。无攸遂，言婦人无敢自遂也……故云在中饋也。

按注以陰爻爲婦人，陽爻爲丈夫，是以陰陽象男女也。曰婦人无敢自遂者，不敢專成其事，仍本坤文言「坤道其順乎，承天而時行」之意，陰道卑順也。

遘

遘女壯，勿用取女

遘遇也，一陰承五陽　一女當五男，苟相遇耳，非禮之正……婦人以婉娩爲其德也。

按遘☰☴巽下乾上，一陰在五陽之下，故曰「一女當五男」，陰陽象男女之義至明。

繫下傳

男女覯精

覯合也，男女以陰陽合其精氣。

按此亦明言陰陽象男女。

⑨陰宜從陽，鄭皆據奇耦之畫，陰陽之義以爲斷。

睽

睽小事吉

睽乖也。火欲上，澤欲下，猶人同居而志異也，故謂之睽。二五相應，君陰臣陽，君而應臣，故小事吉。

按睽☲☱兌下離上，九二六五雖爲應爻。然五尊位，君也；九二在下位，臣也；當臣應於君，鄭於萃彖下注曰「臣下以順道承事其君」是也。今云「君而應臣」，明陰陽之義大，五以陰位故，主動在君，在陰也，是陰有從陽之義也。

按經文不言「陰陽」，惟乾諸爻繫龍以象陽德，坤六三云含章，云无成有終，以示坤道，略具其義，而傳文則亟言之（或對舉，或連文），大傳云「一陰一陽之謂道」，又曰「陰陽不測之謂神」，已寓哲理。鄭易說陰陽旣本經傳，復取易緯之義。其大要則以陰陽爲天地之氣，主化育之事，故以乾爲陽氣，陽氣動而生物（易注）又曰「天地氣合而化生萬物」（緯注）皆是。陰陽旣司化育，則宇內萬有，无不與之相關，即五行亦有陰陽之別（乾鑿度「二陰之精射三陽」鄭注：「二陰，金水也，三陽，火土木」）。繫傳曰：「乾陽物也，坤陰物也，陰陽合德而剛柔有體，以體天地之撰。」乾鑿度曰：「乾坤者，陰陽之根本，萬物之祖宗也。」是陰陽之義至大，鄭說陰陽，亦得其旨要也。易注據陽奇陰耦之畫，以說物理人事，皆不違傳義，繫曰「於是始作八卦以通神明之德，以類萬物之情」，乾鑿度曰「易本陰陽以譬於物也」，皆具此意。

(4)易數

康成論易數，分天地之數，大衍之數，九六之數三目：

①天地之數，爲自然之數，一二三四五六七八九十，合之則爲五十有五是也。天施地生，天生地成，故天地各有生成之數：天之生數一三五，天之成數七九，是爲天數五；地之生數二四，地之成數六八十，是爲地數五，天地之數生五行，五行即天地之數，數與五行，密契若不可分也。

繫傳上

大衍之數五十

天地之數五十有五……天一生水於北，地二生火於南，天三生木於東，地四生金於西，天五生土於中。陽无耦，陰无配，未得相成。地六成水於北，與天一幷；天七成火於南，與地二幷；地八成木於東，與天三幷；天九成金於西，與地四幷；地十成土於中，與天五幷也……。

按康成以太極爲天地之本始。太極氣也，數亦氣之所生，太初之氣生一，一變而爲七，七變而爲九（引見上章），一七九陽數也，三畫之乾象焉（乾鑿度「三畫而成乾」鄭注：「象一七九也」），乾坤相並俱生，因而重之，遂成六畫之卦，是易卦亦由氣以生，則數與天地俱來也。宜乎其能佐天地以生物成物也。天地之數，雖易中所固有，然與五行相契合，則易無明文！五行之目，始見於書，甘誓言五行而無目，大禹謨舉其目而與穀並稱六府，不曰五行，惟洪範始著其名目焉。鄭以數與五行相契合，亦有所本。揚子雲太玄即以三八爲木，四九爲金，二七爲火，一六爲水，五十爲土。呂覽月令又謂木數八，火數七，土數五，金數九，水數六。蓋五行配數之說，由來久矣。更析論之，如次：

(1)天地之數生物成物，五行之數亦生物終物

精氣爲物，遊魂爲變，是故知鬼神之情狀，與天地相似故不違

精氣謂七八也，遊魂謂九六也。七八木火之數也，九六金水之數。木火用事而物生，故曰精氣爲物。金水用事而物變，故曰遊魂爲變。精氣謂之神，遊魂謂之鬼。木火生物，金水終物。二物變化，其情與天地相似，故無所差違之也。

按注曰「二物變化」，此二物非有體之物，即指五行之生物，終物也。五行佐天地生物成物，故其情與天地相似，終猶成也，而必曰終者，終所以爲始也。

(2)五行之次，一曰水，二曰火，三曰木，四曰金，五曰土，五行分序方位，數亦分主四方

乾鑿度曰

易无形畔，易變而爲一

一主北方，氣漸生之始

一變而爲七

七主南方，陽氣壯盛之始也。

七變而爲九

西方，陽氣所終究之始也

按鄭注：「天一生水於北，天七成火於南，天九成金於西，地六成水於北，地二生火於南，地四生金於西。」天地之數生五行，已序方位。然數實生於氣，故隨氣而分主四方（不言東，從推可知），於以見數與五行相契之切也。鄭注五行之次：「一曰水，天數也；二曰火，地數也；三曰木，天數也；四曰金，地數也；五曰土，天數也。」亦謂二者之相契。至五行之次，則全本洪範：「一五行，一曰水，二曰火，三曰木，四曰金，五曰土。水曰潤下，火曰炎上，木曰曲直，金曰從革，土爰稼穡。」洪範更著五行之質性，則六府利用之意尤明。

(3)五行有陰陽之別

乾鑿度卷下

二陰之精射三陽

二陰，金水也，三陽，火土木。

(4)天地亦有匹耦之數，蓋陽必有耦，陰必有匹，五行與天地之數相得相合，而後能成化育之功也。

繫上傳

天數五，地數五，五位相得而各有合

天地之氣各有五，五行之次：一曰水，天數也，二曰火，地數也，三曰木，天數也，四曰金，地數也，五曰土，天數也。此五者，陰无匹，陽无耦，故又合之，地六爲天一匹也，天七爲地二耦也，地八爲天三匹也，天九爲地四耦也，地十爲天五匹也，二五陰陽各有合，然後氣相得，施化行也。

按注，天地匹耦之數，則一六、二七、三八、四九、五十是也。又按繫傳天地之數原文：「天一地二，天三地四，天五地六，天七地八，天九地十。天數五，地數五，五位相得而各有合，天數二十有五，地數三十。凡天地之數，五十有五，此所以成變化而行鬼神也（據漢石經周易殘字集證。今朱子本義行次與上合。而注疏本不同，當以石經爲正）。」此段言數：天數五，一三五七九，合之爲二十有五；地數五，二四六八十，合之爲三十。總爲五十有五，末句曰「此所以成變化而行鬼神」。即鄭注論天地之數施行化育之所本。鄭注闕佚過半，其可言者如此而已。西哲畢達哥拉學派，以數論推闡萬有，以「數」爲宇宙萬物成立之大本，即宇宙全部，皆由各種數目關係構合而成。易言之，萬彙雜陳，無一不爲數目之表象（詳見吳康先生著希臘畢達哥拉學派之數理哲學一文，政大學報第十一期），其言數與易理密契，尤足珍貴。

②次論大衍之數，其數五十，本自天地之數，五十有五，減五行之數五，故得五十。此五十之數，

不可用以占卜，又減其一，故餘四十九，取便揲蓍，故大衍之數五十，惟用四十有九也。

繫上傳

大衍之數五十，其用四十有九

天地之數五十有五，以五行氣通，凡五行減五，大衍又減一，故四十九也。衍，演也。揲，取也。天一生水於北，地二生火於南……（餘引見上）地十成土於中與天五幷也。大衍之數五十有五，五行各氣幷，氣幷而減五，惟有五十。以五十之數，不可以爲七八九六卜筮之占以用之，故更減其一，故四十有九也。

按大衍之數五十，惟用四十有九。四十九之數，自漢以降，歷來說法多端，正義引京馬荀姚已有多家，皆用諸名物之數，以湊足四十九而已，其是非無由辨定。鄭以爲自天地之數五十有五中，減去五數（五行氣幷之數），餘五十。五十，當揲蓍計七八九六之策數時，不可爲用，故更減其一而爲四十九。此自康成一家之說。

③次論九六之數，易卦有六爻，各有陰陽剛柔，其稱名亦隨之而異，鄭謂陰爻稱六，則陽爻固稱九矣，所以必稱九六者：七八九六，皆生自太極，七八爲彖，九六爲變，彖不變。九六，爻之變動者也，周易占變，故用九六。

文言

爲其嫌於无陽也

陰謂此上六也

乾鑿度卷上

孔子曰易始於太極，太極分而爲二

七九八六

按緯文「太極分而爲二」句下，鄭注「七九八六。」則七九八六，即爲兩儀也。繫傳本云：「易有太極，是生兩儀」也。

陽動而進，陰動而退，故陽以七，陰以八爲彖，易一陰一陽合而爲十五之謂道。

彖者、爻之不變動者

按鄭注，則彖亦言爻。繫下傳：「彖者材也，爻也者效夫天下之動者也。」上傳：「彖者言乎象者也，爻者言乎變者也。」皆彖與爻對。孔子作傳以釋卦辭，後人名之曰彖，彖遂專指卦辭。按卦爻一體，彖爲材，爻亦有材，彖言象，爻亦有象，鄭或以「彖」兼稱「爻」也。

陽變七之九，陰變八之六，亦合於十五，則彖變之數若之一也。

九六、爻之變動者。繫曰：「爻，效天下之動也。」然則連山歸藏占「彖」，本其質性也；周易占變者，效其流動也。

乾

初九

周易以變者爲占，故稱九稱六。

按鄭注，周易以九六名爻，純由變字生義。以爻言，九六、爻之變動者，爻言乎變，爻效天下之動，易道尚變，故取此義。又以數言，九六爲變化之數。何則？緯文「陽變七之九，陰變八之六」二句下，鄭注：「陽動而進，變七之九，象其氣息，陰動而退，變八之六，象其氣消也。」數生於氣，消息爲陰陽二氣變化之徵，鄭於此以消息爲說，明九六爲變化之數也。又繫傳「遊魂爲變」句下，鄭注：「遊魂謂九六也………九六、金水之數………金水之鬼，終物西北。」鄭以九六爲金水之數，金水終物，爲物變之究（物有始有壯有究，見乾鑿度），以釋繫傳之變字，九六固爲變化之數，故周易用九六二數以名爻也。

(5) 四德

①先舉德名而後釋之者

蒙

蒙亨

亨者陽也，互體震而得中，嘉會禮通，陽自動其中………。

大有

大有元亨

元亨者，又能長群臣以善，使嘉會禮通………。

謙

謙亨

亨者，嘉會之禮，以謙爲主………。

按右三卦鄭注，皆先舉德名而後釋之，某者某也，此漢儒詁經之常例也。儀禮士冠禮「自西階適東壁」注：「適東壁者，出闈門也。」又士昏禮「請期用鴈，主人辭」注：「主人辭者，陽倡陰和，期日宜由夫家來也」，皆是。

②四德以應有德者

震

震

人君有善聲教，則嘉會之禮通矣………。

賁

賁亨

賁，文飾也………猶人君以剛柔仁義之道飾成其德也，剛柔雜，仁義合，然後嘉會禮通，故亨也。

同人

同人于野亨

乾爲天………天在上，火炎上而從之………火得風，然後炎上益熾，是猶人君施政敎，使天下之人和同而事之………風行无所不遍，遍則會通之德大行，故曰同人于野亨。

困

困亨

君子雖困，居險能說，是以通而无咎也。

按右四卦注，皆以四德應有德之人。震賁同人言人君有善聲敎，有仁義之道，或施政敎使天下之人和同，困卦稱君子居險能說，安之若素，皆爲有德之人，故亨德應之。應之者，下民仰之若父母，所行无不通。君子履險若夷，亦通而无咎。蓋德不孤必有隣之意，亦所以尊四德也。

③因四德而獲吉或无咎者

咸

咸亨利貞，取女吉

咸感也………二氣通而相應，以生萬物，故曰咸也。其於人也，嘉會禮通，和順於義，幹事能正，三十之男有此三德，以下二十之女，正而相親說，娶之則吉也。

恒

恒亨无咎利貞

恒，久也。巽爲風，震爲雷，雷風相須而養物，猶長女承長男，夫婦同心而成家，久長之道也。夫婦以嘉會禮通，故无咎，其能和順幹事，所行而善矣。

隨

隨元亨利貞无咎

震動也，兌說也，內動之以德，外說之以言，則天下之人咸慕其行而隨從之，故謂之隨也。旣見隨從，能長之以善，通其嘉禮，和之以義，幹之以正，則功成而有福，若无此四德，則有凶咎焉。

頤

頤貞吉

頤養也，能行養，則其幹事，故吉矣

困

困亨

君子雖困，居險能說，是以通而无咎也。

按文言：君子行此四德者，故曰乾元亨利貞」，本劭人體行四德也。九三爻下，傳又曰：「君子進德修業……故乾乾因其時而惕，雖危无咎矣」。進德莫先於四德，故鄭注本之。於咸，則謂三十之男有此三德，娶女則吉。於恒則曰：夫婦以嘉會禮通故无咎。於隨則曰：若无此四德，則有凶咎焉。於頤則謂：能幹事故吉。於困則曰通而无咎。皆因四德而獲祉福也。

④據文言原訓以釋四德者

蒙

蒙利貞

亦所以利義而幹事

謙
謙亨
嘉會之禮，以謙爲主
頤
頤貞吉
幹事故吉。
咸
咸利
和順於義。
遯
遯小利貞
小其和順之道，幹小事。
按文言曰：「亨者，嘉之會也，利者，義之和也，貞者事之幹也」。蒙、謙、頤、咸、遯五卦，鄭釋四德，皆據原文直言之也。
⑤**會文言之義以訓四德者**
蒙亨
亨陽也，嘉會禮通
大有
大有元亨
長群臣以善，使嘉會禮通

賁

賁亨

嘉會禮通故亨。

咸

咸亨

嘉會禮通

恒

恒亨

嘉會禮通。

震

震亨

則嘉會之禮通。

按蒙、大有、賁、咸、恒、震六卦，注釋四德，皆會文言之義也。文言於亨字曰「亨者嘉之會也」又曰「嘉會足以合禮」，鄭以嘉會禮通釋亨，正會傳文兩句之義也。文言於元字曰「元者善之長也」，又曰「君子體仁足以長人」，鄭曰長群臣以善，正本傳文兩處之意而言也。

⑥約四德之義以爲訓者

萃

萃亨利貞

有事而和通。

困

困亨

是以通而无咎

按注以通、和、事釋亨、利、貞三字。一字一訓，可謂約之至也。

又按傳本所以釋經，注亦釋經，注詎能違傳以立異？故鄭釋四德，皆本之文言，注文中④⑤⑥條，皆即傳文以爲訓，②條四德以應有德，③條因四德而獲吉，皆尊重四德之意，故鄭於緯注，即以四德爲至德，坤靈圖：「天經曰：『乾元亨利貞。』爻曰：『飛龍在天，利見大人。』」鄭注：「謂易爲天經者，聖人制作。乾有四德，飛龍在天，此聖人以至德居天子位也。」鄭於四德，贊美之至！四德之中，元義尤大！傳曰：「大哉乾元！」又曰：「至哉坤元！」乾坤統此一元，以象天地之元氣，萬物所以資始資生也。故緯曰「至哉易！一元以爲元紀。元紀即統紀。」鄭注：「天地之元，萬物所紀」，是也。文言以元爲善之長，於人曰仁，仁即統諸德，備衆理，兼萬善，此四德之所以足貴也。

(6)卦氣

①以十二消息卦說經

臨

至于八月有凶

臨，大也。陽氣自此浸而長大。陽浸長矣，而有四德，齊功於乾，盛之極也。人之情盛則奢淫，奢淫將亡，故戒以凶也。臨卦斗建丑而用事，殷之正月也。當文王之時，紂爲无道，故於是卦爲殷家著興衰之戒，以見周改殷正之數云。臨自周二月用事，訖其七月，至八月而遯卦受之。此終而復始，王命然矣。

按十二月消息卦：䷗復，十一月；䷒臨，十二月；䷊泰，正月；䷡大壯，二月；䷪夬，三月；䷀乾，四月；以上六者，陽息之卦。䷫姤，五月；䷠遯，六月；䷋否，七月；䷓觀，八月；䷖剝，九月；䷁坤，十月；以上六者，陰消之卦。其說荀虞諸家亦用之，見李氏集解十二卦下所引（如復彖傳虞翻曰「陽息坤」，姤卦辭下虞翻曰「消卦也」……等，文緐不具）。按消息，實即陰陽卦畫自下而上，遞增之多少。前人欲以驗陰陽之消息變化，陽爻自乾來，陰爻自坤來，乾坤陰陽之主也。陽爻在初曰息，陽息則陰消，故曰陽息坤。陰爻在初，即謂之消，以陰消乾也。鄭注云「斗建」者，斗柄所指之辰。正月指寅，夏正用之；十一月指子，周正用之；十二月指丑，殷正用之。臨於消息卦爲十二月，故注云「斗建丑」，「殷之正月也」。臨二陽在下，故曰「陽氣自此浸而長大」。注又曰「臨自周二月用事」者，周正建子，周二月即殷之十二月也。周二月値臨，周七月値姤，周八月値遯，故曰「至八月而遯卦受之」，言殷當遯去，周當代興，此全依十二消息卦爲說也。

復

七日來復

建戌之月，以陽氣既盡，建亥之月，純陰用事，至建子之月，陽氣始生，隔此純陰一卦，卦主六日七分，舉其成數言之，而云七日來復。

按注本條仍以十二消息卦說經，惟卦主六日七分一句用卦氣說。十二消息，爲卦氣說之一，然究與六日七分爲二事。按十二辰配月，戌在九月，於消息屬剝，故注曰陽氣盡。亥在十月，於消息屬坤，子在十一月，於消息屬復，剝復之間爲坤，故曰隔此純陰一卦。是注文泰半用消息爲說。然消息一卦配一月，以消息言，則一卦何止七日？以六日七分言，爲六十卦（四正坎離震兌之外）中一卦所値之日數，尚不足七日，不得言一月。注上句：「建亥之月，純陰用事」，則是以坤配十月（以一卦配一月），又不得言七日，此其齟齬難合，宜其見斥於焦氏也（易圖略卷八）。

②以八卦之氣說經

文言

爲其慊於陽也故稱龍焉

陰謂此上六也，陽謂今消息用事乾也。上六爲蛇，得乾氣雜似龍

按乾諸爻稱龍，以龍象乾德也；今坤不得言龍而亦稱之者，以其得乾氣也。坤純陰，陽已消矣，至上六乃得乾氣者，言乾陽无消盡之理。至上六，陽已漸息，故謂之消息用事乾。是上六得乾氣，乃得乾卦之氣，即陽氣也。需卦名下注曰：「陽氣秀而不直前者，畏上坎也。」按需乾下坎上，此陽氣即指乾而言也。

賁

六四白馬翰如

翰白也，謂九三位在辰，得巽氣爲白馬……。

明夷

六二、明夷睇于左股

六二辰在酉，酉是西方……九三體在震，震東方，九三又在辰，辰得巽氣爲股。此謂六二有明德，欲承九三，故云睇于左股。

按右二條俱云得「巽氣」，皆指卦氣。惟是八卦之氣（八純卦），此用緯說也。緯以八卦之氣驗災祥凶咎，氣應則陰陽和，風雨時，不效則災異薦臻、歲荒人饑。易緯通卦驗卷下曰：「凡易，八卦之氣驗應，各如其法度，則陰陽和，六律調、風雨時，五穀成熟……八卦氣不效，則災異氣臻……乾西北也，主立冬，人定，白氣出，直乾，此正氣也……坎北方也，主冬至，夜半黑氣出，直坎，此正氣也……艮……震……巽東南也，主立夏，食時、青氣出、直巽，此正氣也……離……坤……兌……」云

云鄭注：「此著八卦氣之得失也。」又按賁六四注云「得巽氣爲白馬」，而緯云巽爲青氣，此特借巽之象耳，說卦「巽爲白」，又曰「爲多白眼」。明夷六二注曰「得巽氣爲股」，亦當取其象，惟說卦無之，但曰「爲進退」，或其引申也。

③四正卦候氣

易緯

通卦驗卷下

冬至廣莫風至……陽雲出箕莖末如樹木之狀

冬至坎始用事而主六氣，初六巽爻也，巽爲木，如樹木之狀。

又曰

小寒合凍……

小寒於坎直九二。

又曰

大寒雪降……。

大寒於坎直六三。

又曰

立春雨水降……。

立春於坎直六四。

按鄭緯注尚有：「雨水於坎直九五。驚蟄於坎直上六。春分於震直初九。清明於震直六二。穀雨於震直六三。立夏於震直九四。小滿於震直六五。芒種於震直上六。夏至離用事，位直初九。小暑於離直六二。大暑於離直九三。立秋於離直九四，處暑於離直六五。白露於離直上九。秋分於兌直初九。寒露於兌直九二。霜降於兌直六三。立冬於兌直九四。小雪於兌直九五。大雪於兌直上六。」以上注文散見各行，緯文從略。

按四正卦見說卦傳曰：「震、東方也。……離也者明也。萬物皆相見，南方之卦也。……兌、正秋也。……坎者水也，正北方之卦也」。震離不言正某方，從推可知。由兌爲正秋，則震離坎亦可推及，四卦各直四時之仲月，其初爻當二至二分，故漢儒孟喜以四正之二十四爻，分主二十四氣，以候卦氣（見新唐書一行卦議）。鄭易遠源於孟氏，其說卦氣可概見也。

(7)引史說易

①引史以明經義

乾

上九、亢龍有悔

堯之末年，四凶在朝，是以有悔，未大凶也。

用九、見群龍

六爻皆體乾，群龍之象也。舜旣受禪，禹與稷契咎繇之屬並在於朝。

按上九、注引「四凶」之事，以明經文「有悔」之義；引堯之末年，以明「亢龍」之義。亢者，高之過。傳曰「貴而无位，高而无民」也。用九引舜、禹、稷、契、咎繇五人以明群龍之義，簡明之至！大抵引史以明經義，不必辭費而易省悟，譬如兩人對語，多方解說一事，而人不悟；偶引成語一句，則聽者當下即知之類也。

②引史以證注文

大有

大有元亨

六五體離，處乾之上，猶大臣有聖明之德，代君爲政，處其位有其事而理之也。元亨者，又能長群臣以善，使善會禮通，若周公攝政，朝諸侯於明堂也。

按注文「長群臣以善，使嘉會禮通」二句，已明元亨之義，惟引周公攝政朝諸侯一事，以證己說也。

離

象曰，明兩作離，大人以繼明照於四方

作，起也。明兩者，取君明，上下以明德相承，其於天下之事，無不見也，明明相繼而起，大人重光之象，堯舜禹文武之盛也。

按注文：「明明相繼而起，大人重光之象。」則傳文繼明之義已顯，惟引堯舜禹文武諸聖以證已說，堯與舜、舜與禹、文與武，皆重光之盛也。

隨

初九、出門交有功

震爲大塗，又爲日門，當春分陰陽之所交也。是臣出君門，與四方賢人交，有成功之象也。昔舜愼徽五典，五典克從。納于百揆，百揆時序。賓于四門，四門穆穆，是其義也。

按注文「臣出君門」三句，已盡經文之義，又引舜事以證之也。

遯

遯亨小利貞

遯，逃去之名也……是用正道得禮見召聘。始仕他國，當尙謙謙，小其和順之道。居小官幹小事，其進以漸，則遠妬忌之害，昔陳敬仲奔齊辭卿是也。

按注文「當尙謙謙」五句，已盡經義。引敬仲事，惟證其說耳。

(8)引羣經以釋易

豫

象曰：雷出地奮豫，先王以作樂崇德，殷薦之上帝以配祖考。

奮動也，雷動於地上而萬物乃豫也。以者取其喜佚動搖，猶人至樂，則手欲鼓之，足欲舞之也。……「王者功成作樂」……各充其德而爲制祀天地以配祖考者，使與天同饗其功也。故孝經云：「郊祀后稷以配天，宗祀文王於明堂以配上帝」，是也。

歸妹

上六、女承筐无實

宗廟之禮，主婦奉匡米。士昏禮云：「婦入三月而後祭行。」

晉

九四、晉如鼫鼠

詩云「碩鼠碩鼠，无食我黍」，謂大鼠也。

鼎

九二、我仇有疾

怨耦曰仇

豐

初九、遇其妃主

嘉耦曰妃

按豫大象，注引樂記：「王者功成作樂」，以釋傳文作樂崇德之義。又引孝經：「郊祀后稷以配天」二句，以釋傳文殷薦之上帝以配祖考。歸妹上六引士昏禮「婦入三月」句以釋經文「女承筐」之義。晉九四引詩云「碩鼠」三句、以證經文之鼫當訓大，鼎九二引「怨耦曰仇」，豐初九引「嘉耦曰妃」，皆左桓二年傳文，以釋經文仇妃二字。是引群經以釋易也。

又按康成博通載籍，於群經每觀其會通而爲之注。詩書禮樂，無不兼言天人之事，而歸本於情性，易傳釋四德曰：「乾元者，始而亨者也（按傳即以元爲乾元），利貞者，情性也。」禮記：「樂也者，天地之和也。」易傳曰：「保合太和乃利貞。」皆其會通之處。樂記曰：「禮樂刑政，四達而不悖，則王道備矣。」乾鑿度曰：「易者所以經天地，理人倫而明王道也。」鄭注：「王道繼天地而已。」極言天人之不可分。而易未嘗遠人而言天。蓋易因天道以正人紀，即憂患以示教戒。六十四卦之大象，皆有「君子以」者是也。顧炎武曰：「愚嘗勸人學易之方，必先之以詩書執禮，而易之爲用，存乎其中也。」（見與人論易書）亦有所見而云然也。

(9) 圖書

繫上傳

河出圖，洛出書，聖人則之。

春秋緯云：「河以通乾出天苞，洛以流坤吐地符。河龍圖發，洛龜書感。河圖有九篇，洛書有六篇。」

按注所引，即春秋說題辭之文。注以河洛得天地（乾坤）之氣，故有圖書之出。圖先書後，洛龜以書應河圖，故曰書感，又著其篇數，其文闕焉。易緯以圖書爲帝王之嘉應，是類謀曰：「九聖人起有八符……五七布舒，河出錄圖，雒受變書。」鄭注：「七五三十五，有名以第錄王受命之時，亦河出圖，洛出書，受之以王錄。」則圖即書，互文也。圖中有文，以記錄王者之名，故曰錄圖，非如後世所謂之圖，以圈點作之也。傳又曰「聖人則之」。故漢儒復以八卦即河圖，洪範即洛書，李氏集解引孔安國注，劉歆說同（漢書五行志）。是別一說，與鄭異也。

(10)易之作者

繫下傳

易之興也，其當殷之末世，周之盛德邪？當文王與紂之事邪！

　據此言、以易是文王所作，斷可知矣。

說卦

昔者聖人之作易也

　謂伏羲文王也。

按注謂伏羲文王皆嘗作易。繫謂伏羲作八卦，則卦爻之辭，文王所作也。按下繫：「古者包犧氏之王天下也，仰則觀象於天，俯則觀法於地，觀鳥獸之文與地之宜，近取諸身，遠取諸物，於是始作八卦。……作結繩而爲罔罟，以佃以漁，蓋取諸離。」據此則八卦爲伏羲所作，傳有明文。繫又言後聖制作，蓋取者十二。伏羲惟有蓋取諸離。則伏羲所作爲三畫八卦。自神農代作，乃有蓋取諸益與噬嗑，此二卦則六畫成章之卦也，是神農時乃重卦也。故鄭謂神農重卦（正義八論之二），亦復有據。既伏羲畫八卦而神農重之，則易之卦爻已備。文王所作，則卦爻之辭也。繫曰：「作易者其有憂患乎！」按經文多言吉凶悔吝，固爲憂患之辭。注又謂「紂囚文王於羑里，四臣獻珍異之物而終免於難（否九五）」，是文王罹憂患之事也。論其時，繫曰「易之興也，其於中古乎！」易注：「文王爲中古。」皆與繫合，則卦爻之辭爲文王所作无疑也。

參考書目

易緯乾鑿度
十三經注疏
淮南天文訓、精神訓
論衡訂鬼篇
易緯稽覽圖
周易鄭氏義
易例
先秦漢魏易例述評
太玄
呂氏春秋
漢石經周易殘字集證
朱子本義
李氏周易集解
易緯通卦驗
新唐書
易緯是類謀
漢書
易通釋

二、卦爻

⑴卦名

①以卦德釋卦名

豫豫

坤順也，震動也，順其性而動者，莫不得其所，故謂之豫。豫，喜逸悅樂之貌也。

隨隨

震動也，兌說也。內動之以德，外說之以言，則天下之人，感慕其行而隨從之，故謂之隨也。

按卦之有德，彖傳已著其義，大有彖傳曰：「其德剛健而文明。」大有☲☰乾下離上，故傳云然。德者卦之質性也。大畜彖傳：「大畜剛健篤實，輝光日新，其德剛上而尚賢，（依鄭讀）剛健篤實（大畜☶☰乾下艮上）即卦德。依鄭讀，「其德」連下句，則以「剛上尚賢」爲卦德，就其行言矣。德本分內外，內德外行，然行發自質性，德兼性行，其實爲一。周禮師氏「以三德教國子」注：「德行內外之稱。在心爲德，施之爲行。」又馬注：「在心爲德」。（通典引）論衡書說：「實行爲德。」是鄭意與大有彖傳言德義相足而不相悖也。今按豫☳☷坤下震上，故以順動爲德。隨震下兌上，故以動說爲德。注於此二卦，皆以卦德釋卦名也。

②以卦象釋卦名

剝剝

陰氣侵陽，上至於五。萬物零落，故謂之剝也。

頤

按剝☶☷坤下艮上，五陰消一陽，故曰陰氣侵陽，因之萬物剝落。此以卦象釋卦名也。

頤

頤者，口車輔之名也，口車動而上，因輔嚼物以養人，故謂之頤。

按頤☶☳震下艮上，外實中虛，有頤之象，與剝俱即卦而見之象。

咸 咸

咸感也。艮爲山，兌爲澤。山氣下，澤氣上，二氣通而相應，以生萬物，故曰咸也。

按艮爲山，兌爲澤，此八純卦之象，見說卦傳。此即上下二體之象以說咸之得名也。

明夷 明夷

夷、傷也。日出地上，其明乃光，至其入也，明則傷矣，故謂之明夷。

按明夷☷☲離下坤上，離爲日，坤爲地，亦即二體之象，以釋卦名也。

③以爻象釋卦名

大過 大過

陽爻過也

按大過☱☴巽下兌上，四陽兩陰，故曰：「陽爻過」，此即爻而見之象。彖傳曰「大者過也」，與泰卦辭之謂「小往大來」，彖傳之謂「內陽而外陰」，是陰陽又可稱小大也。亦見陽尊陰卑之義焉。

④以卦象、人事釋卦名

同人 同人

乾爲天。離爲火。卦體有巽，巽爲風。天在上，火炎上而從之，是其性同於天也。火得風，然後炎上益熾，是猶人君在上施政教，使天下之人和同而事之，以是爲人和。同者君之所爲也，故謂之同人。

按同人☰☲離下乾上，互體巽。卦象，乾爲天，離爲火，巽爲風。以卦象說之，不足，又益之以人事，乃得命名之義，此以卦象兼人事以釋卦名之例。

謙　謙

艮爲山，坤爲地。山體高，今在地下；其於人道，高能下下，謙之象。

升　升

升上也。坤地巽木，木生地中，日長而上；猶聖人在諸侯之中，明德日益高大也，故謂之升。

按升☷☴巽下坤上，巽爲木，故云云。

革　革

革改也。水火相息而更用事，猶王者受命，改正朔，易服色，故謂之革也。

按革☱☲離下兌上，離爲火，兌爲澤。澤鍾水。彖曰「革水火相息」，息爲滅息，不相得而相代，故注本之，而曰更用事，以見改革之義也。次爲鼎，例同。

⑤**卽字義爲訓**

豐　豐

豐之言腜，　滿意也。

按說文：「豐，豆之豐滿也」。腆，說文：「設膳腆腆多也。」二字皆有充滿義，此即字義爲訓也。

既濟

既濟

既、已也，盡也。濟、度也。

按如注所釋，通訓也，此亦即字義以釋卦名。而蒙注曰：「蒙、幼小之貌，齊人謂萌爲蒙也。」訟注曰：「辯財曰訟。」師注曰：「軍二千五百人爲師。」泰注曰：「通也。」四卦例同。

(2)彖辭

繫下傳

知者觀其彖辭

彖辭、爻辭也

按「彖」本謂卦辭。鄭以彖辭爲爻辭，本易緯爲說。夏殷之易用彖，與周易之用爻同。彖不變，彖辭爻辭亦不變，彖固可兼卦爻之辭而言也。乾鑿度曰：「陽動而進，陰動而退，故陽以七，陰以八爲彖。易一陰一陽合而爲十五之謂道。陽變七之九，陰變八之六，亦合於十五，則彖變之數，若之一也。」鄭注：「彖者，爻之不變動者。九六，爻之變動者。繫曰『爻，効天下之動也。』然則連山歸藏占彖，本其質性也。周易占變者，効其流動也。彖者斷也。」據緯，陽以七，陰以八爲彖（周易陽以九，陰以六爲變）。注謂彖，爻之不變動者，即謂七八。周易占變，用九六。連山歸藏占彖，用七八，故今易不見七八之名。彖既指爻而言，彖辭即是爻辭，此本緯說也。然鄭因何必以彖辭爲爻辭？緯注：「彖斷也。」爻雖效天下之動，極變化之致，然而當爻之辭，即斷當爻之事，固不變也。　故鄭以彖辭兼言爻辭，此則異於他家之說也。繫曰：「彖者言乎象者。」又曰：「彖者材也。」而卦與爻，皆有象有材。是彖辭，可兼言卦爻之辭也。

(3)卦體

①以下體說經者

明夷

六二

六二辰在酉，酉是西方。又下體離，離爲目……此謂六二有明德……。

按明夷離下坤上，六二在下體，故注曰：「下體離」，明卦之有上下體也。易家又謂之內外卦，泰彖傳曰：「內陽而外陰，內健而外順」，蓋本乎此。彖傳嘗以二體之象說經。蒙彖曰：「山下有險，險而止蒙（蒙坎下艮上）。」睽彖曰：「火動而上，澤動而下（睽兌下離上），」是也。又以二體之德說經。大有乾下離上，故彖曰：「其德剛健而文明。」豫坤下震上，故彖曰：「順以動豫」，是也。至象傳尤多以二體之象爲說，師坎下坤上，故象曰：「地中有水。」比坤下坎上，故象曰：「地上有水。」隨震下兌上，故象曰：「澤中有雷」是也。彖象傳實用二體爲說，而未指名耳。鄭於此則曰下體離，餘卦必有上體某可知，惜注多亡佚無徵也。

恒

六五夫子凶

體在巽，巽爲進退。是无所定而婦言是從，故言夫子凶也。

按恒䷟巽下震上，曰體在巽，是用下體巽爲說也。

家人

六二在中饋

爻體離，又互體坎，火位在下，水在上，飪之象也。

按家人☴☲離下巽上，注曰爻體離，雖指二爻之互體爲離，亦實指下體也。

鼎

初六、鼎顚趾

顚踣也，趾足也……爻體巽爲股，初爻在股之下，足象也。

按鼎☲☴巽下離上，曰爻體巽，雖指初爻之互體爲巽，亦實指下體也。

旅

初六、旅瑣瑣

瑣瑣猶小小也、爻互體艮、艮小石，小小之象

按旅☲☶艮下離上，其下體實艮，初爻無互體艮，曰互體艮者，疑有誤也。

②以上體說經者

大有

大有元亨

六五體離，處乾之上，猶大臣有聖明之德，代君爲政，處其位有其事而理之也。元亨者，又能長群臣以善……。

按大有☲☰乾下離上，注曰「體離」言六五爻互體爲離，離實亦爲大有之上體也。此以上體說經也。

繫下傳

重門擊柝，以待暴客，蓋取諸豫。

豫坤下震上，九四體震。又互體有艮，艮爲門。震日所出，亦爲門，重門象……。

按九四體震，言九四爻互體爲震，震實亦爲豫之上體，此以上體說之也。

(4) 卦德

以卦德釋經義

謙

謙亨君子有終

謙者，自貶損以下人。唯艮之堅固，坤之厚順，乃能終之，故君子之人有終也。

按說卦：「艮爲山」山體堅固。「坤爲地」，地勢厚順。此二卦之德性也。大畜（乾下艮上）彖曰「篤實」（「剛健」指乾德，「篤實」自是指艮德），坤象曰「乃順承天，坤厚載物」。即言艮、坤之德也。注舉二卦之德，以釋經有終之義是也。

遯

遯亨小利貞

遯，逃去之名也。艮爲門闕，乾有健德，互體有巽，巽爲進退。……二五得位而有應，是用正道得禮見召聘。始仕他國，小其和順之道……。

按遯☰☶艮下乾上，乾體剛健，故曰「乾有健德」。此以卦德釋經義也。即以健德、能用正道，雖在遯巽之時而繫以利貞也。

(5) 爻體

賁

六四

六四、巽爻也。

頤

按賁離下艮上☶☲，卦不見巽，而曰巽爻者，以爻體爲說也。爻體者，以一爻當一卦體也。即以六四一爻擬巽卦也。此以一爻當一卦，實亦互體之一種，惟爲他家所未及，而鄭易所獨有，故特著言之。

頤貞吉觀頤自求口實

二五離爻皆得中。離爲目，觀象也。

按頤☶☳震下艮上，卦不見離，即以二五兩爻體兩離卦也，二五在離之中央。

離

九三不擊缶而歌

艮爻也。位在丑。丑上値弁星，弁星似缶……。

按以九三體艮卦也。

九四突如其來如

震爲長子……突如，震之失正，不知其所如……。

按以九四體震卦也。

損

二簋可用亨

四以簋進黍稷於神也。初與二直，其四與五承上，故用二簋。四巽爻也，巽爲木。五離爻也。離爲日。日體圜，木器而圜，簋象也。

按注以六四體巽，以六五體離，由二卦之象，展轉牽附以說簋，此不能無病也。此外尚有萃卦下注云：「四本震爻。五本坎爻。二本離爻。」井九二注：「九二坎爻。九三艮爻。」中孚卦辭下「二五皆坎爻。」繫下傳「重門擊柝」句下注：「五離爻（謂豫六五）。」皆用爻體。按鄭氏爻體，以一爻當一卦，然亦非妄指者，必用一卦之主爻以代一卦。主爻者，陽卦多陰（下繫），以陽爻爲之主。陰卦多陽，以陰爻爲之主（爲之主即爲之君）。皆指三畫卦而言。（故韓注：陽卦二陰，奇爲之君。陰卦二陽，耦爲之主）无妄彖傳「剛自外來而爲主於內，」即以初爻爲震之主。此鄭爻體說之所取也。如六四以代巽卦，巽陰卦以陰爻爲之主。九四以代震，震陽卦以陽爻爲之主。餘類推可知也。

(6) 爻辰

①辰值天星

比

初六有孚盈缶

爻辰在未，上值東井。井之水，人所汲，用缶。缶、汲器也。

按以爻辰說易，亦康成所獨創。爻辰者，乾坤十二爻左右交錯，以配十二辰也。乾六爻自初至上，以配子寅辰午申戌；坤六爻自初至上以配未酉亥丑卯巳。鄭說本於京房（京說見火珠林八卦六位圖，引見二章四節）。惟坤六爻京原值未巳卯丑亥酉不同耳。鄭復參取易緯之意（乾鑿度謂「辰十二者六律也。又天道左旋地道右遷。乾坤並治而交錯行」云云，說見前章），以建立爻辰說。惠棟易漢學，據周禮太師鄭注（引見前）及韋昭國語周語王將鑄無射章注（韋注曰：「十一月黃鍾，乾初九也；十二月大呂，坤六四也；正月太蔟，乾九二也；二月夾鍾，坤六五也；三月姑洗，乾九三也；四月中呂，坤上六也；五月蕤賓，乾九四也；六月林鍾，坤初六也；七月夷則，乾九五也；八月南呂，坤六二也；九月無射，乾上九也；十月應鍾，坤六三也」），製爲爻辰圖，又據鄭易爻辰值星象之說，製爻辰所值二十八宿圖，並附於次：

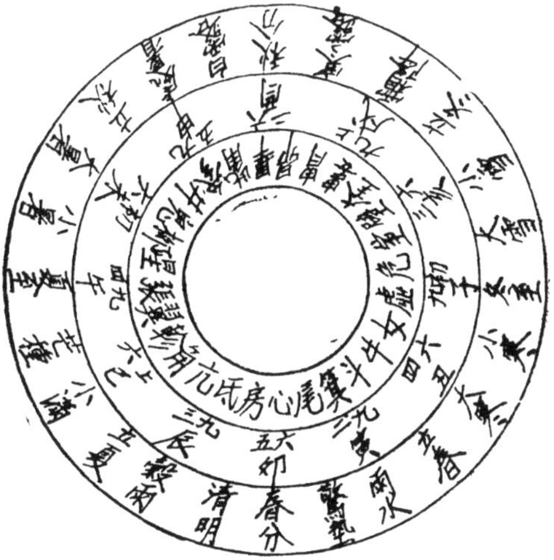

爻辰所值二十八宿圖

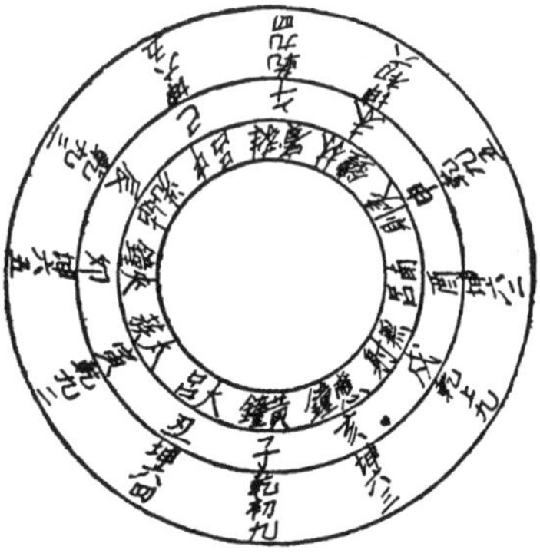

爻辰圖

按鄭氏更引申於六十二卦，凡陽爻所值之辰視乾，陰爻所值之辰視坤。其取象至廣，凡爻辰所值，如天星、時令、卦氣，屬象、卦位、五行，皆取以說易，亦頗有迂曲難合之處，蓋辰位旣定，推理則有限，亦自然之勢也。

坎

六四尊酒簋貳用缶，內約自牖。

六四上承九五。又互體在震上，爻辰在丑，丑上值斗，可以斟之象。斗上有建星，建星之形似簋。貳、副也。建星上有弁星，弁星之形又如缶。天子大臣，以王命出會諸侯，主國尊於簋副設玄酒而用缶也。

按辰位，星次，丑上值斗（見上圖）是也。詩云：唯北有斗，不可以挹酒漿。以斗合尊酒之義亦是。然注不直取斗之象，而取斗上所次之建星，又不取建星，更層取建星上之弁星。似此迂回曲折，象中求象，宜乎為王氏引之所闢也，經義述聞卷一爻辰篇云：「坎六四、尊酒、簋貳、用缶。注云：『爻在丑，丑上值斗，可以斟之象，斗上有建星，似簋。建星上有弁星形又如缶』。爻辰旣值斗，何不遂取斗象，而取於斗所酌之尊？又不直取建星弁星，而取建星弁星所似之簋與缶，不亦迂回而難通乎？」按王氏駁之甚是，即爻辰說有所窮也。

離

九三不擊缶而歌

艮爻也。位近丑，丑上值弁星，弁星似缶。詩云：坎其擊缶，則樂器亦有缶。

按本條注更未免傅會。以坎六四注文云：「爻辰在丑，丑上值斗」證之（六四辰位與星次合），斗上有建星，建星上有弁星，弁星即在丑宮，六四當之。九三值辰，丑與辰間隔寅卯兩位，不得云近也。

泰

②辰值時令

六五帝乙歸妹，以祉元吉

五爻辰在卯，春爲陽中，萬物以生……。

按六五爻辰在卯，於節氣值春分。二月，春之仲月，故爲陽中。此因辰位所值時令而言也。

③辰與卦氣

蠱

上九不事王侯，高尙其事。

上九艮爻，艮爲山。辰在戌，得乾氣，父老之象……。

按上九辰固在戌，而曰得乾氣者，九月建戌。乾鑿度曰：「乾漸九月，又當西北。」說卦：「乾西北之卦也。」故注曰：「得乾氣」，因辰位所及也。按易緯通卦驗以八卦之氣候言歲功及災祥（見上節），此鄭言卦氣之所本也。

賁

六四

謂九三位在辰，得巽氣爲白馬

按乾鑿度曰：「巽漸三月。」三月建辰之月，故曰「得巽氣。」

明夷

六二明夷睇于左股

旁視爲睇……九三又在辰，辰得巽氣爲股……。

困

九二困于酒食，朱紱方來。

二與日（易解賸義云當作四）爲體離。……四爻辰在午，時離氣赤又朱是也……。

按困上體兌，四即九四，故爻辰在午。午、五月。乾鑿度曰：「離長之於南方，位在五月。」通卦驗卷下曰：「離、南方也。主夏至，日中赤氣出，直離，此正氣也。」故注曰：「離氣赤也。」又曰：「朱深曰赤。」

又按鄭於緯注中，因辰而及卦氣者，如通卦驗「南黃北黑」句下鄭注：「雨水於坎直九五、九五辰在申，得坤氣爲南黃……。」又「南白」句下注曰：「清明震直六二，六二辰在酉，得兌氣爲南白。」又「集赤」句下注曰：「上六辰在巳，又得巽氣，故集赤不純。」又「南黃」句下注曰：「六五辰在卯，得震氣，故南黃」，皆是。

④辰之屬象

坎

上六繫用徽纆

繫拘也。爻辰在巳，巳爲蛇，蛇之蟠屈似徽纆也……。

按巳爲蛇，以十二辰之肖屬言之也。今俗傳子鼠、丑牛、寅虎、卯兔、辰龍、巳蛇、午馬、未羊、申猴、酉雞、戌犬、亥豕之說，不知其所始。清吳江陸朗夫作肖屬篇，引王文恪曰：「二十八宿分布周天，以直十二辰，每辰二宿，子午卯酉則三，而各有所象。女土蝠、虛日鼠，危月燕，子也。室火豬，壁水㺄，亥也。奎木狼，婁金狗，戌也。胃土雉，昴日雞，畢月烏，酉也。觜火猴，參水猿，申也，井木豻，鬼金羊，未也。柳土獐，星日馬，張月鹿，午也。翼火蛇，軫水蚓，巳也。角木蛟，亢金龍，辰也。氐土貉，房日兔，心月狐，卯也。尾火虎，箕水豹，寅也。斗木獬，牛金牛，丑也。此十二肖之所始也」（見清儒學案卷七十八，五頁）。按肖屬說，漢已盛行，王充論衡物勢篇曰：「寅木也，其禽虎也。戌土也，其禽犬也。丑未亦土也，丑禽牛，未禽羊也。亥水也，其禽豕也。巳火也，其禽蛇也。子亦水也，其禽鼠也。午亦火也，其禽馬也。」又曰：「酉雞也，卯兔也，申猴也。」此篇論自然生人，引或人之說以難之，充固不信。然足見肖屬之說，漢已盛行，向來以配星辰，故鄭取以爲象也。

中孚

中孚豚魚吉

三辰在亥，亥爲豕。爻失正，故變而從小名言豚耳。四辰在丑，丑爲鼈蟹，鼈蟹魚之微者，爻得正，故變而從大名言魚耳。

⑤辰與卦位

明夷

六二辰在酉，酉是西方……。

按八月斗建酉，乾鑿度曰：「兌收之於西方，位在八月。」又曰：「兌西方之卦也。」說卦：「兌正秋也。」亦在八月，此因辰所值之卦位而言之也。

⑥辰與五行

困

九二困于酒食

二據初，辰在未，未爲土。此二爲大夫，有地之象。未上值天廚，酒食象。困于酒食者，采地薄，不足已用也。

按十二辰向有五行之分。淮南天文訓曰：「木生於亥，壯於卯，死於未，三辰皆火也。土生於午，壯於戌，死於寅；三辰皆土也。金生於巳，壯於酉，死於丑，三辰皆金也，水生於申，壯於子，死於辰，三辰皆水也。」論衡亦著寅木，戌土，丑未土，亥水，巳火，子亦水，午亦火之說。四方亦有五行之別。淮南天文訓曰：「東方，木也。南方，火也。西方，金也。北方、水也」。方位自與辰位有關（說見前）。然究其始，八卦已寓五行之象。坎爲水，離爲火，巽爲木（說卦）已見五行之目，而坤爲地，地亦土也。艮爲山，山亦土也。兌爲澤，澤亦水也（澤鍾金而含水）。惟乾爲金，在爲玉之下，似尊重之義。然五行之象已略具，於辰午戌寅丑未皆爲土。鄭獨取未者，六月建未，坤位六月，坤之爲土，其象尤著也。此因辰而及五行也。然鄭不直取九二之寅而取他爻（初六）之未，又見譏於後人也。王引之曰：「舍本爻之寅，而言初爻之未。未値天廚，何不繫於値未之初六，而繫於値寅之九二乎？」（經義述聞爻辰篇）王氏議之是也。

又按鄭氏爻辰說，由星次、卦位、卦氣、五行以及於時令、肖屬、其取象可謂至廣！然其說經，猶時有所窮。以辰位既定也，故不得不越本辰位，而他辰是求，或展轉牽引，自亂其例。此拘虛之象之不可盡據以說經，而天地水火風雷山澤之象之可以運用而无閡也。清人焦王得而指斥之，蓋有以也。其後何秋濤有周易爻辰申鄭義，李心庵讀易述劄記，又廣釋鄭氏爻辰之例，均不免於巧辭曲護，實則爻辰乃康成一家之說，與納甲世應一例，爲漢儒言象之一端，固未必盡是也。

(7) 互體

①以二至四三爻爲互卦

恒

九三不恒其德

爻得正，互體爲乾。乾有剛建之德，體在巽，巽爲進退是不恒其德也。……。

按互、交合也。互體者，以卦之二至四三爻互爲一卦，三至五三爻又互一卦……之類是也。注曰：「互體爲乾」，以二至四三爻互爲一卦也（恒☳☴巽下震上）。

家人

六二在中饋

爻體離，又互體坎。火位在下，水位在上，飪之象也。

按家人離下巽上（☴☲），爻體離，謂下體離也。互體坎，以二至四各爻爲互卦也。又蒙彖下互震，賁彖下互次，困彖下互離皆同。

②以三至五三爻爲互卦

恒

六五恒其德貞

以陰爻而處尊位，是天子之女。又互體兌爲和說……。

按恒☳☴巽下震上，曰互體，是以三至五爲互卦也。

觀

觀盥而不薦

坤爲地……互體有艮，艮爲鬼門，又爲宮闕……。

按觀☴☷坤下巽上，互體艮，即以三至五三爻爲互卦也。而恒九三互兌，大畜六四互震，離九四互兌，恒九三互兌，損彖互坤皆同。

③二至五四爻成兩互卦而同時並用

萃

萃王假有廟

假至也。互有艮巽爲木。艮爲闕。木在闕上，宮室之象也。

按萃☱☷坤下兌上，二至五成兩互卦而同時並用，故曰互有艮巽。按文義當疊巽字，集解引此即疊巽字，王本有奪誤。

坎

上六繫用徽纆

三五互體艮，又與震同體。艮爲門闕，於木爲多節。震之所爲，有叢拘之類……。

按注三五互體艮，謂三至五互體艮也。又與震同體，則指二至四三爻，是同時用兩互卦爲說也。

④注不言互而實爲互卦

同人

同人于野亨

乾爲天，離爲火，卦體有巽，巽爲風。天在上，火炎上而從之，是其性同於天也……

按同人☰☲離下乾上，而曰卦體有巽，指二至四之互卦而言，注不言互而實爲互卦也。

明夷

六二明夷睇于左股

九三體在震，震東方……。

按明夷離下坤上（☷☲）曰體在震，指三至五之互卦而言，但注未明言互字耳。而鼎初六注曰：「初陰爻而柔與乾同體」，彼乾體，亦實爲互卦而不名也。

⑤以互體濟詁訓方法之不足。

損

損

艮爲山。兌爲澤，互體坤，坤爲地。山在地上，澤在地下。澤以自損，增山之高也。……。

按艮山兌澤，即二體之象以爲說，鄭嫌其辭不達，又藉互體以增成之，於是山在地上，澤在地下之辭順，此以互體濟訓詁方法之不足也。

井

井

坎水也。巽木，桔槹也。互體離兌。離外堅中虛，瓶也。兌爲暗澤，泉口也。言桔槹引瓶下入泉口，汲水而出，井之序也。……。

按井☵☴巽下坎上，先以二體之象爲訓，嫌井之用不著。又藉互體離兌之象（瓶、泉口）以足之，而後井象大白，亦以互體濟詁訓方法之窮也。而鼎卦名下注曰：鼎象也。卦有木火之用。互體乾兌，乾爲金。兌爲澤。澤鍾金而含水，爨以木火，鼎烹熟物之象。例同。按互體亦漢儒言象之一。京房已立互體之名（漢上易卷八引）。不過以濟求象之窮，不得於此，則求之於彼，務得其說而後已耳。

(8)往來

賁

六四白馬翰如

翰猶幹也。見六四適初未定，欲幹而有之。

按往來之義，彖傳言之甚悉，凡卦爻之外曰往，反內曰來。泰彖傳：「小往大來」。謂坤往上體，乾來下體。否則相反，故彖傳曰：「大往小來」。而蹇彖傳：「往得中也」。謂九五。渙彖傳：「剛來而不窮」。謂九二。則一爻之往來也。本條注云六四適初，即謂六四來之初也。來則有往矣。

蹇

六四往蹇來連

連如字，遲久之意

按經文明言往來，故注曰遲久，言其來遲滯也。六四當坎，險在前，故往則蹇，蹇難也。六四下應初九，故欲來，然四當位，故遲久不決（據彖象傳義）。此注有來義，因經而來也。

參考書目

十三經注疏
論衡書說、物勢
說文解字注
易緯乾鑿度　通卦驗
易漢學　易例
易通釋
先秦漢魏易例述評
國語周語
周易鄭氏義
周易爻辰申鄭義
釋鄭氏爻辰補　爻辰表一卷　徐氏全書
周易爻辰圖
清儒學案卷七十八
淮南天文
經義述聞

三、時位

(1) 終始

① 卦之終始

履

上九、視履考祥

履道之終，考正祥備

按注於上九言「履道之終」，則初九為「履道之始」。此一卦之終始也。卦有終始之義，於傳已具。坤初六象傳：「陰始凝也」。恒初六象傳：「始求深也」。此初爻稱「始」也。否上九象傳：「否終則傾」。剝上九象傳：「終不可用也」。夬上六象傳：「終不可長也」。旅上六象傳：「終莫之聞也」。此上爻稱「終」也。其初爻或別稱「下」，乾初九象傳：「陽在下也」。大過初六象傳：「柔在下也」。上爻稱「上」，大有上九象傳：「大有上吉」。井上六象傳：「元吉在上」。皆與終始一義。則鄭論卦之終始，實有所本。終始者時也。卦即言時，於乾首見之矣。觀初之潛，二之見，三之乾乾，四之躍，五之飛，上之亢，時為之也。則一卦之時義大矣！故彖傳曰：「六位時成，時乘六龍」，象傳於九二曰：「時舍也」。九三曰：「與時偕行」，上九曰：「與時偕極」。自豫以下，彖傳之贊時義也尤多，隨、頤、大過、遯、睽、蹇、解、姤等是也。卦既言時，時有終始，又理之當然。鄭論品物生成之終始，人事廢興之終始，皆本之易義也。

乾鑿度曰

天地之氣，必有終始。六位之設皆由上下，故易始於一，分於二，通於三，□於四，盛於五，終於上。

易本無體，氣變而為一，故氣從下生也。

按注謂氣從下生，以釋易爻自下而上之理。天地之氣必有終始，故易爻始於一（初）而終於上。此言六爻之終始，即一卦之終始也。

②品物生成之終始

艮東北之卦也。萬物之所成終而成始也，故曰成言乎艮。

萬物自春出生於地，冬氣閉藏，還皆入地。萬物之所成終而所成始，言萬物陰氣終陽氣始，皆艮之用事。

按注以萬物之春生冬藏，爲萬物生成之終始。揆其所以，由於陰陽二氣之有終始。自春陽氣動，則品物咸生，至冬陽氣閉藏，而陰氣用事，則萬物成終之時，故還皆入地。然萬物雖於冬焉終藏，究未純至絕滅，臨春萌牙復生。此終始不已之義，故易言「終始」，不言「始終」也。

③人事廢興之終始

臨

至於八月有凶

臨，大也。陽氣自此浸而長大。陽浸長矣而有四德，齊功於乾，盛之極也。人之情盛則奢淫，奢淫將亡，故戒以凶也。臨卦斗建丑而用事，殷之正月也。當文王之時，紂爲无道。故於是卦爲殷家著興衰之戒，以見周改殷正之數云。臨自周二月用事，訖其七月，至八月而遯卦受之。此終而復始，王命然矣。

按人事之廢興，莫大於帝王之易姓受命。故注即臨卦二陽浸長之象，論殷周之興亡，以見天命之有更迭，人事之有廢興也。注末終始二字，即與上文盛，亡，興衰相承相應。臨於消息卦爲十二月，以周正建子，故爲二月，至八月（消息卦六月）適當遯卦，言殷當遯避，周將代興，故曰於是卦著興衰之戒。一興一衰，終而復始，此人事廢興之終始也。

是類謀曰

命機之運，由孔出天心，表際悉如，河洛命紀，通終命苞。

機轉者。紀數天之運。皆孔子出天之心意，及表際之事亦志如之。故能與河洛，合其數終始，知王命之苞本也矣。

按鄭緯注即以數運之終始，爲王命之根本（按苞亦本義，見易否九五「苞桑」下疏）。此數運之終始，即興廢之交際也。

又按終始之義至大，天道終而復始。四時之運行，日月寒暑之往來（繫傳），皆其章明尤著者也。剝彖傳：「君子尙消息盈虛，天行也。」天行即天道，言君子法天以自持。恒彖傳：「利有攸往，終則有（又同）始。」消息盈虛，雖有執謙戒盈之義，然人事之盛衰廢興，即於天道之陰陽消息可見也。天地亦有終始。故鄭緯注曰：「十、天地之終始也。」見是類謀。鄭以數生於氣（說見前），天地之氣，必有終始（引見上）（此與易注萬物之終始，言萬物陰氣終陽氣始之義一致），天地之數，亦有終始。天數究於九，地數終於十也。此鄭論人事，萬物生成之終始，皆基於卦爻終始之義，時位啓之也。

(2) 三才

① 三才之象

說卦

是以立天之道，曰陰與陽。立地之道，曰柔與剛。立人之道，曰仁與義。兼三才而兩之，故易六畫而成卦。

三才，天地人之道。六畫、六爻。

按傳三才承上文天地人，故注曰「三才，天地人之道」。三才以象天地人也。三才，傳亦曰「三極」。繫上「六爻之動，三極之道也」注：「三極，三才也。」

② 三才之位

乾

九二

二於三才爲地道。

九三

三於三才爲人道。

九五

五於三才爲天道。

按注，則初與二爲地之位，三與四爲人之位，五與上爲天之位，此三才之位也。又坤六二注曰：「此爻得中氣而在地上」。蒙卦辭下注曰：「互體震而得中……德施地道之上」，亦皆指二而言。

(3)六位

六位者，六爻所居之位也。六位原於三才。說卦：「兼三才而兩之，故易六畫而成卦，分陰分陽，迭用柔剛，故易六位而成章。」乾鑿度亦曰：「三才之道，天地人也。天有陰陽，地有柔剛，人有仁義。法此三者，故生六位。」卦之六位，各有取象。

鄭以二爲大夫

訟

九二

小國之下大夫，采地方一成……。

困

九二

此二爲大夫，有地之象。

三爲大臣

豐

九三折其右肱

三艮爻。艮爲手……手而便於進退，右肱也，猶大臣用事於君……。

四爲諸侯

困

九二

二與四爲體（離），離爲鎭霍，爻四爲諸侯。

五爲天子

觀

觀盥而不薦

九五、天子之爻。

夬

夬揚于王庭

五尊位也……至於受命爲天子。

按六位取象，鄭本之易緯，乾鑿度曰：「初爲元士，二爲大夫，三爲三公，四爲諸侯，五爲天子，上爲宗廟。凡此六者，陰陽所以進退，君臣所以升降，萬人所以爲象則也。」按易氣從下生，自下而上，有進退，升降，則有尊卑貴賤之分，六位中，五尊位，陽居五尤貴。二三四皆有位，近五之故，惟初上則否，以初在下至卑，上又過高，亦貴而无位，蓋六位之序適然。

(4) 內外

家人
六二
二爲陰爻，得正於內。五陽爻也，得正於外……。
按內外，即謂內卦外卦也，內外因位而定，故自內而外曰往，自外而內曰來。

(5)中

①二五居中爲得中

蒙
蒙
互體震而得中，嘉會禮通，陽自動其中，德施地道之上萬物應之而萌牙生……。
按蒙坎下艮上（☵☶）二至四有互震，故云互體，二在下體之中，故曰得中，二五稱中，得中者，得中位也，易以得中爲貴也。

頤
觀頤
二五離爻皆得中。離爲目，觀象也……。
按頤震下艮上（☳☶），二五皆陰爻而在中，故以體離（爻體）。此亦以二五居中爲得中也。

②陰居二陽居五爲得正

家人
六二
二爲陰爻，得正於內。五陽爻也，得正於外。

按二五得中已可貴，又二陰居陰位，五，陽居陽位，適得其所。既有其德（中），復有其位，故曰得正。

③中不限於二五，居群爻之中亦曰中

復

六四中行獨復

爻處五陰之中，度中而行，四獨應初。

二五稱中，以位故，二在下體之中，五在上體之中也。今復一陽在五陰之下，四當群陰之中，亦以位故稱中。易不離夫時位也。四獨應初，以釋經文行字也。

④以和訓中

蹇

彖曰往得中也。

中、和也。

稽覽圖卷上

甲子卦氣起中孚

中孚、卦名也。中者、和也。孚者信也。

按以和訓中，出中庸，喜怒哀樂之未發謂之中，發而皆中節謂之和。易緯乾鑿度數以中和訓中（見上章），中正和平，其歸一揆也。

⑤居中有應曰中和

乾鑿度曰

大君者與上行異也。

臨之九二，有中和美異之行，應於五位。故百姓欲其與上爲大君也。

按臨☷☱兌下坤上，九二六五，陰陽正應，聲氣通合，故以中和美之也。

按易尚中道，傳文言之至審。凡繫以吉字者，無不因其居中得中也。解彖傳：「其來復吉，乃得中也」。謂九二。困彖傳：「貞大人吉，以剛中也」。謂九二九五。坤六五象傳：「黃裳元吉，文在中也」。離六二象傳：「黃離元吉，得中道也」。大壯九二象傳：「九二貞吉，以中也」。解九二象傳：「九二貞吉，得中道也」。經文中亦略及之，乾之二五皆曰「利見大人」，坤六二曰「无不利」，六五曰「元吉」，足見中德之可貴，是以爲天下之大本也。

(6)應

①陰陽得位爲正應

遯

遯亨

二五得位而有應。是用正道得禮見召聘，始仕他國。

按遯艮下乾上（☰☶），陰居二，陽居五，故曰二五得位，陰陽得位而相應，謂之正應。知之者，注曰「用正道」。明其居中得正，有其德，有其位而相應。循正途以出仕，故得禮見召聘以仕他國也。

②正應多吉利

萃

萃、王假有廟

二本離爻也。離爲目，居正應五，故利見大人矣。

按萃坤下兌上（☱☷），二五爲正應，故利見大人，是正應則吉利也。

③陰陽相應，陰先於陽

睽

睽小事吉

二五相應，君陰臣陽，君而應臣，故小事吉。

按君居尊而應臣，以君陰故，君而應臣，陰先求陽也。

益

益、利有攸往

陰陽之義……今震一陽二陰，臣多於君矣，而四體巽之下應初……故謂之益也。

按益震下巽上（☴☳），四陰初陽，注曰四下應初，明陰先於陽，故以下字爲言，見初宜上應四也。

④應以一陰一陽爲正，兩陰兩陽則不相應

稽覽圖曰

所謂應者，地上有陰而天上有陽曰應，俱陰曰冈；地上有陽而天上有陰曰應，俱陽曰冈。

兩陰無相見之意，故無應者，天鬱然而冈也。

兩陽無相見之意曰冈，冈故爲亡也。

按陰陽相應，本自然之勢，相須則相求，兩陰兩陽無相須求，故不相應也。

⑤不應則敵

訟

九二歸而逋其邑，人三百戶无眚。

小國之下大夫……苟自藏隱，不敢與五相敵，則无災眚。

按訟坎下乾上（☰☵），二五皆剛陽，注謂苟不敵五則无災眚。明其本與五敵，以同爲陽爻故也。

⑥以爻位相應之象說經

賁

六四、賁如皤如

六四巽爻也。有應於初九。欲自飾以適初，既進退未定，故皤如也。

萃

萃亨 釋文云鄭无亨字。

萃聚也……上下相應。有事而和通，故曰萃亨也。

按萃坤下兌上（☷☱），除三上俱爲陰爻外，初與四、二與五，皆陰陽正應，故曰上下相應，因應而和通故亨，是以應象說經也。

又按彖傳言應，多謂二五兩爻，又每指一陰一陽。如同人彖傳：「柔得位得中而應乎乾」。謂六二、九五。无妄彖傳：「剛中而應」。謂九五、六二。遯彖傳：「剛當位而應」。亦九五、六二。師彖傳：「剛中而應」。謂九二、六五。臨彖傳：「剛中而應」。謂九二、六五。……等皆是。故鄭亦以陰陽相應爲得正。其相應之理，取氣類之相感通。咸卦辭下注曰：「艮爲山，兌爲澤，山氣上，澤氣下，二氣通而相應以生萬物，故曰咸也」。按咸艮下兌上，六爻皆相應，故注云然。易緯於此又申言之。乾鑿度曰：「物感以動，類相應也。易氣從下生。動於地之下，則應於天之下，動於地之中，則應於天之中。動於地之上，則應於天之上。初以四，二以五，三以（以猶與）上，此之謂應。」鄭注：「易本无形，自微及著，故氣從下生，以下爻爲始。」又曰：「天氣下降以感地，故地氣升動而應天也。」鄭注兼取緯說、以爲天地之氣升降相應，易氣從下生，六爻亦上下相應。則是易爻之應，取象於二氣之相感通也。

(7)據承乘

①陽在陰上曰據

困

九二

二據初。

按困坎下兌上（☵☱），九二據初六，是陽在陰上也。

②陰居陽下曰承

坎

六四

六四上承九五。

遘

遘女壯

一陰承五陽

鼎

初六

初陰爻而柔，與乾同體，以否正承乾。

按承例，傳有之，而曰「遇」。姤彖傳：「柔遇剛也」。謂初六遇九二，即鄭所謂「承」也。睽六三象傳：「遇剛也」。剛指九四。傳又謂之「際」。坎六四象傳：「剛柔際也」。剛謂九五。又謂之「接」。蒙九二象傳：「剛柔接也」。柔謂初六。遇際接一義。鄭必謂之承者，陰在陽下爲順，坤彖傳

「乃順承天」之意，所以卑陰也。

③以承例說經

明夷

六二明夷，睇于左股。

旁視爲睇……九三又在辰，辰得巽氣爲股。此謂六二有明德，欲承九三，故云睇于左股。

損

二簋可用享

四以簋進黍稷於神也。初與二直，其四與五承上，故用二簋……。

按損兌下艮上（䷨），六四、六五在上九之下，故曰四與五承上，因四五承上之象，以釋二簋用享，是以承例說經也。

④陰在陽上曰乘，亦曰越

夬

夬揚於王庭

夬決也。陽氣浸長至於五，五尊位也，而陰先之……陰爻越其上，小人乘君子……。

按夬乾下兌上（䷪），一陰在五陽之上，故曰「小人乘君子」，又曰「陰爻越其上」，是「乘」亦曰「越」也。

⑤乘陽則有罪惡

坎

上六

上六乘陽，有邪惡之罪。

按夬卦辭下注亦曰：「小人乘君子，罪惡上聞於聖人之朝。」是乘陽則有罪惡也。仍持陰道卑順之義。然柔乘剛者多兇厲，傳則極言之矣。屯六二象傳：「六二之難，乘剛也」剛謂初九。震六二象傳：「震來厲，乘剛也」。剛謂初九。噬嗑六二象傳：「噬膚滅鼻，乘剛也」，剛謂初九。困六三象傳：「困于蒺藜，乘剛也」。剛謂九二皆是。則抑陰之意，傳已具之矣。

(8)得正失正

①陽爻居陽位，陰爻居陰位曰得正

中孚

中孚豚魚吉

四辰在丑，丑爲鼈蟹，鼈蟹魚之微者。爻得正，故變而從大名言魚耳。

按爻位有陰陽之分，繫於奇耦之數，初陽、二陰、三陽、四陰、五陽、上陰。中孚兌下巽上，六四以陰居陰，故曰得正。得正位也。乾鑿度卷上引孔子曰：「既濟九三，高宗伐鬼方……而九三得正，下陰能終其道」是也。

②得正亦曰居正

萃

萃

二本離爻也。離爲目，居正應五。

③陽爻居陰位，陰爻居陽位曰失正

震

九四

震爲長子，爻失正。

中孚

中孚豚魚吉

三辰在亥，亥爲豕。爻失正，故變而從小名言豚耳。

按中孚兌下巽上。三謂六三。

④**失正亦曰不正**

乾鑿度曰

陰陽不正，皆爲失位

初六陰不正，九二陽不正。

⑤**又曰否正**

鼎

初六

初陰爻而柔，與乾同體，以否正承乾。

按得正失正皆即爻位言，得位則得正，得正又以二五之義爲大。二五居中，中德至上也。

(9)卦位與五行

離

六二、黃離元吉

離，南方之卦。離爲火，土託位焉。土色黃，火之子。喻子有明德，能附麗於父之道。文王之子發旦是也。愼成其業故吉矣。

按注文悉本說卦，並用當時五行生勝之說。分別言之。以五行配方位，說卦已具其耑，曰「坎者水也，正北方之卦也」，此直言。又曰「離也者明也。……南方之卦也」，又曰「離爲火」；此分言。即注文首二句之所本。然曰：「土託位焉。土色黃，火之子。」五行有父子，則用當時五行相生勝之說也。按土生於南，壯於西，而老於東（見淮南天文訓）土生於南，故注曰：「土託位焉」，言土託生於南方也。五行有生壯老之說，與乾鑿度「物有始有壯有究」之旨正合。其五行父子，亦見於鄭之緯注，曰「土者金之母」，見是類謀。皆當時五行生克之論。其相生之序，則木生火，火生土，土生金，金生水，水生木。其相克也，則木克土，金克木，火克金，水克火，土克水。五德終始，即以五行生克言之。如虞以土德王，夏則以木德代之，木克土也。殷以金德王，周以火德代之，火克金也（亦鄭終始說之所出）。論衡物勢篇亦曰：「木勝土，水勝火，金勝木，火勝金」。可見當時五行生勝說之盛行，康成一代碩儒，亦頗爲其左右也。

(10) 卦位值星

說卦

震爲雷……爲大塗。

國中三道曰塗。震上值房心，塗而大者，取房有三塗焉。

按注「震上值房心」，此就卦位所值之星而言也，震位東方（說卦），其星曰房、心、尾（淮南天文訓）。房有三道。漢書天文志：「房爲天府，曰天駟，其陰右驂。」陰，北面。注引宋志：「南二星爲陽環。亦曰陽閒，其南爲太陽道。北二星曰陰閒，其北曰太陰道。南爲左驂，次上爲左服，北二星爲右驂，次下爲右服。兩服之間是中道。」據此，則房有三道，注所謂三塗是也。

參考書目

易緯乾鑿度　是類謀　稽覽圖
十三經注疏
易例
先秦漢魏易例述許
淮南天文訓
論衡物勢
漢書天文志　五行志
易通釋
易例輯略

四、禮制

(1)嫁娶

①嫁娶之時

泰

六五、帝乙歸妹，以祉元吉。

五、爻辰在卯。春爲陽中，萬物以生。生育者，嫁娶之貴，仲春之月嫁娶男女之禮，福祿大吉。

按易即天道以明人事。天常人紀，本自相因。人紀莫大於禮。禮者天地之法象，人事之秩序也。天尊地卑，山高澤下。而人道尊卑上下之分定，禮之極則。此禮爲人道，而立於天道也。禮是鄭學，故鄭以禮文說易，即以易歸之於人事也。注謂嫁娶之時，宜在仲春之月，其制見於周禮媒氏：「仲春令會男女」。鄭注謂：「仲春陰陽交，以成昏禮，順天時。」易注則曰：「春爲陽中，萬物以生。」此所謂天時也（天地生物之時）。禮注：「陰陽交」。陰陽交則百物生，又本於易義。歸妹彖傳：「歸妹，天地之大義也。天地不交而萬物不興，歸妹人之終始也。」歸妹（即嫁娶）爲天地之大義，人道之終始，乃嫁娶之所以貴生育也。凡此、皆易禮之精意而會通爲一，初無一毫牽强之迹。故鄭非以禮言易，實則禮即易也。易禮之本原固相同。禮運曰：「夫禮必本於太乙，分而爲天地，轉而爲陰陽，變而爲四時。」又曰：「夫禮必本於天，動而之地，列而之事，變而從時。」祭義曰：「昔者聖人建陰陽天地之情立以爲易。」樂記則曰：「夫禮樂之極乎天而蟠乎地，行乎陰陽而通乎鬼神。」皆易禮會通之極致而可徵之者也。嫁娶宜在仲春之月，於禮記亦足證之。月令：「仲春之月，玄鳥至。至之日，以太牢祠于高禖，天子親往。」高禖、先媒之神。燕鳥生乳之月，以爲嫁娶之候，明先王之重視昏期也。要於仲春爲宜者順天時以明嫁娶之根本（生育終始）。故乾鑿度曰：「易本陰陽以譬於物也……美帝乙之嫁妹，順天地之道，以立嫁娶之義。」誠得易禮之旨要也。

②男女嫁娶之年

大過

九二枯陽生荑，老夫得其女妻

枯音姑謂无姑山榆。荑、木更生，謂山榆之實。以丈夫年過娶二十之女。老婦年過，嫁於三十之男，皆得其子。

咸

咸亨利貞取女吉

咸感也。……其於人也，嘉會禮通，和順於義，幹事能正，三十之男，有此三德，以下二十之女。正而相親說，娶之則吉也。

按男三十而娶，女二十而嫁。禮有明文。周禮媒氏：「令男三十而娶，女二十而嫁。」注云：「二三者，天地相承覆之數也。易曰『參天兩地而倚數焉。』鄭於說卦注曰：「天地之數備於十。乃三之以天，兩之以地，而倚託大衍之數五十也。必三之以天，兩之以地者，天三覆，地二載……」。天三覆者，天之生數有三；地二載者，地之生數有二；以三與二分乘天地之數（十），得三十，二十，合之則五十，正符大衍之數也。內則亦具嫁娶之年曰：「男二十而冠，三十而有室。女子十有五年而笄，二十而嫁，有故三十而嫁。」然男三十而娶，女二十而嫁。正謂盛年宜於嫁娶，不過以此為約限，過則有愆期之悔，歸妹九四之所以為戒也。惟國語載越王令男二十而娶，女十七而嫁，此權一時之急，非正禮也。故大過注：「丈夫年過，娶二十之女」。則女二十而嫁不為過。「老婦年過，嫁於三十之男。」則男三十而娶不為過。又咸卦辭下注：「三十之男以下二十之女，正而相親悅。」明以此年數為正，否則為過也。

③婦以和順為德

恒

六五、恒其德貞，婦人吉。

以陰爻而處尊位，是天子之女。又互體兌，兌為和說，至尊主家之女，以和悅幹其家事，問正於人，故為吉也。

按天子之女，尚以和悅幹其家事，況其下者乎！以和悅句，本釋經文恒其德貞，是婦人以和悅為其德也。

遘

遘女壯勿用取女

遘遇也。……故不可娶，婦人以婉娩為其德也。

按禮記內則：「女子十年不出，姆教婉娩聽從。」注：「婉謂言語也，娩之言媚也，媚謂容貌也。」按婉娩亦和順意（說文「婉順也，媚說也」，可見）。易注即謂婦人以和順爲其德也。右二條亦用禮以說易。和順之德，除內則外，昏義言之尤備。曰：「舅姑入室，婦以特豚饋，明婦順也……婦順者，順於舅姑，和於室人而後當於夫……是故婦順備而後內和理，內和理而後可長久也……是以古者婦人先嫁三月……敎以婦德婦言婦容婦功……所以成婦順也……天子修男敎，父道也。后修女順，母道也。」

(2)祭享

①以祖考配享天帝

豫

象曰雷出地奮豫，先王以作樂崇德，殷薦之上帝以配祖考。

奮動也。雷動於地上而萬物乃豫也。……崇充也，殷盛也，薦進也，上帝，天也。王者功成作樂，以文得之者作籥舞，以武得之者作萬舞。各充其德而爲制祀天地以配祖考者，使與天同饗其功也。故孝經云「郊祀后稷以配天，宗祀文王於明堂以配上帝」是也。

按王者祀天帝而以祖考配之者，以祖考之功，與天帝同尊也。注引孝經周公郊祀后稷，宗祀文王者，按孝經曰：「人之行莫大於孝，孝莫大於嚴父，嚴父莫大於配天，則周公其人也。昔者周公郊祀后稷以配天，宗祀文王於明堂以配上帝……」云云，明後嗣欲尊王其父，莫大於配天（即配享配食），注所謂「與天同饗其功」也。即以周言，帝嚳能序星辰以著衆，弃稷繼厲山而播殖百穀，文王以文治，武王以武功（見禮記祭法）此因先王之功，永昭祀典，乃所以報本反始也。天地者，人之本，父母者，人之始，報本反始，祭禮之大經。故祭統曰：「禮有五經，莫重於祭。」郊特牲溯人之本始亦曰：

「萬物本乎天，人本乎祖，此所以配上帝也。郊之祭也，大報本反始也。」此易注言配享之所本，作樂崇德，配享報功，其事爲一。非唯禮制所具，而又爲祭享之極致也。

②祭名

萃

六二孚乃利用禴。

禴、夏祭名。

按既濟九五不如西隣之禴祭，注同。周禮春官大宗伯曰：「以祠春享先王，以禴夏享先王，以嘗秋享先王，以烝冬享先王。」此四時之祭，而禴在夏，周禮也。然祭統曰：「凡祭有四時：春祭曰禴（禴同），夏祭曰禘，秋祭曰嘗，冬祭曰烝」。彼不同者，鄭注：「謂夏殷時禮也。」明禴夏祭爲周禮也。爾疋釋天與周禮同。

③祭器

損

二簋可用享

四以簋進黍稷於神也。初與二直，其四與五承上，故曰二簋。四巽爻也。巽爲木。五離爻也。離爲日，日體圜，木器而圓，簋象也。

按注謂簋盛黍稷，正與禮經合。簋本祭享時盛黍稷之器。周禮掌客注曰：「簋、黍稷器也。」詩小雅伐木「陳饋八簋」箋：「陳其黍稷，謂爲食禮，」此鄭注也。儀禮公食大夫禮曰：「宰夫設黍稷六簋於俎西，二以並，東北上，黍當牛俎，其西稷錯以終南陳。」據此，則簋分盛黍與稷，謂簋盛黍稷是也。禮記祭統曰：「是故以四簋黍，見其脩於廟中也。」按祭統言黍，當兼稷也。易注又謂簋形圓，說文：「簋，黍稷方器也。」許云方，段謂二家師傳各異。然以今存古禮器驗之，無論商器周器，其形多圓，而方者少則鄭說較是。

(3) 朝聘

①聘禮留主國之期限

豐

初九、雖旬无咎

初修禮上朝四，四以匹敵恩厚待之，雖留十日不爲咎。正以十日者，朝聘之禮止於主國以爲限。聘禮畢歸。大禮曰旬。而稍，旬之外爲稍，久留非常。

按注以朝聘爲一事，係對諸侯而言。既曰「初修禮上朝四」，以初爲朝矣；而又曰「聘禮畢歸」，則合朝聘爲一，故總曰朝聘之禮也。按朝聘於諸侯言，則其義可通。於天子言，則朝指大一統之王（天子）。周禮春官大宗伯「春見曰朝」注：「此以諸侯見王爲文。」秋官大行人「春朝諸侯」注：「王見諸侯爲文。」是朝，朝天子，或天子見諸侯也。然諸侯間之相與，亦有朝有聘。秋官大行曰：「凡諸侯之邦交。歲相問也，殷相聘也，世相朝也。」按「世相朝」，在諸侯邦交句下，朝當指諸侯間相朝無疑。注：「凡君即位，大國朝焉，小國聘焉。」謂君於繼世之時，朝於大國而聘於小國，凡君即指諸侯。故疏曰：「一往一來爲交。謂己是小國朝大國，己是大國聘小國。」本條則指諸侯之相朝聘也。知之者，注云「初修禮上朝四」，四爲諸侯（易緯）。又曰「四以匹敵待初」，則初爲小國之主也。穀梁桓九年，僖五年傳，皆謂「諸侯相見曰朝」，蓋古禮然也。朝聘之禮止於主國以十日爲限者，儀禮聘禮「既致饔旬而稍」注：「稍，廩食也。」疏：「賓客之道，十日爲正。行聘禮既訖合歸，一旬之後，或逢凶變，或主人留之，不得時反，則有稍禮。」賓留以十日爲常，過旬乃有稍禮。蓋禮有節制，故注謂「久留非常」。經云「无咎」者，旬爲常期，禮之所許，故无咎。此留十日之限，見於禮文者也。

②聘客有介

旅

初六、旅瑣瑣，斯其所取災。

瑣瑣猶小小也。爻互體艮。艮小石，小小之象。三爲聘客。初與二其介也。介當以篤實之人爲之。而用小人瑣瑣然。客主人爲言，不能辭曰非禮，不能對曰非禮。每者不能以禮行之，則其所以得罪。

按聘禮，君與卿謀出聘之事訖。先戒上介，次戒衆介。則聘有介也。大行人云：「上公九介，侯伯七介，子男五介。」聘義則曰：「上公七介，侯伯五介，子男三介。」不同者，大行人爲天子之卿，聘義據諸侯之卿而言，當各下於其君二等，故云七介。鄭目錄云：「聘義者，記諸侯之國相聘問之禮」，是也。謂之介者，介紹而傳命。禮於尊者，不敢質對，以示恭敬之意也。注云「三爲聘客」，則出使之賓也。初與二其介，則初與二爲衆介也。介有辭對，按聘禮曰：「辭無常，孫而說。」又曰：「辭曰非禮也敢。對曰非禮也敢。」是其辭對之事，皆於禮有徵也。

(4)會盟

萃

萃，王假有廟，利見大人亨利貞，用大牲吉，利有攸往。

二本離爻也。離爲目。居正應五，故利見大人矣。大牲牛也。言大人有嘉會時可幹事，必殺牛以盟，既盟則可以往，故曰利往。

按此謂因會而盟以謀不協之事也。周禮天官太宰「大朝覲會同」注：「時見曰會，殷見曰同。大會同或於春朝，或於秋覲。」疏：「諸侯爲大會同而來。」則會同者，集會諸侯也。春官大宗伯曰：「時見曰會，殷見曰同。」注：一時見者，言無常期。諸侯有不順服者，王將有征討之事。則旣朝覲，王爲壇於國外，合諸侯而命事焉。春秋傳曰：『有事而會，不協而盟。』是也。」按無常期，即有事則召集諸侯，以共謀征伐，因會而盟也，秋官司盟：「凡邦國有疑，會同，則掌其盟約之載。」注：「有疑，不協也」則與左昭三年傳「有事而會，不協而盟」之旨合。知會盟爲一事。盟必用大牲，故鄭於司盟「掌盟載之法」句下注曰：「載盟辭也。殺牲取血，坎其牲加書於上而埋之。」故易注謂「殺牛以盟」也。又天官玉府「若合諸侯，則共珠槃、玉敦」注：「古者以槃盛血。合諸侯者，必割牛耳，取其血歃之以盟，珠槃以盛牛耳。」即會盟一事之證。

(5) 封土

① 大夫采地

訟

九二

小國之下大夫，采地方一成。

困

九二

二據初，辰在未，未爲土。此二爲大夫，有地之象。未上值天廚，酒食象。困於酒食者，采地薄，不足己用也。

按大夫有采地，古之制也。禮記禮運：「諸侯有國以處其子孫，大夫有采以處其子孫，是謂制度。」注：「言今不然。」按注即以大夫有采，爲古之制度。禮運云「采」，即采地也。大夫有采地，亦見漢書刑法志：「此卿大夫采地之大者也。」謂之采者，義用采取。公羊襄十五年傳「其稱劉何？以邑氏也」注：「諸侯入爲天子大夫，不得氏國，故以所受采邑氏。所謂采者，不得有其土地人民，采取其租稅爾。」采地，周禮謂之家邑。地官載師「以家邑之田任稍地」注：「家邑、大夫之采地」。此大夫有采地，而見於禮制者也。下大夫方一成。一成者，冬官考工記：「方十里爲成」。故注曰：「采地薄不足己用也。」

②侯封百里

震

震驚百里

驚之言警戒也。雷發聲聞於百里，古者諸侯之象。

按古者侯封百里，即取雷震百里之象。注謂古者，指殷以前也。王制：「天子之田方千里，公侯田方百里，伯七十里，子男五十里。」注：「殷所因夏爵三等之制也」。據此三等之制，則公侯適爲百里。然周禮地官大司徒曰「諸侯之地，封疆方四百里」者，蓋周初武王新立，疆域尚小，封地仍舊，至周公攝政，恢拓土宇，制禮立制，始廣其封土。故鄭於三等制句之後又曰：「周武王初定天下，更立五等之爵，增以子男，而猶仍殷之地，以九州之界尚狹也。周公攝政致太平，斥大九州之界，制禮成武王之意，封王者之後爲公及有功之諸侯，大者地方五百里，其次侯四百里……。」是侯封四百里非古法，乃周之制也。孝經援神契云：「王者之後稱公，大國諸侯皆千乘，象雷震百里。」」亦侯封百里，取象於雷震之事。按豫卦䷏坤下震上，故卦辭曰：「利建侯行師。」坤爲衆，師之象。震爲雷，建侯之象。即侯封取震之意也。

(6)貢賦

損

損

艮爲山，兌爲澤……澤以自損，增山之高也。猶諸侯損其國之富以貢獻於天子，故謂之損矣。

萃

初六、一握爲笑

握當讀如夫三爲屋之屋。

按注謂諸侯貢獻於天子，即九貢之法也。夫三爲屋，乃井牧法計賦入之制。均出於周禮。貢則歲貢，賦爲軍賦。地官小司徒曰：「乃經土地而井牧其田野……以任地事而令貢賦。」注：「貢謂九穀山澤之材，賦謂出車徒給繇役也。」按井牧田野者，即用井牧（二牧當一井）之法經畫田野，以求貢賦繇役之得其均平也。九穀山澤之材，諸侯所以歲貢於天子，即九貢之法所具列者也。賦則軍興之所征，所謂軍賦也。易注謂「夫三爲屋」者，鄭於小司徒九夫爲井之下注曰：「司馬法曰『六尺爲步，步百爲畮，畮百爲夫，夫三爲屋，屋三爲井。』」疏：「屋具也，具出穀稅。」則屋爲計賦之單位。以此爲軍賦，故引司馬法爲證也。

(7)軍制

師

師

軍二千五百人爲師。多以軍爲名，次以師爲名，少以旅爲名，師者舉中之言。

丈人吉无咎

丈之言長，能御衆有正人之德，以法度爲人之長。吉而无咎，謂天子諸侯主軍者。

按鄭論軍制，全本周禮，小司徒掌征役之施舍（施舍猶今征、緩，免之事），三年大比（簡閱），徵會萬民之卒伍：「五人爲伍，五伍爲兩，四兩爲卒，五卒爲旅，五旅爲師，五師爲軍，以起軍旅。」注

：「旅五百人，師二千五百人，軍萬二千五百人，此皆先王所因農事而定軍令者也。」按此六鄉之軍制。遂之軍制雖無明文。其隣里酇鄙縣遂，與鄉之比閭族黨州鄉同。則軍制之伍兩卒旅師軍，亦當與六鄉同。此即寓兵於農之軍制，乃戰陣不易之法，至春秋時猶然。且軍制與居民之法：五家爲比，五比爲閭，四閭爲族，五族爲黨，五黨爲州，五州爲鄉（大司徒）相配合。夏官司馬軍制之下注：「軍師旅卒兩伍皆衆名。伍一比，兩一閭，卒一族，旅一黨，師一州，軍一鄉。」家出一人是也。至於軍將，則夏官司馬言之甚備，曰：「凡制軍，萬有二千五百人爲軍。王六軍，大國三軍，次國二軍，小國一軍，軍將皆命卿。二千五百人爲師，師帥皆中大夫。五百人爲旅，旅帥皆下大夫。」易注謂以丈人主軍，命卿師旅之帥皆是，所以愼重其事也。

(8) 刑誅

① 不孝之刑

離

九四、突如其來如焚如、死如，棄如。

震爲長子，爻失正。又互體兌，兌爲附決。子居明法之家而無正，何以自斷其君父，不志也。突如，震之失正不知其所如。又爲巽，巽爲進退不知所從。不孝之罪，五刑莫大焉。得用議貴之辟刑之。若如所犯之罪。焚如、殺其親之刑。死如、殺人之刑也。棄如、流宥之刑。

按不孝之刑，糾集之首。周禮大司徒：「以鄉八刑糾萬民，一曰不孝之刑。」若世子不孝則廢之。其殺其親屬者則焚之（秋官掌戮：「凡殺其親者焚之」）掌戮注：「親，緦服以內也。焚燒也。易曰焚如死如棄如。」按殺緦麻之親屬，滅其同本骨肉，於其先人亦爲不孝。此注引易以證禮。而易注曰：「焚如、殺其親之刑。」又以禮釋易。則易禮之義，固有可通者（說見上）。至於九四，爻體震而爲長子，不過失正而已，非殺親屬之比。雖亦不孝，則廢之而已。

②剭誅

鼎

九四、鼎折足，覆公餗，其刑剭凶。

鼎三足，三公象。若三公傾覆王之美道，屋中刑之。

按鼎九四經文末句，今本作「其形渥」，鄭本作「其刑剭」而以刑之於屋中釋之。凡王之同族及有爵者，刑之於屋中，蓋與刑之於市者有別也。秋官司烜氏「邦若屋誅，則爲明竁焉」注：「屋讀如其刑剭之剭。剭誅、謂所殺不於市，而以適甸師氏者也。」疏：「謂甸師氏屋舍中誅」按甸師氏刑於隱處而不踣尸。是剭誅之剭，義取屋中，即古者刑不上大夫，取重爵之意也。

③圜土

坎

上六、繫用徽纆，寘于叢棘，三歲不得凶。

繫拘也。爻辰在巳，巳爲蛇，蛇之蟠屈似徽纆也。三五互體艮，又與震同體。艮爲門闕，於木爲多節。震之所爲，有叢拘之類，門闕之內，有叢木多節之木，是天子外朝，左右九棘之象也。外朝者，所以詢事之處也。左嘉右平罷民焉。右肺石達窮民焉。罷民邪惡之民也。上六乘陽，有邪惡之罪。故縛約徽纆，置於叢棘，而後公卿以下議之。其害人者，置之圜土，而施職事焉，以明刑恥之。能復者，上罪三年而赦，中罪二年而赦，下罪一年而赦。不得者，不自思以得正道，終不自改而出圜土者殺，故凶。

按圜土爲獄城，所以收教罷民者也。上六以邪惡被繫，且入圜土，故注以爲說。秋官大司寇、以五刑糾萬民、五曰國刑：「以圜土聚教罷民。凡害人者、寘之圜土而施職事焉，以明刑恥之。其能改過，反於中國，不齒三年。其不能改而出圜土者殺。」注：「圜土、獄城也。」圜土所收致者罷民，邪惡之民也。上六有邪惡之罪，故繫以徽纆，令公卿於九棘之下議之。如有害人之罪，則入之圜土。上罪繫之三年，故三歲不得。此注用秋官司寇、司圜、朝士三處經文。其九棘、嘉石、肺石見朝士。上罪、中罪、下罪等文見司圜。鄭以禮說易，直用經文，以此條爲最多也。

參考書目

十三經注疏
周易鄭氏義
國語越語
說文解字注
易緯乾鑿度
郊社禘祫問
周官說補
儀禮管見
禮記偶箋
清儒學案卷三十四
求古錄禮說九

第四章　鄭易小學疏證

小學與經學，固相依而不可分，相輔以幾於成者也。蓋經義之不明，由小學之不修也。小學不修，則形聲莫辨，而訓詁失據矣，遑言治經。經者，自七十子既沒之後，降至漢代，諸儒相承，口講書授，師法不紊，大義微言，賴以弗墜。其能集兩漢今古文之大成，使經學得以光大於今日者，則鄭康成也。康成偏注群經，其爲詁訓，深得旨要；攬小學之宏綱，而御之以聲音，實開後世詁經之通衢。周禮天官外府「凡祭祀賓客喪紀會同軍旅，共其財用之幣齎」注曰：「齎、行道之財用也。聘禮曰：『問幾月之齎。』鄭司農云：『齎或爲資。今禮家定齎作資。』玄謂齎資同耳。其字以齊次爲聲，從貝變易，古字亦多或。」觀司農必以資爲正；康成但取其音之同，不問其形之異，破正字叚字之畛域，而純以聲音爲主（齊次同爲齒頭、雙聲），於是古書之疑義豁然而解。古字以音同而相通者衆矣。蓋聲音流轉，文字日孳，後起之字，因聲附形，非形具而後配之以聲。於是聲近則義近，聲同則義通，聲轉則挾義而俱變。夫文字緣於語言，語言本乎聲音，故文字者，因聲音而制作者也。後世研求文字，當緣聲以推義，庶不違語文演進之自然，此因聲求義之所以爲詁訓之津梁也。昧乎聲音之理，則不能上考古義。故康成於經傳通假之字，特重視其聲類。周禮序曰：「玄竊觀二三君子之文章，顧省竹帛之浮辭，其所變易，灼然如晦之見明。其所彌縫，奄然如合符復析，斯可謂雅達廣攬者也。然猶有參錯，同事相違，則就其原文字之聲類，考訓詁，捃秘逸……」鄭於文字之殊形異趣者，必考求其聲類，因聲以推其義，而不拘執一字之形體；此詁訓無上之方法，而康成已灼然見之，眞可謂「雅達」矣！其詁易也。有讀如、讀爲、當爲、猶，之言等例，一如三禮之注。皆因聲通義，以貫穿經旨，揄揚大義。故康成易注，密合前詁之雅訓。爾雅正義序曰：「馬融鄭康成之易注書注，以及諸經舊說，薈萃群書，尚存梗概。取證雅訓，詞意瞭然」，是也。今試就其易注之涉及於小學訓詁者，疏通而證明之，以闡發其微旨，如次：

乾

九三，夕惕。

惕，懼也。

按「惕」訓「懼」，史傳數見。左襄二十二年傳「無日不惕」注：「惕，懼也。」國語周語「是以為之日惕」漢書司馬遷傳「視徒隸則心惕息」，廣雅釋詁二訓皆同。即易而言，「訟有孚窒惕」虞翻注亦訓「懼」。說文：「惕，敬也」，義亦相因。

彖曰萬物資始乃統天。

資，取也。統，本也。

按「資」訓「取」，經傳屢見。孟子離婁下「則資之深」注：「資，取也。」孝經「資於事父」，國語越語「夏則資皮」注皆同。釋名釋姿容、廣雅釋詁一，「資」亦訓「取」。鄭於禮注亦然。儀禮喪服傳「不足則資之宗」、禮記明堂位「是以天下資禮樂焉」注皆是。按資字从貝，本義為貨（說文）。貨財，人所資給，故有「取」義。統者，書周官「冢宰掌邦治」至「阜成兆民」一段下，疏引周禮「三曰禮典，以統百官」馬融注：「統，本也。」禮記祭統釋文：「統猶本也。」「本始一義。公羊隱元年傳「大一統也」注：「統者，始也。」又統者、統類。事物之統紀皆為本。說文：「統，紀也。」」荀子解蔽「法其法以求其統類」注：「統類，法之大綱。」非十二子「壹統類」注：統類謂綱紀。」曰統，曰本，必有總領者，又皆有歸屬之者。故禮記檀弓上「夏后氏尚黑」至「牲用騂」一段下，疏說三統而曰：「統者本也，謂天地人之本也。」萬物本乎天，即統乎天，故鄭以「本」訓「統」也。

九五象曰大人造也。

造，為也。

按爾雅釋言：「造、爲也。」書盤庚中「勿褻在王庭」馬注：「造，爲也。」大雅思齊「小子有造」，周頌「閔予小子，遭家不造」，酌「蹻蹻王之造」，傳皆訓「爲」。而左成十三年「則是我有造於西也」注：「造，成也。」說文：「造，就也。」「成」、「就」皆與「爲」義相足，爲而後有成也。

文言

君子體仁。

體，生也。

按「體」有「生」義。詩大雅行葦「敦（傳『聚貌』）彼行（道）葦，牛羊勿踐履，方苞（箋『茂』）方體（成形），維葉泥泥（傳『葉初生泥泥』）」疏：「成形者，謂至秋乃成爲葦。此時未成故言方……葦之初生，其名爲葭。稍大爲蘆，長成乃名爲葦……葦之初生，正是牛羊所食。」按詩「方苞方體」句，「體」字實含「生長」之義。方，將然之辭，正生長也。故傳曰「葉初生泥泥」，疏曰「葦之初生」，皆切合經義。廣韻上聲十一薺云：「體，身也，又生也。」禮記中庸「禮物而不可遺」注同。或謂體生也，君子生仁爲不辭。然生仁者，即論語「志於仁」、「君子無終食之閒違仁」之意，所謂念茲在茲，溫昫滋養而已，何不辭之有。

確乎其不可拔。

確，堅高之貌。拔，移也。

按說文冂部曰：「隺，高至也。从佳上欲出冂，易曰，夫乾隺然。」釋文於文言「確乎」下，下繫「確然」下，兩引說文云「高至」，則與說文「隺」字之訓同。是釋文本作「隺」，今作「確」，「隺」、「確」爲古今字。說文土部又曰：「塙，堅不可拔也。从土高聲。」玉篇同。則「塙」正符文言「確乎其不可拔」之義訓。「塙」、「確」二字可通。一切經音義十三云：「確，埆蒼作『塙』同」

，是也。廣韻入聲四覺內，「確」、「塙」皆「苦角切」，云「靳固也」，則二字之聲韻全同，故得通假。後漢李固杜喬傳論曰「確乎不可奪」注：「確、堅貌也。易曰確乎其不可拔。」莊子應帝王「確乎能其事者而已矣」李注：「確、堅貌」。「確」皆訓「堅」。

拔者，說文：「拔、擢也。从手、犮聲。」又曰：「擢、引也。」一切經音義引蒼頡篇：「拔，引也。」引物而離其故處則爲移。移之而去則爲取。戰國策秦策「拔燕酸棗」注：「拔、取也。」漢書高帝紀「攻碭三日、拔之」注：「拔者，破城邑而取之。言若拔樹木，并得其根本也。」移之而滅其迹則爲除。廣雅釋詁三：「拔、除也。」皆與「移」義相因而足。

聖人作。

作、起也。

按說文：「作，起也。」本條釋文引馬注同。書說命「昔先正保衡作我先王」，詩無衣「與子偕作」，傳皆訓「起」。繫下「神農氏作」，虞注亦訓「起」。餘經史同訓尚多，不具引。

乾始而能（今作）以美利利天下。

按「而」、「能」二字古音相同。廣韻「而」在上平七之，如之切；「能」在下平十七登，奴登切。「而」歸日紐，「能」在泥紐，娘日古讀同泥（章太炎氏說），故二字音同義通。呂覽去私「其誰可而爲之」，士容「柔而堅，虛而實」，淮南原道「行柔而剛，用弱而强」，諸「而」字注皆訓「能」。蓋二字得以同音而相叚也。

坤

初六，履霜堅冰至

讀履爲禮。

按此漢儒詁經「讀爲」之例也。讀爲者，易經之字也。必易經字而後經之義始明，則易之爲便，此訓詁之一法也。段氏周禮漢讀考序曰：「漢人作注，於字發疑正讀，其例有三：一曰讀如、讀若，二曰讀爲，讀曰，三曰當爲。讀如、讀若者，擬其音也。古無反語，故爲比方之詞、讀爲、讀曰者，易其字也。易之以音相近之字，故爲變化之詞。比方主乎同，音同而義可推也。變化主乎異，字異而義憭然也。比方主乎音，變化主乎義。比方不易字，故下文仍舉經之本字。變化字已易，故下文輒舉所易之字。注經必兼茲二者，故有讀如，有讀爲；字書不言變化，故有讀如，無讀爲。有言讀如某、讀爲某，而某仍本字者，『如』以別其音，『爲』以別其義。當爲者，定爲字之誤，聲之誤而改其字也，爲救正之詞。形近而譌，謂之字之誤。聲近而譌，謂之聲之誤。字誤聲誤而正之，皆謂之當爲。凡言讀爲者，不以爲誤；凡言當爲者，直斥其誤。三者分而漢注可讀，而經可讀。」實則讀如者，今之注音也。讀爲者，今之通段也。當爲者，今之正誤也。而讀爲所易之字與經字之音必相近，即音以通其義也。因聲通義，義由聲出，不拘於形體，此訓詁學至要之關鍵，不可或忽者也。

注文「讀履爲禮」四字，疑傳本有誤。當作「讀禮爲履」。鄭本經文必爲「禮霜」，「禮霜」不辭，故讀「禮」爲「履」也。淸人臧在東云：「鄭本經文當作『禮』，鄭注之云：『禮讀爲履』。』後人依注改經，又依經改注……」是也。禮在廣韵上聲十一薺，盧啓切；履在上聲五旨，力几切；均屬來紐，二字以雙聲音至近，故鄭以易之也。

象曰馴致其道。

馴音訓。

按釋文於馴字下云：「徐音訓，此依鄭義」。謂徐仙民於馴字音訓，是依鄭義。則鄭讀馴爲訓明矣。馴在廣韻上平十八諄，詳遵切，邪母，齒頭音。訓在去聲二十三問，許運切，曉母，喉音。此由齒而通於喉也。就聲類言，吾人發聲之部位，大齊有五，曰喉牙舌齒唇。以聲氣在口腔之變化，又相互通轉。然其樞紐，則在喉牙（見國故論衡上、古雙聲說）。蓋喉牙爲生民之原音。喉牙發舒爲百音；百音復反於喉牙。其目、則喉牙音發舒爲舌、爲齒、爲脣，而舌、齒、脣復反而爲喉牙。此二字，即齒音反歸於喉之例也。餘如歲聲之爲葳。歲、相銳切心母、齒頭音。葳、於廢切、影母、喉音。葳从歲聲。諧聲字與其聲符，在古必同音，而今讀既異，即可推知古今音變之轍迹。而彗聲爲慧，世聲爲勩，戌聲爲威，佳聲爲唯，皆由齒而反於喉也。由是，可知鄭易讀馴爲訓，古音則爾也。康成周禮序自稱其詁經，乃「就其文字之聲類，考訓詁。」據聲類以爲訓，已發因聲求義之耑，不招望文生訓之譏，教人知活用文字，不以文害辭，以辭害意，庶乎經明理得而大義昭然也。至馴訓二字之通用，經史可徵。史記五帝本紀：「能明馴德。徐廣曰：「馴，古訓字。」周禮地官「土訓」司農注：「訓讀爲馴。」史記衛世家：「聲公名訓。」索隱作馴。亦二字通叚，以並從川聲故也。

文言

必有餘殃。

殃，禍惡也。

按廣雅釋言：「殃、禍也。」說苑君道：「殃，禍之先者也。」說文：「殃、凶也。」又曰：「凶、惡也。」是殃有禍惡之義。鄭於禮運「衆以爲殃」句下，亦以「禍惡」爲訓。

爲其慊于陽也。

慊讀如群公溓之溓。古書篆作立心與水相近，讀者失之，故作慊。溓，雜也。……上六爲蛇，得乾氣雜似龍。

按例，「讀如」者，擬其音也。而注文下句又謂二字偏旁（立心與水）相棍，則是斥其形誤，宜作「當爲」。但以二字之音相關（古音同在七部），其義亦近（慊疑、相雜），故雖形誤而不作「當爲」也。慊訓雜者：公羊文十三年傳：「魯祭周公，何以爲盛（按云禮器所盛）？周公盛（注、盛者新穀），魯公䝁（䝁者冒也，故上一新也），群公廩（廩者連新於陳上，財令半相連爾，此謂方祫祭之時，序昭穆之差）」。「群公廩」字誤（溓，艮冉切；廩，力稔切；二字雙聲相涉而誤），當據鄭注作「群公溓」。溓者新陳穀相連，故有雜義。何注以連訓溓爲音訓，即取相連之意（連，力延切，與溓爲雙聲）。物相連則黏著，故先鄭以黏著釋溓字。周禮冬官考工記輪人「參分其輻之長而殺其一，則雖有深泥，亦弗之溓也」注：「鄭司農云，溓讀爲黏，謂泥不黏著輻也。」溓之爲黏著，亦與他物相連。是溓之訓雜，蓋取物相雜處，相黏連（黏與溓爲疊韵），故鄭注曰：「上六爲蛇，得乾氣雜似龍也。」

屯

彖曰天造草昧。

造，成也。草，草創。昧，昧爽也。

按左成十三年傳「則是我有造于西也」注：「造，成也。」漢書食貨志上：「學於太學命曰造士。」李奇曰：「造、成也。」後漢書鄧騭傳「遭國不造」注：「造、成也。」崔駰傳「愍予生之不造兮」注同。

草者，論語憲問：「子曰：『爲命，裨諶草創之，世叔討論之，行人子羽修飾之，東里子產潤色之。』」此言屬稿而草創居首，故以爲造作興事之詞。漢書任敖傳「草立土德時歷制度」注：「草，創始也。」藝文志「蕭何草律」注：「草、創造之。」禮樂志「迺草具其儀」注：「謂創立其事也。」法言「載使子草律」注：「草，刱也。」按字當作刱。說文：「刱、造法刱業也。从井、刅聲、讀若創。」創爲創傷，二字同音（讀若之字與本字必同音）相叚。按凡作始也簡，故曰草；前無所因，故曰刱。草創雙聲。廣雅釋言：「草、造也。」草造亦雙聲，足見音義相關之切。

昧者，說文：「昧、昧爽、且明也。从日、未聲。」按昧，冥也（廣雅釋詁四）。爽、明也（廣韵）

○昧爽，暗明之際，平旦之初也。書牧誓「時甲子昧爽」馬注：「昧，未旦也。」內則：「昧爽而朝○」荀子哀公：「君昧爽而櫛冠。」又作昧旦（文選吳都賦：昧旦永日」）。金文又作妹辰（周康王時器大盂鼎曰：「王若曰……女汝妹昧辰晨又有大服職事。」蓋古有是語也。

宜建侯而不寧。

讀而曰能，能猶安也。

按讀「而」曰「能」，此「讀曰」也，與「讀爲」一例，易其字也，易之以音近之字也。按「而」、「能」二字，古音相同，「而」日紐，「能」泥紐，日古讀如泥（說見前），故古多假「而」爲「能」；亦假「耐」爲「能」，「耐」奴代切，亦泥紐字，與「能」爲雙聲。曰「猶」者，不即爲某字，而用某字之義也。此蓋段借之一法，亦閒有聲音之關係，能，舌頭音。安，喉音。此舌音之反於喉（喉舌通轉）也。如移從多聲；移，弋支切，喻母；多，得何切，端母。而閱從兌聲，緣從彖聲，天音如顯（釋名）、地訓爲易（春秋元命包）……皆是也。

象曰君子以經論。（論今作綸）

謂論撰書禮樂施政事。

按「綸」「論」二字通用，故鄭本作「論」。中庸「經綸天下之大經（今本作經綸）」釋文：「論本作綸。」「綸」亦讀作「論」。易繫上「故能彌綸天地之道」釋文：「京云綸，知也。則京讀「綸」爲「論」，故曰知也。淮南說山「以近論遠」注：「論，知也。」呂覽直諫「所以不可不論也」注：「論猶知也」，是。「論」、「綸」二字義近，釋名釋典策：「論、倫也，有倫理也。」釋采帛又曰：「綸、倫也。作之有倫理也。」蓋「論」「綸」二字之偏旁同從侖聲。說文：「侖、理也。」形聲字之聲符多兼義，此其一例。而論撰之義亦近。論語疏曰：「論者，綸也，理也，次也，撰也。」又曰：「相與論撰。」又曰：「必經論撰，然後載之。」故鄭論撰二字連用也。

六二、乘馬般如。

馬牝牡曰乘。

按方言第六曰：「飛鳥曰雙；雁曰乘。」此「雙」、「乘」互文一義。非僅計數爲二，實有匹耦之義。廣雅釋詁四：「乘、二也」。二亦配耦之義。周禮校人、乘馬注：「鄭司農云、四疋爲乘……玄謂二耦爲乘。」明與先鄭說異。此亦非只計數，若然，則二耦與四疋正同，何必立異，疑耦亦匹對之辭。儀禮聘禮記「宰夫始歸乘禽」注：「乘、謂乘行之禽也。謂雁鶩之屬，其歸之，以雙爲數。」乘行之禽，即雌雄並行之禽，故以雙釋乘，與易注以牝牡釋乘同。鄭必以牝牡釋乘者，疑爲下句婚冓設文也。

匪寇昏冓。

冓猶會也。

按說文：「冓、交積材也。象對交之形」。材對交則相會合，會亦訓合（說文）也。淮南俶眞訓「解構人間之事」注：「解構猶合會也」，「構」「冓」同音可通。

六三、君子機不如舍。

機，弩牙也。

按說文：「主發謂之機。此總謂凡機械也。書太甲上「若虞機張」傳：「機、弩牙也。」繫上傳「樞機之發」王廙注、後漢書馮異傳「俱據機軸」注、莊子齊物「其發若機括」釋文訓皆同。

蒙者蒙蒙，物初生形，是其未開著之名也。

按序卦傳。「蒙者蒙也，物之稚也。」發本字爲訓，蓋取微昧之義。鄭注從之。字當作冡。說文：「冡、覆也。从冃豕。」則蒙昧，僮蒙當用冡字。蒙者草名、說文、爾雅謂之「王女」是也。二字同爲莫紅切，故相通用。蒙有闇昧之義，左僖九年傳「王曰小童」注：「小童者，童蒙幼末之稱。」疏：「蒙謂闇昧也，幼童於事多闇昧，故謂之童蒙焉。」蒙蒙，亦微昧之義。釋名釋天：「蒙、日光不明，蒙蒙然也。」廣雅釋訓：「蒙蒙，暗也。」皆引申冡覆之義。故鄭注總之曰：「是未開著之名。」則物初生與童蒙二者兼具之矣。

匪我求童蒙。

人幼稚曰童，未冠之偁。

按說文：「童，男有辠曰奴，奴曰童，女曰妾。从辛，重省聲。」又曰：「僮、未冠也。从人、童聲。」按甲文辛字作𢆉（前五、四、二、），而妾字作𡚽（後上、六、三、），金文童字作童（番生敢），皆从辛。辛，辠也。凡从辛之字，每與罪罰有關。童妾外，辠辜薛辭辟辭皆然。則說文「男有辠爲奴、奴曰童」之訓是。童本奴僕，幼小爲僮。後世童僮互易。左成十七年傳「胥童」，韓子內儲下作「胥僮」又易蒙卦釋文：「童，字書作僮。」曲禮「小童」釋文：「本又作僮，」皆是。以二字之聲韵全同（皆徒紅切、九部），故相通代（迄今亦不必限用一字之本義，叚借即所以活用字義也）。然字書仍有用其本義者，廣雅釋詁、「童、使也，」釋言：「僮、稚也，」是。童者未冠之稱。釋名釋長幼：「十五曰童。」孟子滕文公下「有童子以黍肉餉」注：「童子未成人。」論語先進「童子六七人」皇疏：「童子、未冠之稱也。」左僖九年傳注「小童者」疏：「童、未冠之名。」是其義也。

初筮告，再三瀆。

筮，問；瀆，褻也。

按書洪範：「汝則有大疑，謀及乃心，謀及卿士，謀及庶人，謀及卜筮。」謀及，詢問之意。左襄四年傳：「訪問於善爲咨；咨難爲謀。」國語魯語：「咨事爲謀。」詩皇皇者華「周爰咨諏」傳：「訪問於善爲咨。」是謀有訪問之意。楚辭招魂「魂魄離散，汝筮予之」注：「筮，卜問也。蓍曰筮。」然則「龜曰卜」，卜亦問之也。

瀆者，廣雅釋言：「瀆，狎也。」狎褻一義，皆輕昵慢易之詞。「褻」，說文作「媟」，云「嬻也」。而「瀆」字，說文作「嬻」，云「媟嬻也」。「媟」、「嬻」二字轉注，今習用褻瀆（瀆爲溝瀆）二字代之者，「褻」、「媟」皆私列切，「瀆」、「嬻」皆徒谷切，聲韵全同，故得通假（易注每用叚字，即康成所謂「就聲類以考訓詁」，不拘囿形體，已知聲音爲語文之樞紐也）。方言：「媟，狎也。」足見「褻」、「狎」一義。又左昭元年傳「瀆齊盟」注：「瀆，慢也。」「慢」亦褻義。「瀆」又通作「黷」。後漢書陳蕃傳「且祭不欲數，以其易黷故也」注：「黷，媟也。」則以「黷」易「嬻」與「瀆」、「黷」亦徒谷切，三字皆从賣聲，形聲字之音符每兼意，此一證也。

初六，用說桎梏。

木在足曰桎，在手曰梏。

按說文：「桎，足械也。从木，至聲。」又曰：「梏，手械也。从木，告聲。」左莊三十年傳「則執而梏之」注：「足曰桎，手曰梏。」莊子德充符「解其桎梏」釋文：「桎，木在足也；梏，木在手也。」呂覽仲春「去桎梏」，孟秋「具桎梏」，注皆曰：「在足曰桎，在手曰梏。」淮南時則「去桎梏」注同。

九二，苞蒙。苞今作包

苞當作彪。彪、文也。

按說文：「彪，虎文也。从虎彡，彡象其文也。」虎豹有文，經傳已具。革九五：「大人虎變。」象曰：「大人虎變，其文炳也。」班彪字叔皮，亦取虎文之義。法言君子「以其弸中而彪外也」注：「彪、文也。」廣雅釋詁三訓同。「苞」、「彪」二字古音至近。「苞」在廣韻下平五肴，布交切，幫紐。「彪」在下平二十幽，甫烋切，非紐。古無輕唇，二字雙聲，古尤幽與肴豪亦相通。故鄭以「彪」易「苞」。今本作「包」。釋文出「苞」，引鄭本作「苞」。「包」、「苞」二字，經典通用，以其音同（皆布交切）也。

六五象曰順以巽也。

巽當作遜。

按「巽」、「遜」二字音同，皆在廣韻二十六慁內，同爲蘇困切。文選魏都賦「巽其神器」注：「遜與巽同。」鄭必易之者，蓋一字多義，取其切近者耳。遜有遁避之義（說文：「遜、遁也。」廣雅釋詁二：「遜，去也」），故用之。

上九，繫今作擊蒙。

按「繫」字，今作「擊」。釋文云：「馬鄭作繫。」「擊」、「繫」二字同从毄聲（說文：「擊、攴也，从手毄聲。」又曰：「繫，繫褫也。一曰惡絮。从系、毄聲」）。故往昔每以「毄」代「擊」與「繫」，此即以形聲字之聲符代其全字。後人以爲從省者，非也。考工記廬人「毄兵同強」疏云：「殳長丈二而無刃，可以毄打人，故曰毄兵。」是以「毄」代「擊」也。地官司門：「祭祀之牛牲毄焉。」夏官校人：「三皁爲毄。」皆以代今之「繫」字。漢郭仲奇碑云：「鷹偫電毄。」此亦以「毄」代「擊」也。

按漢儒有同出一師，而經本互異者，蓋多用音近相通之字故也。此或篆隸更譯，或口授手鈔，耳手、師弟不能齊同，或自立異。然而與經義每不甚相遠。由第二章孟京馬鄭諸師傳本用字相較，即可概見也。

需　需

需讀爲秀。陽氣秀而不直前者，畏上坎也。

按「需」、「秀」二字雙聲，音至近。「需」廣韻上平十虞，相俞切。「秀」在去聲四十九宥，息救切。二字同歸心紐，故爲雙聲，此「讀爲」易字之例，易之以音相近之字也。即所易之字而通其義，所謂以聲通義也。注又曰「畏上坎」者，需卦乾下坎上，鄭以乾爲陽氣，「乾元，萬物之所資始」，故曰「陽氣秀而不直前者，畏上坎也」。

象曰位音涖乎天位。

按「位」、「涖」二字古通用。穀梁僖三年「公子友如齊涖盟」傳曰：「涖者位也。」注：「盟誓之言素定，今但往其位而盟。」廣雅釋言：「位、涖也。」周禮肆師「用牲于社宗則爲位」注：「故書位爲涖。杜子春云，涖當爲位。」是也。

象曰君子以飮食宴樂。

宴，享宴也。

按左宣十六年傳：「王享有體薦（解牲體而薦之），宴有折俎（節折牲體於俎上），公當享，卿當宴，王室之禮也。」此享宴分言，其饗食之義一也。亦有合言者。漢書禮樂志郊祀歌第七：「嘉籩列陳，庶幾宴享。」「享」亦作「饗」，後漢書禮儀志：「每月朔歲首，百官受賜宴饗、大作樂。」此亦天子享宴群臣也。班固傳：「上帝宴饗，五位時序。」此對神言也。按「享」、「饗」二字皆在廣韻上聲三十六養內，同許兩切，以音同相叚，其正字當作「鄉」。金文適𣪕曰：「王鄉酉酒，適御也侍」。字形作「卿」，正象二人會食；中「皀」，簋，食器。金文，凡公卿相鄉、宴饗，同用此字。又按「宴」，經傳多訓「安」、詩谷風「宴爾新昏」傳，廣雅釋詁一同，享宴所以安樂賓客，鹿鳴所謂「以燕（宴通）樂嘉賓之心」是也。

九二、需于沚。

沙，接水者。

按經文「需于沙」釋文云：「鄭作沚。」「沚」「沙」形近，本一字。說文：「沙、水散石也。从水少。水少沙見。譚長說：沙或从尐。」从尐，則與止形近。惠氏辨沚爲沙是也。按需上體坎，坎爲水，故九二曰「需于沙」，九三曰「需于泥」，沙泥皆近水者。九二象曰：「需于沙、衍在中也。」水流沙中，故曰「衍在中」，衍即水流行也（說文「衍，水朝宗於海也。从水行」）。詩鳧鷖「鳧鷖在沙」傳：「沙、水旁也。」故鄭云「接水者」。

訟 訟

辯財曰訟。

按呂覽孟秋「決獄訟」注：「爭財曰訟。」淮南俶眞「分徒而訟」注：「訟、爭是非也。」辯所以爭是非也。周禮大司徒「而有獄訟者」注：「爭財曰訟。」大司寇「以兩造禁民訟」注：「訟、謂以財貨相告者。」鄉師「辯其獄訟」疏：「訟謂爭財。」蓋民間訴訟，多起於財物之爭也。

有孚咥。今作窒

咥，覺悔貌。

按釋文云：「馬作『咥』，云『讀爲懫，猶止也。』鄭云『咥，覺悔貌。』」則鄭作「咥」，從師本也。覺悔之義，亦當自懫止之義引申而出。今本作「窒」。「窒」、「咥」、「懫」三字皆在廣韻入聲五質內，集韵同，則三字疊韻相叚。玉篇：「懫，止也，塞也。」則「懫」與「窒」義同。廣韻，博雅「懫」皆訓「止」，覺悔則止，義自相因。

九二象曰患至惙（今作掇）也。

惙，憂也。

按說文：「惙、𢝊也。从心、叕聲。」詩曰：「憂心惙惙（召南草蟲）。」釋詁、毛傳同。今作「掇」。二字皆从叕聲，故相代。

九四渝安貞吉。

渝，然也。

按鄭叚「渝」爲「俞」、故訓「然」。渝，說文：「渝，變汚也。从水，俞聲。」經傳亦多訓「變」。詩羔裘「舍命不渝」傳：「渝，變也。」左隱六年經「鄭人來渝平」、僖四年傳「專之渝」注、爾雅釋言皆同。若「俞」字，則釋言：「俞、然也。」書堯典「帝曰俞」傳、禮記內則「男唯女俞」注皆同。二字皆羊朱切，聲韻全同，故鄭以然訓渝也。

上九或錫之鞶帶。

鞶帶，佩鞶之帶。

按「鞶」字、穀梁作「般」。桓三年傳「諸母般」注：「般，囊也。所以盛朝夕所須，以備舅姑之用。」疏：「庶母及門內施般……鄭玄云：般，囊也。男子般革、婦人般絲。所以盛帨巾之屬，爲謙敬也。」疏引內則鄭注以釋穀梁注。內則作「鞶」，則此「般」即易注之「鞶」也（鞶从革、般聲、故以般代鞶也）。後漢書張衡傳「辮貞亮以爲鞶兮」注：「鞶，小囊，盛帨巾也。」亦訓鞶爲囊。禮記內則「男鞶革，女鞶絲」注：「鞶，小囊盛帨巾者。男用韋，女用繒，有飾緣之，則是鞶裂與。」儀禮士昏禮「施鞶」注：「鞶，鞶囊也。男鞶革，女鞶絲。所以盛帨巾之屬。」按易注：「鞶帶，佩鞶之帶。」帶與鞶爲二物，則鞶爲囊當與禮注同。虞翻注訟上九，以鞶帶爲大帶，與說文訓同；賈逵杜預於左傳「鞶厲」下，亦訓大帶；皆與鄭異。鄭必云然者，段云：「鄭以大帶用素，天子諸侯大夫同。士用練，皆不用革也。」鞶從革，非大帶所用，理或然也。

終朝三拕（今作褫）**之。**

按「拕」、「褫」二字義同。說文：「褫，奪衣也。从衣，虒聲，讀若池。」（直离切十六部）淮南人間訓：「秦牛缺徑於山中而遇盜，拕（按今本作拖乃俗字）其衣被。」注：「拕，奪也。」與說文「褫」字訓同。二字之音亦同。「褫」在廣韵平聲五支內，直离切；直，澄母。「拕」在下平七歌內，託何切，透母。按古無舌上音（錢說）。今知系字，古皆讀歸端系諸紐。褫，知系字，鄭易爲拕，從古音，讀入端系，本乎音理也。二系字易讀之例，經傳屢見。周禮師氏：「掌王中失之事。」杜子春曰：「中當爲得。」中，知母；得，端母。詩鄭風：「左旋右抽。」說文引作「右搯」。抽，徹母；搯，透母。呂覽忠廉「特王子慶忌」注：「特猶直也。」直，澄母；特，定母。今仲尼字，三蒼作「仲𡰥」。尼，娘紐；𡰥，泥紐。此皆知系讀入端系之例也。而詩小雅白華：「滮池北流。」說文引作「滮沱北流」。「池」在廣韵五支內，「沱」在七歌內。正與褫（五支）拕（七歌）之例同，即段氏十六（支）、十七（歌）部通轉之例也。

師

丈人吉。

丈之言長，能御衆有正人之德，以法度爲人之長。

按凡云「之言」者，音訓之例也。二字音相近，即音以叚其義也，此詁訓之一法。「之言」例，段氏言之甚悉。段於說文「祼」字注曰：「凡云『之言』者，皆通其音義以爲詁訓。非如『讀爲』之易其字，『讀如』之定其音。」又於「禛」字下曰：「凡云『之言』者，皆就其雙聲叠韵，以得其轉注假借之用。」又於「諡」字下曰：「凡云『之言』者，皆叚其音以得其義。」按丈在廣韵上聲三十六養內，直兩切。長，知丈切，韵同。二字雙聲叠韵，其義亦近。大戴記本命：「丈者長也。」論語微子「遇丈人」疏：「丈人，長宿之稱。」易注又曰：「有正人之德。」正亦音訓也。正，之盛切，照母。古知照二系，同爲端系之變聲（舌之輕重相變）。正亦有長義。「爾雅釋詁：「正伯皆官長。」左隱六年傳「翼九宗五正」注：「五正，五官之長。」王制「卒有正」注：「正亦長也。」此鄭易音訓之例，爲以音通義者也。

九二、王三賜（今作錫）命。

按「賜」、「錫」二字同从易聲，又爲雙聲。錫，先擊切；賜，斯義切（廣韵）；皆心紐，義亦相通。爾雅釋詁：「錫，賜也。」左宣十五年傳「陳錫載周」注，離騷「肇錫余以嘉名」注同。公羊莊元年、文元年傳皆曰：「錫者何？賜也。」故二字相通用。此亦見聲符相同之形聲字，其義每通。

象曰承天寵也。

寵、光耀也。

按說文：「寵，尊凥也。从宀、龍聲。」段云：「引申爲榮寵。」榮寵即光耀也。「寵」又作「龍」

。左昭十二年傳「寵光之不宣（按宋華定來聘，昭公享之，禮加賦蓼蕭，華定不能答謝，故傳云然，謂華定不能宣揚主國待賓之光寵也）」注：「蓼蕭詩：『既見君子，爲龍爲光。』欲以寵光賓也。」注以「龍」即「寵」字，故以對釋傳文「寵光」，本毛傳之意。詩「爲龍」句下，傳曰：「龍，寵也。」箋：「爲寵爲光，言天子恩澤光耀，被及己也。」恩澤光耀，總釋寵光，其義相因，故易注以光耀訓寵也。

比

初六，有孚盈缶。

缶，汲器。

按說文：「缶，瓦器。所以盛酒漿。」按可盛酒漿，自亦可以汲水。故段注：「缶有小有大，如汲水之缶，蓋小者也。」左襄九年傳「具綆缶」注：「缶、汲器。」按井卦辭：「汔至亦未繘井。」說文：「繘、綆也。」鄭易注同。綆缶相及，故杜注曰「汲器」。

小畜

小畜

畜，養也。

按詩小雅我行其野：「爾不我畜」傳：「畜，養也。」左宣四年傳：「從其母畜于䢵」注、成八年「武從姬氏畜于公宮」注、廣雅釋詁二皆同。

密雲不雨。

密，靜也。雲靜止不雨，喻紂恩澤不加於民也。

按爾雅釋詁：「密、靜也。」書舜典「四海遏密八音」傳、文選東京賦「京室密淸」注、禮記孔子閒居「夙夜其命宥密」注皆同。

九三、輿說輹。今作輻

輹，伏兔，輿下縛木，與軸相連，鉤心之木是也。

按「輻」、「輹」二字音同（廣韵同在一屋，方六切），各本混用。大畜九二「輿說輹」，大壯九四「壯于大輿之輹」，與本條皆宜作「輹」，作「輻」者誤。二物絕不相混。自其處言，輻在輪內（老子：「三十輻聚於轂」）。輹在軸上。其爲用亦別，輻所以支輪，輹所以支車箱。又輻不能脫，輹則易脫也。按說文：「輹，車軸縛也。」釋文引馬曰：「輹，車下縛也。」左傳十五年「車脫其輹」注：「輹，車下縛也。」子夏傳曰：「輹、車下伏免也。」說文又曰：「轐，車伏兔也。」釋名：「屐、似人屐也。」又曰：「伏兔在車上似之。」又曰：「輹、伏也，伏于軸上也。」說文又曰：「𨎌、伏兔下革也。」廣雅：「輡、轐，伏兔也。」紛紛若是。實則屐、轐、輹、伏兔、輡皆爲一物。上承車箱，下扼軸上，以其伏於軸上，狀若伏兔，故曰伏免；以繩縛伏兔於軸，故曰縛木。淸錢獻之車制考曰：「輿下屐謂之轐，轐謂之輹，亦謂之伏兔，其下革謂之輡，」是也。

履

履虎尾不噬人今作咥

噬，齧也。

按「咥」、「噬」二字義同。左哀十二年傳「國狗之瘈，無不噬也」注：「噬、齧也。」文選西京賦「韓盧噬於緤末」注，一切經音義一，廣雅釋詁三皆同。咥、釋文引馬云「齕也」。「齕」亦齧也（說文）。又按二字之音亦近。咥，徒結切，定母。噬，時制切，禪母。照系古讀歸端系，禪母讀歸於定。如豎，臣庾切，侸裋並常句切，三字皆禪母，而从豆聲；豆，徒候切，定母；是也。

泰

泰

通也。

按序卦傳：「泰者通也。」廣雅釋詁一：泰、通也。」餘見第二章二、四節。

象曰后以財成天地之道，輔相天地之宜，以左右民。

財、節也。輔相，左右，助也。

按「財」與「裁」通。荀子非十二子「一天下，財萬物」注、王制「財萬物」注、管子心術「聖人因而財之」注皆云然。爾雅釋言：「裁，節也。」廣雅釋言：「裁，制也。」制亦節義。孝經諸侯章「制節謹度，滿而不溢」注：「費用約儉謂之制節，」是也。「財」「裁」二字同昨哉切（廣韻），故相通。輔者，廣雅釋詁二：「輔、助也。」國語周語「王又章輔禍亂」注，呂覽愼行「齊晉又輔之」注皆同。

相者，書盤庚下「予其懋簡相爾」傳：「相、助也。」呂刑「今天相民」馬注、詩生民「有相之道」傳、桑柔「考愼其相」箋皆同訓。左者，說文：「左，手相左助也。」按今以左代𠂇、以佐代左矣。本條虞注「左右，助之。」書益稷「予欲左右有民」傳：「左右，助也。」書大傳「舜爲左右」注同。

右者，說文：「右，手口相助也。从又从口。」按今以右代又，以佑代右。廣雅釋詁二：「佑，助也。」國語晉語「天命不佑」注同。

初九、以其夤（今作彙）征。

夤，勤也。

按「㑹」字，今作「彙」，說文：「彙，彙蟲也。佀豪豬而小。」爾雅釋獸：「彙，毛刺。」彙、王訓「類」，乃「會」之叚借。鄭訓「勤」，乃「謂」之叚借（段說）。爾雅釋木「謂櫬」釋文云：「謂、舍人本作彙同。」是「謂」與「彙」通。釋詁：「謂、勤也。」鄭於詩中「謂」字即訓「勤」。摽有梅「求我庶士，迨其謂之」箋：「謂、勤也。女年二十而無嫁端，則有勤望之憂。」又北門「天實爲之，謂之何哉」箋：「謂，勤也。我勤身以事君，何哉！」又隰桑「心乎愛矣，遐不謂矣」箋：「遐、遠。謂、勤。君子雖遠在野，豈能不勤思之乎。」易詩注箋，皆本雅訓，則「㑹」字疑傳本涉「彙」字形而誤。

九二、苞荒

荒讀爲康，虛也。

按「荒」、「康」二字疊韵（同在廣韵十一唐），故鄭讀「荒」爲「康」。易之以音近之字，以通其義也。「康」訓「虛」、穀梁襄二十四年傳「四穀不升謂之康」注：「康、虛也。」疏：「康是虛荒之名。」詩賓之初筵「酌彼康爵」箋：「康、虛也。」「康」訓「虛」，音轉爲「空」，「康」、「空」雙聲（康，苦岡切；空，苦紅切）。爾雅釋器「康瓠謂之甈」李注：「康、空也。」史記屈賈列傳「而寶康瓠」索隱又訓爲「大」，蓋自空義引申之。「康」訓空虛，故凡从康聲之字，皆有空虛之義。爾雅釋詁：「漮、虛也。」說文：「漮，水之空也。」廣韵：「㱂，穀不升之謂㱂。」文選長門賦「槺梁，虛梁也。」康虛爲唐魚對轉，亦有聲音之關係，足見音義相關之至切。又按說文：「穅，穀之皮也。从禾米、庚聲。康，或省作。」而甲文康字直作𣎆（後上上、二三九又十、五）同。康，穀皮中空之名。空虛之義，即康字得之矣。

上六，城復于隍。

隍，壑也。

按爾雅釋言：「隍，壑也。」李注：「隍，城池，壑也。」舍人注：「隍，城池也。」壑者阬塹（玉篇），故隍亦訓城池。說文：「隍、城池也。有水曰池，無水曰隍。从𨸏、皇聲。」經文隍字、子夏作堭，姚信作湟，晁氏易云：「古文作皇」，皆是。由「皇」之字根，增益偏旁𨸏土水而成隍堭湟等分別字，其義則一，足見音符相同之形聲字，其義互通也。

否

九四、𠷎今作疇離祉。

按𠷎即疇之古文，釋見第一、二章。

九五、休否。

休、美也。

按休，美也，經傳通訓。爾雅釋詁：「休，美也。」書大禹謨「戒之用休」傳、詩民勞「以爲王休」傳、江漢「對揚王休」箋、左氏僖二十八年傳「奉揚天子之丕顯休命」注……皆同。說文：「休、息止也。从人依木。」按休字，甲文有从木者，有从禾者（前五、三二、六、三𠇷、从禾）。金文十之八九皆从禾。疑休字以休美嘉惠爲朔義。自金文言，大盂鼎曰「用對王休」，庚贏卣曰「對揚王休」，遹段曰「對揚穆王休」緐伯𢦏段曰「對揚天子丕顯休」（例尚多），諸銘皆當西周初葉，諸「休」字皆从「禾」作，且與上引江漢、左僖二十八年傳文例類似。休自爲美或福慶之義，且从人从禾生義。說文「禾，嘉穀。」古以得禾，禾孰爲美慶，周公有嘉禾之作，春秋傳以禾孰爲「大有年」，「年」亦从「禾」（甲金小篆同）。諸書休字，如爾雅釋言：「休、慶也。」周語「以承天休」注同，又楚語「以休懼其動」注：「休、嘉也。」左襄二十八年傳「以禮承天之休」注：「休福祿也。」又皆訓福慶，則自休美而引申之。疑休字以从禾爲正，以休美爲初義，說文「从人依木」，非本訓也。

其亡其亡，繫于苞桑。

苞，植也。否世之人，不知聖人有命，咸云其將亡矣，其將亡矣，而聖人乃自繫于植桑不亡也。

按「植」字疑誤，當作「稹」，二字形近易譌。「稹」有堅密之義。說文：「稹，穜概也，从禾，眞聲。周禮曰：『稹理而堅。』」又曰：「穊，稠也。」是稹有稠密堅致（今作緻）之義。引周禮者，考工記輪人文，曰：「稹理而堅。」注：「稹，致也。」稹與苞之訓同。爾雅釋文：「苞，稹也。」孫注：「物叢生曰苞，齊人名曰稹。」郭注：「今人呼物叢緻者爲稹。」又詩唐風鴇羽「集于苞栩」傳：「苞，稹。」箋：「稹者，根相迫迮梱致也。」釋文：「稹又作縝。」縝即密緻之義（禮記聘義「縝密以栗」注），是苞稹之義同，故鄭以稹訓苞。桑叢生稹密，則不易摧折，故以苞桑說不亡之義。又按詩鄘風「鬒髮如雲」說文作「㐱」，云「稠髮」，而以「鬒」爲或體。稹縝鬒塡（廣韻十七眞云「塡，壓也，又音田。」壓亦密接之意）四字皆从眞聲，皆有密致之義，足見聲義相係之切也。

同人

九三、伏戎于莽。

莽，叢木也。

按莽本爲叢草。說文：「莽，南昌謂犬善逐兔艸中爲莽。从犬茻，茻亦聲。」又曰：「茻，衆艸也。」。」廣雅釋草：「莽，草也」，皆是。鄭訓叢木者，木可兼草，草木均可兼包也。離象曰「百穀草木麗乎地」虞注：「巽爲草木。」升象曰「地中生木升」荀注：「木謂巽。」按說卦：「巽爲木。」是木可兼草也。呂覽本味「草食者羶」注，草食者，食草木，謂麞鹿之屬。」是草可兼木也。推其本，草木初生，其形不分，故可統名草木。說文：「才，艸木之初也。从丨上貫一，將生枝葉也。一，地也。」將生枝葉，則草木不分，故可統言草木。又曰：「屮，艸木初生也。象丨出形，有枝葉也。」

又曰：「木，冒也。从屮，下象其根。」皆然。葢鄭以叢草難以伏戎，故訓叢木，木兼草而言也。

升其高陵。

大阜曰陵。

按說文：「陵，大阜也。从𨸏，夌聲。」釋名釋山：「大阜曰陵。陵，隆也，體隆高也。」詩天保「如岡如陵」傳：「大阜曰陵。」是其義也。

九四、乘其庸。庸今作墉

按「庸」、「墉」古今字，釋見二章二節。

大有

九四象曰明辯遰今作晢也。

遰讀如明星晢晢。

按詩陳風東門之楊「明星晢晢」傳：「晢晢猶煌煌也。」說文：「晢，昭晢，明也。从日，折聲。」旨熱切十五部又曰：「遰，去也。从辵，帶聲。」特計切十五部按「讀如」但取其音。晢，照母；遰，定母；古音照系讀歸端系，古音相近。又釋文云：「晢，章舌反。王廙作晰，鄭作遰，陸作逝，虞作折。」諸家所作字皆从折聲，惟形符異耳。遰从帶聲，帶與折亦音近（端系與照系之音相近）。由知諸師用字雖異，其音則相近也。

謙

象曰君子以捊今作裒多益寡。

捊，取也。

按說文：「捊，引取（取，段改作堅，各本作取）也。从手、孚聲。詩曰：『原隰捊按今詩作裒矣。』」周易集解引虞翻曰：「君子，謂三。捊，取也。」虞亦訓取，與說文合。今本「捊」作「裒」。爾雅釋詁：「裒，聚也。」釋文：「裒，古字作裦，本或作捊。」按取聚之義相因，其音至近（取、七庾切，清紐。聚，慈庾切，從紐）。玉篇：「捊，引聚也。」則「取」、「聚」二字互用，同音相叚也。捊、裒、裦三字皆重脣為雙聲（捊，薄交切，裒音同；裦，博毛切，見廣韵）。釋文於今易本「裒」字下云：「鄭荀董蜀才作捊」。鄭荀皆傳費氏古文易，則字當以古文捊為正，裦裒皆以音近通用也。

初六象曰卑以自牧也。

牧、養也。

按廣雅釋詁一：「牧，養也。」爾雅釋地「郊外謂之牧」釋文，莊子天道「使天下無失其牧乎」司馬注，周禮大宗伯注「一州之牧」疏皆同。說文：「牧，養牛人也。从攴从牛。」養之義當自此出。

六四、撝謙。

撝讀為宣。

按釋文：「撝，毀皮反，指撝也。義與麾同。」說文：「撝，裂也。一曰手指撝也。」又曰：「麾，旌旗，所以指麾也。」段曰：「俗作麾。」則撝麾一字，皆訓指撝。鄭讀為宣，宣有布散周徧之義。書皐陶謨「日宣三德」傳：「宣，布也。」廣韵同。左昭元年傳「於是乎節宣其氣」注：「宣，散也。」廣韵同。爾雅釋言：「宣，徧也。」詩公劉「既順迺宣」傳同。故鄭易為宣，較指撝之義為廣大，謙德乃益明著。撝宣之音亦近。撝，許為切，喉音。宣，須緣切，齒音。古喉齒可互通（見前「馴音訓」條），故鄭易為宣也。

豫　豫

喜逸說樂之貌。

按爾雅釋詁：「豫，樂也。」國語晉語「毋老子彊故曰豫」注，孟子離婁上「而瞽瞍底豫」注，本卦釋文引馬注皆同。莊子應帝王「何問之不豫也」簡文注：「豫，悅也。」一切經音義十三引蒼頡：「豫，佚也。」（按「佚」，「逸」通）後漢書郎顗傳「雷出地奮豫」注：「豫，喜也。」是其義。按說文：「豫，象之大者。」段注：「此豫之本義，引申之，凡大皆稱豫……大必寬裕……寬大則樂，故釋詁曰『豫樂也』。」按豫訓樂，疑叚愉字之義。說文：「愉，薄也，从心俞聲。」段注：「當作『薄樂』也。唐風『他人是愉』傳：『愉，樂也。』禮記：『有和氣者必有愉色。』此愉之本義也。」「豫」、「愉」雙聲（豫，羊洳切。愉，羊朱切。豫在九御，愉在十虞），御爲虞之去，一聲之轉耳。

彖曰而四時不忒。

忒，差也。

按廣雅釋詁曰「忒，差也。」觀卦「而四時不忒」虞注、左文二年傳「享祀不忒」注、孝經「其儀不忒」注皆同。

象曰雷出地奮豫。

奮，動也。雷動於地上而萬物乃豫也。

按廣雅釋詁二：「奮，動也。」後漢書郎顗傳「雷出地奮」注，文選思元賦「奮余榮而莫見兮」注皆同。奮訓動者，說文：「奮，翬也。从奞（說文『奞，鳥張毛羽，自奮奞也』）在田上。詩曰：不能奮飛邶風文。」又曰：「翬，大飛也。」鳥張羽奞飛，則其動大矣，故訓動。

先王以作樂崇德，殷薦之上帝。

崇，充也。殷，盛也。薦，進也。上帝，天也。

按「崇」、「充」疊韵，二字皆在一東，故經傳每以「充」訓「崇」。爾雅釋詁：「崇，充也。」釋名釋道，荀子賦「曾不崇日」注，儀禮鄉射禮「崇酒」注，大射儀「主人不崇酒」注皆同。

殷者，本卦釋文引馬注：「殷，盛也。」左成十六年傳「方事之殷也」注、公羊文二年傳「五年而再殷祭」注、國語吳語「其民殷衆」注皆同。按說文：「殷，作樂之盛……易曰：殷薦之上帝。」此盛義之所出。

薦者，爾雅釋詁：「薦，進也。」左襄三十一年傳「若獲薦幣」注，哀二十四年傳「使薦諸夫人之宰」注，儀禮士昏禮「贊者薦脯醢」注、禮記祭義「卿大夫有善薦於諸侯」注皆同上帝者，書湯誥「惟皇上帝」傳：「上帝，天也。」禮記表記「昭事上帝」注同。書舜典「肆類于上帝」釋文引王云：「上帝，天也。」皆是。

六二、砎（今作介）于石。

砎謂磨砎也。

按集韵：「砎，砎礪，小石。一曰磨也。」玉篇：「砎，石貌。」廣韵：「砎，礪砎，小石。」字林：「砎，堅也。」皆即石爲訓，微與磨義關涉。惟釋文引馬作「扴」，云「觸小石聲」。石相觸，或物與石相觸成聲，皆相摩切，此鄭「磨砎」義之所出，惟字形微異耳。說文：「扴，刮也，从手，介聲。」（古黠切）刮即摩切。廣韵：「扴，揩扴物也。」義正同。竊謂砎扴有摩切義，當於其字根（介）求之，尤當於其語根（古黠切，今以戛音表之，書皐陶謨「戛擊鳴球」。兼取其音）求之。其字根介（即砎扴之音符），有間厠之義。左襄九年傳「介居二大國之間」注：「介猶間也。」襄三十年傳「以介于大國」注、襄三十一年傳「介于大國」注同，皆是也。又有介紹之義。文選運命論「不介而自親」注，介，紹介也。」按聘禮有「上介」，有「衆介」，皆在賓主之間傳言，是介紹亦間厠也。又有隔義。易兌卦九四「介疾有喜」王注：「介，隔也。」隔亦間厠。凡間厠介居間隔一義，必與他人或物相摩切，故介之字根已具摩切之義。其音更有摩切之義，此則語根之事也。就古黠切之語根言（今以戞音者爲代表），戞即有摩切之義。說文：「戞，戟也。一曰轢之也。」轢陵轢也。「揩，敔也。轢之以止樂，通作戞。」集韻「介，漢書：『介居河北。』晉灼讀。」同上「鴶，鴶鵴，鳥名，通作拮。」同上按鴶鵴兼取其鳴聲，鴶通作拮，拮戞一字，戞或作拮。稭、秸、䅎、䵺，說文「稭」字下訓云：「禾稾去其皮，祭天以爲席。」或作秸、䅎、䵺，通作戞集韻。按稻草去皮以爲席，人踐其上，則摩切成聲稭稭然，則秸䅎䵺皆聲也，故通作戞。「契，說文：『齘，契，刮也。』一曰契，畫堅也。」同上。按齘契爲刮之聲，契又爲畫堅物之物，皆由摩切而得。

「扴，指扴物也。」廣韻

按上舉揩，介、鴶、拮、稭、秸、䅎、䵺、契、扴，諸字同一語根。故廣韵、集韵于入聲十四黠內，同隸于戞字之下。諸字皆有摩切之義者，以其語根同也。按文字未形之前，必先有語根，以託生民同一之概念；文字非成自一時一地一人，迨語根化而爲定形之字根，造字者各益之以形符，而字類益多，然覈其義，靡不從同，則語根，字根爲之也。上列諸字其音符（字根）或爲皆，爲介、爲吉，爲黠，爲夬，皆由一語根而來（戞）。故語根主乎音，而不系於形。吾人若僅由形以求義，則扞格難通，若本音以通義，則渙然冰釋，怡然理順，所謂「得其環中，以應無窮」，斯之謂也。知扴砎介之語根字根同，而磨斫之義自得，康成謂「以聲類考訓詁」，誠得其旨要。由語根以求字義，如从辰之字每有動義，振，震，娠（女人身動）是也；从農聲之字，每有厚義，醲（酒厚），濃（露多），襛（衣厚）

是也。其例尚多，不具。然不能執辰，農之字形以求；若然，則詰鞫為病矣。

六三、盱豫。

盱，誇也。

說文：「盱，張目也。从目，亏聲。」按「亏」有大義，說文：「亏，於也。象气之舒亏，从丂，从一，一者，其气平也。」按气之舒亏，則气大出矣（俚語，鬆口气是）。方言一：「于，大也。」集韵：「于，大也。禮況于其身。」故从于聲之字，每有「大」義。訏，大也。詩溱洧「洵訏且樂」傳，爾雅釋詁，廣雅釋詁同。芋，草盛，見集韵。博雅：「芋，大也。」䖒，虎吼，見集韵。迂，遠也，見集韵，于夸之語根相同，集韵从于夸之字，凡三十一字同系於訏字之下，俱匈于切。又盱䀰二字相屬，忓㤻相屬，皆注曰「或作」是也。按夸字亦从大，亏聲。于夸之語根，字根均相同，故「盱」，「誇」皆有「大」義。盱者，目大張（文選魏都賦「乃盱衡而誥曰」劉注：「盱，舉目大視也。」漢書地理志下「恂盱且樂」注：「盱，大也。」谷永傳「廣盱營表」注同，王肅於本條易注亦同）。誇者言之大（字林：「誇，大言也。」管子白心「是故萬物均既誇衆矣」注：「誇，大也」）。「盱」，「誇」二字皆有「大」義，故鄭以「誇」訓「盱」也。諸家或作「盱」，「紆」，「汙」，「吁」字根皆同，其義亦當訓「大」，由知諸家之字雖異，其音仍近也。」

九四、由豫。

由，用也。

按由用雙聲（皆喻母）。故由訓用，經傳數見：廣雅釋詁四：「由，用也。」小爾雅廣詁，詩王風「君子陽陽，右招我由房」傳，書大誥「爽邦由哲」疏，左文六年傳「由質要」注，宣十五年傳「商紂由之」注，論語泰伯「民可使由之」集解，孟子離婁下「由君子觀之」注，盡心「終身由之」注，荀子議兵「君子不由也」注，呂覽務本「君子不由」注皆同。其例至多，不煩引。

朋盍簪。

簪，速也。

按說文：「先，首笄也。从儿匕，象形。簪，俗匕，从竹从朁聲朁側林切」。七部則先簪古今字。簪从朁聲。簪撍二字，以字根同而相通，訓疾速。廣韻下平二十一侵內有「撍」，云「速也」。與「簪」同音側吟切集韻侵韻內亦有「撍」云：「疾也。通作簪」緇岑切埤蒼亦訓速。釋文於「簪」下曰：「徐側林反，子夏傳同，疾也鄭云『速也』，埤蒼同。京作撍」。據釋文則埤蒼訓速，子夏傳與鄭同。京作「撍」無訓，據廣韻，撍亦速義。餘家或作「宗」，「臧」，「戠」（釋文引）皆齒頭音，亦形異而音同也。

上六、冥豫。

冥讀爲鳴。

按豫初六「鳴豫」，鄭讀同初六，故易「冥」爲「鳴」。二字音至近。「冥」在廣韻下平十五青內，莫經切，明母。「鳴」在下平十二庚，武兵切，微母。青，庚，段同歸十一部，爲疊韻；明，微，重輕唇爲雙聲。

隨

象曰君子以嚮晦入宴息。

晦，冥也。猶人既夕之後，入於宴寢而止息。

按爾雅釋言：「晦，冥也。」莊子逍遙遊「朝菌不知晦朔」釋文，國語魯語「晦而休」注，楚辭靈懷「群阿容以晦光兮」注皆同。

蠱，事也。

按序卦傳：「蠱者，事也。」廣雅釋詁三：「蠱，事也。」後漢書譙玄傳「易有幹蠱之義」注，蠱彖曰「蠱元亨而天下治也」荀注，初六「幹父之蠱」虞注同。卦辭「先甲三日」馬注：「蠱為造事之端。」是其義也。

臨

臨

臨，大也。

按序卦傳：「臨者，大也。」。廣雅釋詁一：「臨，大也。」是其義。

觀

初六、童觀。

童，稚也。

按釋見前蒙卦。

噬嗑

象曰先王以明罰敕法。

敕，猶理也，一云整也。

按「猶」亦詁訓之一法。猶者，譬況之詞，二字聲音每無關，而遙通其義者也。敕理也者：廣雅釋詁二：「敕，理也。」廣韵訓同。敕整也者，漢書息夫躬傳「敕武備」注：「敕，整也。」文選思玄賦「懼余身之未敕」舊注同，又東京賦「亭候修勅（敕勅同）.」注同。按敕訓整，應較訓理之義為先。說文：「敕，誡也。一曰：臿地曰敕。从攴束。」誡敕二字轉注，其義由攴束而得，與整同（亦从攴束从正，正亦聲），則誡敕乃其初義也。經傳敕字每與飭通，飭亦訓整，二字音同（廣韵）。漢書禮樂志「五音飭」注：讀與敕同，謂整也。」谷永傳「飭身修政」注：「飭與敕同，整也。」說文：「飭，致堅也。从人从力，食聲，讀若敕。」則敕飭之義相足，誡敕力加，整齊之義益見也。

九四，噬乾胏。

胏，簀也。

按「胏」字，集解引陸曰：「肉有骨謂之胏。」釋文引馬云：「有骨謂之胏」。說文引孟易作「𦚧」，而以「胏」為別體。說文：「𦚧，食所遺也。从肉，仕聲，易曰：『噬乾𦚧。』」胏，揚雄說𦚧从𠂔。」則「胏」，「𦚧」一字，雙聲相通（𠂔聲仕聲同在廣韵上聲六止），其義皆為肉類較堅致之物。鄭从師（馬）本而讀胏為笫，笫為牀簀（玉篇廣韵訓同，故曰「胏，簀也」。段胏為笫者，二字同从𠂔聲（凡音符相同，其義可以互通）。胏，簀也。謂胏如簀，其乾可知。但取其音至近（胏阻史切，簀側革切），同紐雙聲，此音訓之一法。

賁 賁

賁，變也；文飾之貌。

按說文：「賁，飾也。从貝，卉聲。」彼義切 此賁之初義，經傳訓同。易序卦傳：「賁者，飾也。」書湯誥「賁若草木」傳：「賁，飾也。」詩白駒「賁然來思」傳，廣雅釋詁二皆同。賁九三「賁如」疏：「賁如，華飾之皃。」

「賁，變也」者，賁从卉聲，兼取卉意，卉者凡百草木之名（爾雅釋草及文選思玄賦注）。草木有自然之華飾（文心原道：「草木賁華，無待錦匠之奇」），而其色非一。呂覽壹行「孔子卜得賁曰不吉」注：「賁，色不純也。」詩白駒「賁然來思」箋：「賁，黃白色也。」即因色變非一而華飾乃著見也，故賁訓變。賁、變，又以雙聲爲訓也。變，彼春切

象曰无敢折獄

折，斷也。

按說文：「斲，斷也。从斤斷艸。」折訓斷乃通訓。國策秦策：「折，斷也。」史記孔子世家「言六藝者折中於夫子」宋注皆同。

初九，賁其趾。

趾，足。

按爾雅釋言：「趾，足也。」詩「麟之趾」傳，易噬嗑初九「屨校滅趾」虞注、左桓十三年傳「舉趾高」注，昭七年傳「若步玉趾」注皆同。止趾二字通用。詩七月「四之日舉趾」，漢書食貨志引作「舉止」。儀禮士昏禮「北止」注：「止，足也。古文止爲趾。」說文：「止，下基也。象艸木出有趾，故以止爲足。」按「止」，「趾」二字，古今字，即正俗字。晁氏曰「止，古文」，是也。甲骨文「止」字皆作□或□形，即象足。金文初期作□，漸作□，列國時已作□，則與小篆止作□形同。說文說解微誤，止本爲足，非以止爲足也。

象曰義不今作弗乘也。

按「不」、「弗」二字古通用。書洪範「不畀洪範九疇」，漢書五行志作「弗畀洪範九疇」；堯典「績用弗成」，史記五帝本紀作「功用不成」；舜典「舜讓于德弗嗣」，漢書王莽傳作「舜讓于德不嗣」；詩皇矣「不識不知」，賈子君道作「弗識弗知」；是也。公羊桓十年傳「其言弗遇何」注：「弗者，不之深也。」則不必如此強加分別。因二字皆脣音雙聲。廣韻入聲八物內，「不」、「弗」同音

分勿切，又曰「不，又府鳩，方久二切」，仍在非母，今讀如韵會逋沒切，則入幫母，為重唇；古無輕唇，仍同。

六四、賁如燔（今作皤）如。

按「燔」、「皤」二字，同从番聲，同為唇音（燔，附袁切，奉母；皤，薄波切，並母；見說文）同在十四部，以音近，故得相叚也。

白馬翰如。

翰，幹也。

按爾雅釋詁：「翰，幹也。」詩大雅文王有聲「王后維翰」傳，板「大宗維翰」傳，禮記孔子閒居「為周之翰」注皆同，是其義也。

剝

初六，蔑貞凶。

蔑，輕慢。

按說文：「蔑，勞目無精也。从苜从戍，人勞則蔑然也。」（莫結切十五部）鄭訓輕慢，乃叚懱字為之。說文：「懱，輕易也。从心，蔑聲。」（莫結切十五部）二字聲韵全同，故相通叚。又按釋文引馬云「無也」荀作「滅」。「無」，「滅」皆微母。鄭訓輕慢，慢亦明母，與「蔑」、「懱」同。足見諸師以音為訓，其易字者（荀作滅），亦因音而為之也（皆唇音）

六四象曰切近災也。

切，急也。

按說文，「切，刌也。从刀、七聲。」千結切。又曰「刌，切也。从刀，寸聲。」二字雙聲轉注。

按切爲刀切物，引申有迫近之義。廣雅釋詁三：「切，近也。」小爾雅廣詁同。後漢書襄楷傳「還切執法」注：「切謂迫近也。」有急切之義（迫近則急切）。論語子張「切問而近思」皇疏：「切猶急也。」素問「五常政大論，其候清切」注：「切，急也。」調經論「必切而出」注：「切謂急也。」

復復

反也，還也。

按雜卦傳「復，反也。」詩我行其野「言歸思復」傳、左襄二十八年傳「迷復凶」注，論語「克己復禮」孔注皆同。爾雅釋言：「復，返也。」返反義同。還亦反也。書舜典「卒乃復」傳：「復，還也。」國策齊策「田忌欲以楚權復於齊」注，小爾雅廣言同。

象曰商旅不行。

資貨而行曰商。旅，客也。

按周禮太宰，六曰商賈，阜通貨賄」注：「行曰商，處曰賈。」左宣十二年傳「商農工賈」疏：「行曰商。」白虎通商賈：「行曰商，止曰賈。」據周禮商賈主通貨賄，故文選魏都賦「賄以商通」劉注：「通物曰商。」物當指貨物。故鄭注云然。

旅者，雜卦傳：「親寡，旅也。」按客居在外，故曰親寡也。左莊二十二年傳「羈旅之臣」注：「旅，客也。」國語晉語「禮賓旅」注，廣雅釋詁四皆同。

初九，无祇悔。

祇，病也。

按祗字今易本疑誤，當作衹。詩小雅何人斯「俾我衹也」傳：「衹，病也。」正作衹。乃疧之借字。爾雅釋詁：「疧，病也。」詩小雅無將大車「衹自疧兮」傳，白華「俾我疧兮」傳皆同。疧爲本字，疧衹皆從氏聲。釋文：「衹音支，辭也。馬同，音之是反。韓佰祈支反，云『大也』。王肅作禔，時支反。陸云『禔，安也。』九家作敍，音支。」今按禔，敍、支、氏，廣韵皆在五支（即段十六部）氏在六脂（十五部）。支脂分立，段所創發，後代音韵家公認其是。知易本作衹者誤也。

六五象曰中以自考也。

考，成也。

按爾雅釋詁：「考，成也。」詩「考槃在澗」傳，江漢「作召公考」傳，載芟「胡考之寧」」傳，左宣十五年傳「下臣獲考」注，昭十五年傳「言以考典」注，禮運「以考其信」注皆同。

上六有災眚。

異自內生曰眚，自外曰祥，害物曰災。

按災眚皆非善徵，故以異祥訓之。祥兼吉凶二端，此主後者而言也。眚，祥者，漢書五行志中之上曰：「甚則異物生謂之眚，自外來謂之祥。」又曰：「時則有青眚，青祥。」李奇注：「內曰眚，外曰祥。」災者，公羊隱五年傳「記災也」注：「災者有害於人物，隨事而至者。」詩正月「正月繁霜」箋：「夏之四月……純陽用事而霜，多急恒寒若之異。」正義引洪範五行傳云：非常曰異，害物曰災。」眚災一義，左莊二十五年「非日月之眚不鼓」注：「眚猶災也。」合言則一也。

无妄

无妄

妄猶望，謂无所希望也。

按妄，望同在廣韵入聲四十一漾內，同巫放切（聲韵全同），此同音相叚之例也。

天命不佑。佑今作祐

佑，助也。

釋見泰卦。

六二，不菑畬。

一歲曰菑，二歲曰新田，三歲曰畬。

按爾雅釋地：「田一歲曰菑，二歲曰新田，三歲曰畬。」田謂熟田。說文：「樹穀曰田。」釋名：「已耕者曰田。」是也。菑，說文：「反耕田也。」郝懿行爾雅義疏曰：「江南以首春墾草爲翻田。」按反翻一字。蓋翻陳草使成草肥以糞田也。新田，孫炎曰：「新成柔田也。」畬，孫炎曰：「畬，和也，田舒緩也。」取畬有舒緩之義（說文：「余，語之舒也」）。然則新田與畬皆取土壤柔和。一歲、二歲、三歲，蓋休地力之意。

大畜

九三：良馬逐。

逐逐，兩馬走也。

按說文：「逐，追也。从辵，从豚省。」逐爲追，引申有奔馳之義。文選南都賦「群士放逐」注：「逐，馳逐也。」有相爭之義。左昭元年傳「諸侯逐進」注：「逐猶競也。」故競走謂之逐，漢書五行志上「後章坐走馬上林下烽馳逐免官」晉灼曰：「競走曰逐。」兩馬並馳，則曰逐逐。釋文於本條引薛注：「逐逐，疾並驅之貌。」此與鄭義合。

曰閑輿衛。

日習車徒。

按爾雅釋詁：「閑，習也。」釋文引馬傳，詩駟鐵「四馬既閑」傳，孟子滕文公下「閑先聖之道」注皆同。

輿者，說文：「輿，車輿也。从車，舁聲。」漢書嚴助傳「輿轎而隃領」注：「輿，車也」是。

衛者，說文：「衛，宿衛也。从韋帀，从行，行列衛也」左文七年傳「文公之入也無衛」服注：「衛，從兵也。」從兵即徒。左昭四年傳「且而皆召其徒」注：「徒，從者。」是也。

六五，豶豕之牙。

牙讀爲互。

按牙互二字形近，經傳每相易。小雅楚茨「或肆或將」傳：「肆、陳。或陳於互。」正義引周禮並誤作牙。漢書劉向傳「宗族盤互」師古注，「字或作牙。」鄭必易爲互者，周禮牛人「凡祭祀，共其牛牲之互」司農注：「互謂楅衡之屬。」後鄭云：「若今屠家縣肉格。」按互所以制豕之不馴也。魯頌閟宮「夏而楅衡」傳：「楅衡設牛角以楅之也。」箋：「楅衡其牛角，爲其觸觝人也。」則楅衡所以約制牲畜。經文六五「豶豕之互」，正與六四「童牛之牿」相次，皆爲約制牲畜之物。大畜象曰：「能止健，大正也」是。畜有止，養二義，鄭易牙爲互，正合經義也。

頤

初九，觀我朶頤。

朶，動也。

按朶與端同。釋文：「朶，多果反，動也。京作端。」集韻：「端，動也。易「觀我朶頤」京房讀都果切。」二字音義俱同，詳第二章一節。

習坎

六二，檢且枕。

木在手曰檢，在首曰枕。

按說文：「檢，書署也。从木，僉聲。又曰：「枕，臥所薦者也。从木，冘聲。」故鄭皆以爲木。書署，即今之簽題，引申爲緘封。段注：「凡印封爲檢。」有禁制之義。釋名釋書契：「檢，禁也。禁閉諸物使不得開露。孟子梁惠王「狗彘食人食而不知檢」注：「檢，制。」」於枕字，釋名釋牀帳又曰：「枕，檢也，所以檢項也。」鄭於檢枕二字，皆取約勒之義。以坎爲險，六三在二體之際，來之皆坎，進退不得，故鄭以此爲說也。

九五、祇既平。

祇當爲坻，小丘也。

按當爲者，訂其誤也。鄭以「祇」爲「坻」之誤字。蓋「祇」从「氏」聲（今本作「祗」者誤。釋文云「京作禔」。「禔」、「氏」皆在五支），「坻」从「氐」聲，在五支（十六部），「氐」在六脂（十五部），則作祇形、聲皆誤，故曰「當爲坻」也。

坻者，說文：「小渚也。从土，氏聲。」段注：「坻水中可居之最小者也。」文選上林賦「臨坻」注：「坻，水中山也。」皆在水中，本詩文（蒹葭「宛在水中坻」）也。

上六、繫用徽纆。

繫，拘也。

按繫與係二字音同（廣韻去聲十二霽內，係繫同音古詣切）相通。隨上六：「拘係之，乃從。」二字連用一義。說文：「係，絜束也。从人从系，系亦聲。」絜束即拘束之義。後漢書仲長統傳「得拘絜而失才能」注：「拘絜，謂有拘束而絜其身者。」絜亦束義（說文「絜，麻一耑也」段注：「一耑猶一束也」）。故鄭訓繫爲拘。

象曰明兩作離。

作，起也。

釋見前乾文言。

六五，出涕。

自目出曰涕。

按詩澤陂「涕泗滂沱」傳：「自目曰涕。」禮記檀弓「垂涕洟」釋文、萃卦「齎咨涕洟」虞注皆同。

象曰麗（今作離）王公也。

按「麗」、「離」二字，雙聲疊韻，其音至近。廣韻上平五支內，「離」、「麗」同音呂支切。又去聲十二霽內，亦有「麗」、「離」同音郎計切。呂郎皆來紐，故二字每通用，其訓同。離象曰：「離，麗也。」兌象曰「離澤兌」，今作「麗澤兌」。司馬相如大人賦「前長離而後矞皇」，漢書禮樂志作「長麗」皆是。

咸

象曰二氣感應以相與。

與猶親也。

按莊子大宗師「孰能相與於無相與」釋文：「與猶親也。」管子形勢「見與之交幾於不親」注：「與，親與也」是。

初六，咸其拇。

拇，足大指也。

按釋文引馬鄭薛云「足大指也」，則鄭從師說。集解引虞注：「母，足大指也。母拇，古今字。解「解而拇」陸注同。

六二、咸其腓。

腓，膊腸也。

按說文：「腓，脛腨也。从肉，非聲。」又曰：「腨，腓腸也。」按腓腸俗名脚肚，指脛中肥大處。廣雅釋親：「腓，腨也。」本條虞注：「腓，脚膊。」膊亦當指腓腸。然釋名釋形體：「膝頭曰膊。」則去腓腸較遠矣。

九五，咸其脢。

脢，背脊肉也。

釋見二章三節。

上六象曰媵（今作滕）口說也。

媵，送也。

按爾雅釋言：「媵，送也。」左莊十九年傳「媵陳人之婦」釋文，楚辭天問「媵有莘之國」注，儀禮燕禮「媵觚於賓」注皆同。又媵滕以偏旁相同（以說文騰从朕聲例之），故相叚也。

恒

恒

恒，久也。

按恒彖曰：「恒，久也。」序卦、雜卦傳同。鄭從傳義

初六、濬（今作浚）恒。

釋見二章二節

上六、振恒。

振，搖落也。

按說文：「振，舉救也，一曰奮也。」奮者鳥張羽大飛（說文及段注），固有動意。釋文於本條引馬注：「振，動也。」廣雅釋詁「禮記月令「蟄蟲始振」」注皆同。文選西京賦「振朱屣」薛注：「振猶掉也。」掉即搖動義（說文：「掉，搖也。」又曰：「搖，動也」）。鄭訓搖落，即由動義引申而出，又本之師說也。

遯　遯

遯，逃去之名也。

按說文：「遯，逃也。从辵从豚。」廣雅釋詁二：「遯，去也。」爾雅釋言「遜遯也」孫注：「遯，逃去也。」皆是。

九三象曰有疾憊也。

憊，困也。

按荀子賦「往來惛憊」注：「憊，困也。」憊之爲困，以其力窮也。漢書樊噲傳「又何憊也」，注：「憊，力極也。」通俗文亦曰：「疲極曰憊。」精力疲竭則困劣不堪，故既濟九三象曰憊也，康成又曰：「憊，劣弱也。」

九四，小人否。

否，塞也。

按否彖曰：「則是天地不交而萬物不通也。」塞之義出此。禮記月令孟冬之月曰：「天氣上騰，地氣下降。天地不通，閉塞而成冬。」陳皓集說曰：「不交則不通，不通則閉塞。」否閉雙聲，閉亦訓塞（廣韻）故否卦名下釋文：「否，塞也。」本卦釋文引王肅注，月令「天氣下降」疏、列子天瑞「聖有所否」釋文皆訓塞。又廣雅釋詁二：「否，隔也。」其義亦相足。

大壯

大壯

壯，氣力浸强之名。

按說文：「壯，大也。」爾雅釋詁、詩采芑「克壯其猶」傳同。卦辭「大壯利貞」疏：「壯者强盛之名。」廣雅釋詁二：「壯，健也。」呂覽仲夏「養壯狡」注：「壯狡，多力之士。」是其義。

九三，纍（今作羸）其角。

釋見前二章三節。

六五，喪羊于易。

易謂佼易也。

按易緯乾鑿度曰：「易者，易也，變易也，不易也。……易者以言其德也。通情無門，藏神無內也。光明四通，佼易立節（從明錢叔寶本作佼、別本作傚）。……不煩不撓、淡泊不失，此其易也」康成注曰：「佼易者，寂然無爲之謂也。」按易緯言易，即謂簡易。康成本之以立易簡之名（論易三義，說見二章四節及三章一節）。本條注文即取易緯「佼易」（簡易）之義也。王輔嗣注易，閒取鄭義。王於本條下曰：「能喪壯於易，不於險難，故得无悔。」疏本注義而曰：「若於平易之時……。」以平易訓易，則與簡易義近，平易則不煩不撓矣。按說文及廣雅皆訓佼爲交。此佼之別一義（管子明法解曰：「群臣皆忘主而趨私佼。」彼即以佼爲交）。「交易」之義，與此不合。

上六象曰不祥也。

祥，善也。

按爾雅釋詁：「祥，善也。」書伊訓「作善降之百祥」傳、廣雅釋詁一、詩大明「文定厥祥」傳、禮運「是謂大祥」注、左僖三年傳「棄德不祥」注皆訓同。

晉

晉康侯。

康，尊也，廣也。

按康有盛大之義。淮南天文「十二歲一康」注：「康，盛也。」史記屈原賈生傳「而寶康瓠」李巡注：「康謂大。」禮記祭統「康周公」注：「康猶褒大也。」尊，高也（廣雅釋詁四），高大之義相因，故康訓尊也。廣亦訓大（廣雅釋詁一、詩六月「四牡脩廣」傳同），故曰「康，廣也」，二字亦音訓（康溪母，廣見母，同爲牙音），叚音以通其義也。

用錫馬蕃庶

蕃（發袁反）庶（止奢反），謂蕃遮禽也。

按「庶」、「遮」二字雙聲叠韵。說文：「遮，遏也。从辵、庶聲。」遮，止車切，五部。庶，商署切，亦五部。又蕃遮連用，蕃叚爲藩，蕃藩皆甫煩切十四部，二字亦雙聲叠韵，故相叚用。說文：「藩，屏也。」屏，蔽也。

晝日三接

接（音捷），勝也。

「捿」、「捷」二字雙聲叠韵。捿，即葉切，精母；捷，疾葉切，從母；皆在廣韵入聲二十九葉內。凡雙聲叠韵之字，其音全近，故相叚用。捷訓勝者，爾雅釋詁：「捷，勝也。」詩采薇「一月三捷」傳，周語「且獻楚捷」注皆同。

象曰君子以自照（今作昭）明德。

按說文：「照，明也。从火，昭聲。」凡形聲字與其音符多同音，故相叚。又照昭二字皆从召聲，召从刀聲，其字根全同故也。

初六，晉如摧如

摧，讀如「南山崔崔」之崔。

按說文：「摧，擠也。从手，崔聲。」讀从本字之音符，其音同也。「南山崔崔」，詩齊風南山文也。傳：「崔崔，高大貌」。

摧退也。

按釋文於摧如下云：「摧退也」，集韻平聲六脂云：「摧退也」是其義。

六二，晉如愁如。

愁（子小反），變色貌。

按文選上林賦「愀然改容」注：「愀然，變色皃。材誘切。」禮記哀公問「孔子愀然作色而對」注：「愀然，變動皃也。」釋文：「愀，七小反，舊慈糾反，又在由反，又音秋，又子了反。」

右訓變色、變動，字作愀（立心）。

楚語「子木愀然」注：「愀然，愁皃。荀子修身「見善愀然」注：「愀然，憂懼也。」

右訓憂懼，訓愁，則與今愁字（說文愁、息也）義同，字亦作愀形。則「愁」、「愀」本一字而多義，後人因義而別其音，而異其形者，爲多事矣。鄭本「愁」下「子小反」與禮記釋文之「子了反」一音。廣韻上聲三十小內有「勦」字，正音「子小切」，而愀字則音「親小切」，與禮記釋文之「七小反」正同。愁字廣韻在平聲十八尤，尤幽與宵豪（小者宵之上聲）古相通。按一字多義，愁下子小反，乃後人所加，當時但有讀如也。

九四、晉如鼫鼠。

詩云：「碩鼠碩鼠，無食我黍。」謂大鼠也

按碩鼠二句，詩唐風碩鼠文。本條鄭注實讀「鼫」爲「碩」，而不曰讀爲者，以二字同从石聲（說文），其音符相同，不煩易字。足見康成詁易，但重音義，不拘形體。而尤以音爲主也。故本條直以詩文爲訓，其義自明也。子夏傳直作碩（釋文）與鼫義別。鼫、五技鼠也（說文、釋文同）。

六五、矢今作失得勿恤。

按晉坤下離上，離爲戈兵（說卦），故孟馬鄭虞王肅本皆作「矢」。馬王云：「離爲矢」（釋文引）。集解引荀曰：「離者射，故曰矢得。」則荀爽亦作「矢」。馬鄭荀虞皆作「矢」，知古本如此。今作「失」者，以字形相似，義又近得，故後人易作「失」也。

明夷

明夷

夷，傷也。

按序卦傳：「夷者，傷也。」成十三年傳「芟夷我農功」注：「夷，傷也。」昭五年傳「明夷日也」注、小爾雅廣言同。按說文：「痍，傷也。从疒、夷聲。」則經傳乃叚夷爲痍也。

彖曰以蒙大難。

蒙猶遭也。

按蒙有冒犯之義。左襄十四年傳「蒙荊棘」注：「蒙，冒也。」漢書鼂錯傳「蒙矢石」注：「蒙，冒犯也。」冒犯，親身所遭遇也。又訓被。國語晉語「閒蒙甲胄」注：「蒙，被也。」漢書杜欽傳「申生蒙無罪之辜」注同。被亦身所遭遇，故曰「蒙猶遭也。」猶者，音隔而遙通其義也。

文王似（今作以）之，箕子似之。

按說文：「佀，像也。从人、㠯聲」㠯，今作「以」。故以「似」代，以古音同故也（似以古同在一部）。

六二，睇于左股。

旁視爲睇。

按說文：「睇，小衺視也。从目、弟聲。」衺視即旁視，視不正也。禮記內則「不敢睇視」注：「睇，傾視也。」傾亦不正。大戴記夏小正「來降燕乃睇」傳：「睇者，眄也。」眄亦衺視（說文：「眄，一曰衺視也」）也。

用拯馬。

拯，承也。

按「拯」、「承」二字疊韻，（承在十六蒸內，拯音蒸上聲，拯在四十二拯內，拯韻爲蒸韻之上聲）一義。說文：「拯，上舉也。」集韻四十二拯內，「抍」、「承」、「撜」、「拯」、「丞」五字連屬，同音，同音蒸上聲，同訓上舉。釋文於渙初六「用拯」二字下引馬傳曰：「拯，舉也。」承字从手从卩从廾，奉也，受也（說文）。奉者奉持，字亦从手廾，皆有舉義。故鄭以承訓拯也。

家人

初九，閑有家。

閑，習也。

釋見大畜九三。

六二，在中饋。

饋，食也。

按漢書谷永傳「易曰在中餽」注：「餽與饋同（按鬼聲、貴聲，同在段十五部，二字音符同部，義得相通）。饋，食也。」後漢書楊震傳「易曰在中饋」注同。淮南氾論「一饋而十起」注：「饋者食也。」是其義。

九三，家人嗃嗃。

嗃嗃，苦熱之意。

按熇嗃二字通用。熇訓熱，訓熾盛。說文：「熇，火熱也。从火高聲。」（火屋切二部）大雅板「多將熇熇」傳：「熇熇然熾盛也。」素問瘧論「無刺熇熇之熱」注：「熇熇，盛熱也。」埤蒼：「熇，熱貌也。」二字皆從高聲（以形聲字偏旁例之，熇亦當從高聲）。說文新坿：「嗃嗃，嚴酷貌。从口，高聲。」凡音符相同之字，其讀音每同。故廣韻入聲十九鐸內有「謞」、「熇」、「嗃」三字同音呵各切。（釋訓「謞謞」舍人注：「盛列皃。」此即詩板之「熇熇」，音符皆同故。）釋文於「嗃」字下曰：「鄭云苦熱之意，荀作確確，劉作熇熇。」知諸師異字、多以音近故（說見前）。廣韻十九鐸內有「膗」字，與「嗃」、「熇」、「謞」三字同音可證。又按鄭訓苦熱，前人多以為正字宜作熇。然鄭詎不知熇字从火有熱義？蓋鄭之詁易，每以音通義，不拘執一字之形體。二字音符相同，故由音直段熇字之義而已。

婦子嘻嘻。

嘻嘻，驕佚喜笑之意。

按釋文於「嘻嘻」下曰：「喜悲反，馬云『笑聲』，鄭云『驕佚喜笑之意』張作『嬉嬉』，陸作「喜喜』。」集解引侯果曰：「嘻嘻，笑也。」則侯亦作「嘻嘻」。據上引，則馬鄭王弼侯果俱作「嘻嘻」，張作「嬉嬉」，陸作「喜喜」。三字形略異，「然皆以「喜」爲字根。

說文：「喜，樂也。从壴，从口。」無「嬉」、「嘻」字。按喜笑悅樂之意，主從壴字而出，壴乃鼓之初文也。

說文：「壴，陳樂也。立而上見也。从屮从豆。」徐鍇曰：「壴，樹鼓之象。屮，其上羽葆也。象形。」戴侗曰：「壴，樂器也。其中蓋象鼓，上象設業崇牙之形，下象建鼓之虡，『伯曰：疑此即鼓字，鼓，擊鼓也，故从支。』按徐戴之說是也。說文从豆之說非，餘則是。今以甲金文證之，壴實鼓之初文。鼓字，甲文作鼓前四一、四，又作鼓餘十二，金文作鼓克鼎，皆可證。左旁全爲鼓形，○爲鼓面，凵承鼓之物，屮其上飾，右則手持桴也。故鼓爲動詞，詩唐風山有樞：「子有鐘鼓，弗鼓弗考。」下「鼓」字與「考」同爲動字。鹿鳴「鼓瑟鼓琴」之鼓字同，然則壴爲名詞無疑矣。壴樂器，聞樂則樂，樂斯笑，故又从口，則喜笑悅樂之義，喜字具之矣。或作嘻，或作嬉，皆以字根同，音同而相叚也（凡字根相同之字，其義每通，說見前）廣韵「嘻」在平聲七之內，許其切，「嬉」、「禧」、「瞦」、「譆」、「熹」皆與「嘻」同音。「喜」在上聲六止內，虛里切，「憙」「嬉」三字同音。「嬉」又在去聲七志內，許記切，與「憙」同音。按之止志四聲相承。「閒嘗分析廣韵內形聲字偏旁，凡平聲有某音符，則上去亦有之，則以四聲不過讀音時有長短强弱高低之分耳。以形聲字音符分佈之情況可見（同音符之字，音近，其義每通）。要之「喜」、「嘻」、「嬉」三字之字根同，得相通叚。鄭之訓義，於「喜」字已具之矣。（左昭二十八年傳「妹喜」釋文云「本或作嬉」，此「喜」、「嬉」相通之證）。

九五，王假有家。

假，登也。釋文假更白反

按假字經傳多訓至。本條虞注：「假，至也。」泮水「昭假烈祖」傳、廣雅釋詁一皆同訓。而史記司馬相如傳「乘虛無而上假」徐廣曰：「假、至也。」文選劇秦美新「登假皇穹」注：「假，至也。」假字實有登義，上假即登也。假又訓升，訓上。漢書王莽傳上「未嘗遇時不行，陷假離朝」注：「假，升也。陷假者，被陷害而去所升之位也。」又傳中「予惟黃帝、帝少昊……皐陶、伊尹咸有聖德，假于皇天」注：「假，至也，升也。」淮南齊俗「其不能乘雲升假」注：「假，上也。」升假連用一義，與上引登假同，皆有登義。而師古訓升，升即登也。說文：「登，上車也。」段注：「引申凡上陞曰登。」廣韵十七登云：「登，升也。登，升疊韵，升在十六蒸，登蒸同在六部。

睽睽

睽，乖也。

按說文：「睽，目不相聽也。从目，癸聲。」段注：「聽猶順也。」二目不同視，則相乖違，故經傳多訓乖。序卦傳：「睽者，乖也。」廣雅釋言：「睽，乖也。」左僖十五年傳「遇歸妹之睽」疏同。法言重黎「天下孤睽」注：「睽猶乖離」，皆是。

六三，其牛挈、挈今作掣

牛角皆踊曰觢。

按「觢」字，爾雅，說文皆作「觭」，二字古通。爾雅釋畜第十九牛屬曰：「角一俯一仰（原洋低卬）觭，皆踊觢。」釋文：「觭字或作觢。」則觢觭字同（偏旁皆从㓞）。說文：「觭，一（段云一當作二是也、下文云一俯一仰，正與爾雅訓同）角仰也。从角，㓞聲。易曰、其牛觭。」（尺制切十五部）按踊者。挺拔直上之義（說文：「踊，跳也」）。爾雅注謂之「豎角」者也。諸家說解各異：：虞云「牛角一低一仰故稱觭。」（集解）子夏傳云：「犎，一角仰也。」荀作「觭」（釋文）。惟鄭說與爾雅說文合，有所本者是也。今作「掣」（廣韻去聲十三祭內，觭（時制切）掣（尺制切），二字疊韵，集韵則二字同音尺制切）則同音相叚也。

上九、後說之壺。（壺今作弧）

按釋文於「弧」字下云：「本亦作『壺』，京、馬、鄭、王肅、翟子玄作『壺』。」集解引虞翻曰：「說猶置也。兌爲口，離爲大腹，坤爲器。大壺有口，坎酒在中，壺之象也。」則虞亦作「壺」。京馬鄭虞皆作「壺」者，古本也。壺，酒器也（周禮掌客「壺四十」注）。說猶置也（詩甘棠「召伯所說」傳「舍也」，舍即舍止，安置之義）置壺以禮遇之，與上句「先張之弧」也（弓）正相對。今本作「弧」者，「壺」、「弧」二字音同（廣韵同音戶吳切，平聲十一模）故。

蹇

象曰往得中也。

中，和也。

釋見第三章三節

六四、往蹇來連。

連如字，遲久之意。

按詩皇矣「執訊連連」傳：「連連，徐也。」徐即遲緩之意。揚雄解嘲「孟軻雖連蹇」注：「言語不便利也。」不便利者，遲滯之義。莊子大宗師「連乎其好閉也」李注：「連，緜長皃。」崔注：「蹇連也。」按崔注義長。好閉者，遲緩不前之意。上引諸訓，「連」皆有遲久之意，然皆由蹇卦之義紬繹而出。象曰：「蹇，難也。險（上體坎）在前也。」險在前，故遲久而不敢進。又「蹇」、「連」一聲之轉（連在二仙，蹇在二十八獮、獮爲仙之上聲），故二字連用一義。

解

彖曰雷雨作而百果草木皆甲宅。

木實曰果。「皆」讀如人倦之「解」解謂坼呼。皮曰甲，根曰宅。宅，居也。

按「皆」、「解」雙聲（皆，古諧切；解，佳買切；俱見母）。

倦解者，人倦則支體弛緩解散，如草木解凍萌芽之徵也。序卦傳：「解者，緩也。」雜卦傳「解，緩也」禮記雜記「三日不解」注：「解，倦也。」文選東京賦「解罘放麟」注：「解，散也。」呂覽決勝「民解落」注同。草木解散則坼罅定根而生新皮，此雷雨之功也。

坼呼者，開裂之義，謂草木去故生新之事。詩閟宮「無災無害」箋，「不坼不副。」釋文：「坼，裂也。」廣雅釋詁二同。釋詁三：「坼，開也。」「呼」叚爲「罅」（皆从乎聲、罅从虖聲，虖从乎聲）。說文：「罅，裂也。」廣雅釋詁二同。文選蜀都賦「欃栗罅發」劉注：「罅發，栗皮折罅而發也。」

皮曰甲者：釋名釋形體：「皮，被也。被覆形體也。」則與甲同其用。草木之皮，如人之被甲，故謂皮曰甲。

根曰宅者：根，草木之所依託，如人之在宅也。說文：「宅，人所託凥也。」「居」、「凥」古今字。故又曰「宅，居也」。又按皮（奉母）與甲（見母），根（見母）與宅（澄母），宅與居（見母），其聲類有關。皮、甲，古脣牙相通。根、宅，宅、居，古舌牙相通。如岡（古郎切）从网（文兩切）聲，岡牙音。网脣音。虔牙从文脣聲，更牙从丙脣聲，此脣牙古通之例也（形聲字在古必與其聲符同音故）。段（果五切見母）从殳（殳古音如投，定母）聲，巠（見母）牙从壬（透母）舌省聲，鯀（見母）牙从眔（定母）舌聲，此牙舌古通之例也。由此知「皮曰甲」、「根曰宅」、「宅居也」，皆以音爲訓，即音以見其義也。

損

象曰君子以徵（今作懲）忿懫（今作窒）欲。

徵猶清也。懫，止也。

按說文：「懲，㤄也。从心，徵聲。」（直陵切六部）徵爲懲之字根，字根與後起之形聲字、可相叚用（說見上），故今本作懲。「懫」、「窒」二字同在廣韻入聲五質內，爲疊韻，故相叚。

徵猶清者：鄭不取懲㤄、徵召二義，而叚「徵」爲「澂」。說文：「澂」，清也。从水，徵省聲。」（直陵切六部）徵爲澂之字根，二字音同，故相叚。徵不訓清（徵訓召），故曰猶。方言：「澂、清也。」「澂」、「澄」古今字，故釋文引蜀才作「澄」。

懫止也者：廣雅釋詁三：「懫，止也。」廣韻入聲五質同。

夬

夬揚于王庭。

夬，決也。揚，越也。

按夬彖曰：「夬，決也，剛決柔也。」序卦傳：「夬，決也。」雜卦傳同。說文：「夬，分決也。」是其義。

揚越也者：「揚」、「越」雙聲，揚與章切越王伐切皆喉音，故相爲訓。廣韵入聲十月，越：「揚也，逾也。」儀禮大射儀「上日揚」注：「揚，過去也。」按過去即越之義。說文曰：「𨒅，踰也。从辵、戉聲。」王伐切十五部又曰：「越，度也。从走，戉聲。」王伐切十五部「𨒅」、「越」二字音義同，踰即過去之義，易謙卦「卑而不可踰」是也。

九二、莫夜有戎，勿恤。

莫，無也。無夜，非一夜。

按莫無雙聲（莫慕各切明母、無武夫切微母），經傳每以無訓莫，此音訓也。書伊訓「亦莫不寧」傳：「莫，無也。」詩谷風「德音莫違」箋、禮記祭統「天子諸侯非莫耕也」疏、論語述而「文莫吾猶人也」集解、呂覽驕恣「群臣莫敢諫王」注皆同。而南唐書「越人謨信，未可速進」注：「謨，無也。閩人語音。」後漢書馮衍傳「肌者毛食」，衍集「毛」作「無」。按閩人讀「無」如「謨」（謨訓謀、从莫聲）今猶然。錢大昕曰：「古音『無』如『模』，聲轉爲『毛』，今荆楚猶有此音。」按「毛」亦明母，此同紐相轉，音理之自然，其例至多。足見康成常用音訓，初不關涉一字之形或義也。

「無夜，非一夜，」「無」、「非」亦雙聲。非一夜，每夜也，「每」、「無」亦雙聲每武罪切。

九三，壯于頯。頯今作頄

頯，夾面也。

按頯从𢍏聲，𢍏从肉聲，頄从九聲，蜀才作「仇」，亦九聲。𢍏聲、肉聲、九聲同在第三部，故頯頄相叚。頯者，說文：「頯，權也。从頁，𠃬聲。」渠追切三部「權」即今之「顴」字。廣韻下平二仙內，「權」、「顴」同音巨員切，顴下曰頄骨。「夾」爲「頄」之字根，「說文：「頄，面旁也。从頁，夾聲」。在面之兩旁，故曰夾面。謂之「權」者，取其稱也。釋名釋形體：「頄，夾也。面旁稱也。」是也。

九四、其行趑趄。趑趄今作次且

按說文：「趑，趑趄，行不進也。从走、次聲。」取私切十五部又：「趄，趑趄也。从走，且聲。」七余切五部又：「𧻝，倉卒也。从走，朿聲。」取私切十五部按「𧻝」、「趑」二字聲韻全同，故相叚用。「次且」爲「趑趄」之字根，則「次且」與「趑趄」爲古今字。「趑趄」義爲不進，兼取其聲，與踟躕一例，皆雙聲連語（趑趄皆清母字。踟躕皆澄母字）也。

九五、莧陸。

莧陸，商陸也。

按釋文引馬傳：「莧陸，商陸也。」、子夏傳：「莧陸，木根草莖。」王輔嗣注：「莧陸，草之柔脆者也。」

遘

遘今作姤

遘，遇也。

按說文：「遘，遇也。从辵，冓聲。」爾雅釋詁：「遘，遇也。」書金縢「遘厲虐疾」釋文、楚辭哀時命「夫何予生之不遘時」注皆同。「姤」、「遘」同在廣韻去聲五十候內，同古候切音同。

象曰后以施命詰（今作誥）四方。

詰（起一反），止也。

按「詰」「誥」二字音近（詰，去吉切，溪母。誥，古到切，見母。雙聲）形似，故相通用。書呂刑「度作形以詰四方」，漢書刑法志作「度時作形以詰四方」，是也。

詰止也者：周禮大宰「五曰刑典，以詰邦國」注：「詰猶禁也。」禁即制止之義。廣韻：「禁，制也，止也。」廣雅釋詁三：「禁，止也。」左昭十四年傳「詰姦慝」注：「責問也。」責問姦慝者，懲其既往，止其將來，亦有止義。詰訓止，自問義（說文「詰，問也」）引申而出也。

九二，包（百交反）有魚。

按釋文云：「包，本亦作庖，鄭百交反。」晁氏易云：「馬鄭讀爲庖。」庖从包聲，故二字相叚。周禮庖人注：「庖之言苞也。」苞亦从包聲，皆以音故。

九五，以杞包瓜。

杞，柳也。

按詩將仲子「無折我樹杞」陸疏：「杞，柳屬也」。又本條下虞注：「杞，杞柳，木名也。」孟子告子上「性猶杞柳也」注：「杞柳，柜柳也。」

萃

萃

萃，聚也。

按「萃」、「聚」雙聲（萃秦醉切從母。聚慈庾切亦從母），故以聚訓萃。說文：「萃，艸皃。」艸喜聚生，故引申有聚義。序卦傳：「萃者，聚也。」象曰：「萃，聚也。順以說，剛中而應，故聚也。」雜卦傳：「萃，聚。」廣雅釋詁三：「萃，聚也。」孟子公孫丑上「拔乎其萃」注同。

象曰君子以除戎器。

除，去也。

按詩蟋蟀「日月其除」傳：「除，去也。」疏：「除者棄去之名。」詩小明「日月方除」傳：「除，除陳生新也。」說文：「除，殿陛也。」殿陛即殿階，拾級迭更故有去舊之義也。

初六，一握爲笑。

握當讀爲夫三爲屋之屋。

按周禮小司徒「九夫爲井」注引司馬法曰：「夫三爲屋。」說文：「握，搤持也。从手，屋聲。」屋爲字根，故相叚也。

握小兒

按本條王輔嗣注：「一握者，小之貌也」。當本鄭義。又集韵一屋云：「握小兒」是也。

六二，孚乃利用禴。

禴，夏祭之名。

按「禴」字，說文作「礿」云「夏祭也。从示，勺聲。」（以灼切二部）廣韵「禴」、「礿」同在入聲十八藥內，音以灼切。龠聲、勺聲同在第二部。爾雅釋天：「夏祭曰礿。」詩天保「禴祠烝嘗」傳：「夏曰禴。」

上六，齎咨涕洟。

齎咨，嗟歎之辭。自目曰涕，自鼻曰洟。

按「齎」、「咨」二字，爲雙聲疊韵連語（廣韵二字同在上平六脂內，同音即夷切）。故二字一義（「齎」則叚「咨」之義。說文：「齎，持遺也」）。咨爲歎詞。書堯典「帝曰咨」傳：「咨，嗟也。」詩蕩「文王曰咨」傳、文選思元賦「咨姤嫮之難並兮」注同。呂覽行論「文王流涕而咨之」注：「咨，嗟歎辭。」

涕，見前離六五。

洟者：一切經音義引三蒼：「洟，鼻液。」本條虞注：「自鼻稱洟。」（集解引）

升

六四，王用享于岐山。

享，獻也。

按說文：「亯，獻也。从高省。曰，象孰物形。孝經曰：『祭則鬼亯之。』」爾雅釋詁：「享，獻也。」詩天保「是用孝享」傳、烈祖「以假以享」箋皆同。

九五、劓刖

劓刖當爲倪伔。

釋見第二章第二節。

井

象曰汔至亦未繘井

繘，綆也。

釋見小畜卦下

羸其瓶。

羸讀曰蘽。

按羸蘽二字雙聲（廣韵：羸，力爲切；蘽、纍，皆力追切）音近，故相通叚。

九二、井谷射（音亦）鮒。

射，厭也。

按爾雅釋詁：「射，厭也。」說卦「水火不相射」釋文引虞陸董姚王肅注、禮記中庸「矧可射思」注、詩清廟「無射于人斯」釋文並同。按「射」乃「斁」之叚借字。說文：「斁，厭也。」（羊益切）射聲、睪聲，亦同在第五部。「射」、「斁」古音同，故相叚也。

甕敝漏

甕，停水器也。

按「甕」通作「瓮」。廣韵去聲一送內，「瓮」、「甕」同音烏貢切，集韵同。說文：「瓮，罌也。从瓦，公聲。」（烏貢切 九部）又曰「罌缶也」。方言：「瓮，罌也。趙魏之郊謂之瓮，或謂之罌。」又按「甕」字，說文作「罋」云：「罋，汲瓶也。」段注：「罋俗作甕。」則甕乃汲瓶，與停水之器當有別。鄭云停水器，則借用「罋」字也。

革革

革，改也。

按說文：「革，獸皮治去其毛，革更之象。」獸皮治去其毛，已改其故，故雜卦傳云：「革，去故也。」書堯典「鳥獸希革」傳，「革，改也。」周禮司刑「革輿服制度」疏同。革卦辭下正義曰：「革，改變之名。」

鼎

象曰君子以正位凝命。

凝，成也。

按「凝」字，說文作「冰」云：「冰，水堅也。从水仌。凝，俗冰从疑。」按今以冰爲仌。按水之爲仌，已有凝成之意。故傳注多訓成。書臯陶謨「庶績其凝」傳：「凝，成也。」本條虞注同。禮記中庸「至道不凝焉」注：「凝猶成也。」鄉飲酒義「天地嚴凝之氣」注同。

初六，鼎顚趾。

顚，踣也。

按後漢書隗囂傳「妻子顚隕」注：「顚，踣也。」踣，僵也（見說文。廣韵：「踣，倒也」）。字又作「仆」（廣韵「踣」、「仆」同在五十候內，同音匹候切）。詩蕩「顚沛之揭」：「顚，仆也。」疏：「顚是倒頓之名。」楚辭愍命「顚衣以爲裳」注：「顚，倒也」又按顚之本義爲頂（見說文）。頂固在上，若頂而向下則爲顚倒、顚隕矣。故離騷「厥首用夫顚隕」注：「自上而下曰顚。」此顚之所以訓踣也。

六二，我仇有疾。

怨耦曰仇。

按左桓二年傳：「怨耦曰仇。」詩關雎「君子好逑」箋、兎罝「公侯好仇」箋、楚辭惜誦「羌衆人之所仇」注皆同。

九三、雉膏不食。

雉膏，食之美者。

按九三與上九不相應。經曰：「上九玉鉉，大吉，无不利。」上九大吉，而九三不得蒙其休惠。上當離體（鼎巽下離上），中虛，鼎實所在。說卦「離爲雉」，故譬有雉膏而不得食也。雉膏爲美食者：雉之文章，離所取象。又爲耿介之鳥，有倫有守（士相見禮「贄冬用雉」注：「士贄用雉者，取其耿介，交有時，別有倫也」）。雉之質性若此，其膏必美，理或然也。雉膏，諸師皆無說，惟鄭以爲食之美者，蓋理勢然耳。

九四，覆公餗。

糝謂之餗。

按餗，鼎實也。說文作「鬻」云：「鼎實。惟葦及蒲。陳留謂健爲鬻。从䰜、速聲。餗、或从食束。」（東聲、桑谷切，三部。）據說文，則餗爲或體，「餗」、「鬻」一字。又鼎實多種，或肉或菜，或粥，或羹，皆可入鼎供食。說文曰「陳留謂健爲餗」，此餗之別一義。健，粥也，說文作「鬻」，「餰」「飦」「健」皆其或體（衍聲、干聲、建聲同在十四部）。故馬傳云：「餗，健也。」鄭「糝謂之餗」，「糝」亦糜粥之類。「糝」字爲「糂」之古文。說文於「糂」下曰：「糂，㠯米和羹也。从米，甚聲。即一曰粒也。糝，古文糂从參。」（桑感切七部）糝者米羹，餗者糜粥，故曰：「糝謂之餗。」「糝」、「餗」二字雙聲，故同訓。（亦音訓）爾雅：「糝謂之涔。」周頌「潛有多魚」傳曰：「潛，糝也。」潛即涔也。

震

震來虩虩。

虩虩恐懼貌。

按說文：「虩，易：『履虎尾虩虩。』虩虩，恐懼也。从虎，㷰聲。」許逆切 五部 按履九四有此五字，今作「愬愬」，馬本作「虩虩」，與說文同，虩聲、朔聲，同在第五部，故二字相叚。鄭訓恐懼與馬傳形義俱同，鄭從師說也。（本條釋文引馬鄭訓同。荀又作「愬愬」。足見「虩」、「愬」二字以音同而相叚也。）廣雅釋訓：「虩虩，懼也。」輔嗣注：「恐懼之貌。」其義皆同。

笑言啞啞

啞啞，樂也。

按說文：「啞，笑也。从口，亞聲。」馬傳：「啞啞，笑聲。」廣雅釋訓：「啞啞，笑也。」皆云笑，然笑樂相因，經已見笑字，故鄭云樂也。

震驚百里。

驚之言警戒也。

按之言者，因音以叚其義也。「驚」「警」二字音符相同，為雙聲疊韻（警，舉卿切，平十二庚。警，居影切，上三十八梗。梗為庚之上）故。

不喪匕鬯。

鬯，芬芳脩鬯，因名焉。

按說文：「鬯，以䰜釀鬱艸，芬芳攸服，以降神也。从凵。凵，器也。中象米。匕所以扱之。易曰：『不喪匕鬯。』」又曰：「鬱，芳艸也。」則鬯之所以芬芳者此也。秬酒者，禮記王制注：「鬯，秬酒也。」疏：「鬯者釀秬黍為酒，和以鬱金之草，謂之鬱鬯。」鬯與暢通。漢書律厤志上「靡不條鬯」注：「鬯與暢同。」郊祀志上「草木鬯茂」注同。按「鬯」、「暢」二字同在廣韻去聲四十一漾內，俱音丑亮切，同音相叚。鬯者，取其香氣條暢也。周禮春官序官鬯人注：「鬯，釀秬爲酒，芬香條暢於上下也。」禮記郊特牲「鬱合鬯」疏：「鬯謂鬯酒，煮鬱金草和之，其氣芬芳調鬯也。」

六二、億喪貝。

十萬曰億。

按書洛誥「公其以予萬億年」傳：「十萬曰億」泰誓「紂有臣億萬」釋文、詩假樂「子孫千億」箋、國語鄭語「計億事」注皆同。

六三、震蘇蘇。

蘇蘇，不安也。

按正義：「蘇蘇，畏懼不安之貌。」釋文：「蘇蘇，疑懼貌。」又引王肅注：「蘇蘇，躁動貌。」

上六、震索索

索索猶縮縮，足不正也。

按猶者，譬況之詞，但取其義而已。縮縮，局促不安之意。論語鄉黨「足蹜蹜如有循」，注「足蹜蹜如有循，舉前曳踵行。」正義曰：「蹜蹜，玉藻作縮縮。說文無『蹜』字，『縮』下云：「一曰蹴也。」『蹴』與『蹙』一字。詩「蹙蹙靡所騁」鄭箋：『縮小之貌。』縮小亦不敢自肆意。」按蹜縮相通，其偏旁同也。縮即蹙迫之意，以見不安。鄭謂足不正，即不敢放步而行也。

視。矍矍

矍矍，目不正。

按說文：「矍，佳欲逸走也。从又持之瞿瞿也。一曰視遽貌。」按佳欲逸走與視遽之義相足。佳欲逸走，則惶遽四顧，亦見不安之狀，故謂目不正，不暇正視前方也。本條釋文引馬注：「瞿瞿，中未得之貌。」亦明不安之意也。又按蘇蘇、索索、矍矍與經文虩虩，音義皆相近，取義震驚，皆有恐懼不安之意，正不必執字形以求之。索聲、穌聲、朔聲（虩一作愬）、䀠聲、瞿聲（瞿字，說文以爲會意，疑亦兼聲）皆在第五部，索蘇爲雙聲也。

艮

艮

艮之言很也。

按之言者，因音以通義。很从艮聲，古音同在十三部，故相叚。

說文：「艮，很也。从匕目。匕目，猶目相匕，不相下也。」古根切十三部又曰：「很，不聽從也。一曰行難也。从彳艮聲。」胡懇切十三部不相下，不聽從，即相持也，則其義亦近。

九三、艮其限。

限，要也。

按釋文引馬傳：「限，要也。」荀爽注同。集解引虞翻曰：「要帶處也」王輔嗣注：「限、身之中也。」輔嗣每用鄭義。

列其䐪。䐪今作夤

釋見第二章一節。

漸

初六，鴻漸于干。

干，大水之傍，故停水處。

按「干」疑即「岸」之叚借字。說文：「岸，水厓而高者。从屵干聲。」岸，五旰切，在十四部。

干、古寒切，亦在十四部。二字雙聲疊韵，古每以音符代後起之諧聲字（說見上）。岸即水邊地，惟較高耳。詩伐檀「寘之河之干兮」傳：「干，厓也。」按厓，說文及廣韵皆訓山邊。詩之「干」亦當指岸，實非山邊。云「厓」者，擬之詞。「干」指水邊地。經傳詁訓每同。本條釋文引陸注：「水畔稱干。」又翟注：「干、涯也。」正義：「干，水涯也。」管子小問「昔者吳干戰」注：「干，江邊地也。」鄭云「故停水處」者，向者停水，今已涸而爲高起之地矣。

九三、婦孕不育。

孕猶娠也。

按「孕」、「娠」之義全同。廣雅釋詁四、孕、娠皆云「㑗也」（「㑗」、「身」、「娠」三字同音通用）。左僖十七年傳「梁嬴孕過期」注：「懷子曰孕。」左哀元年傳「后緡方娠」注：「娠，懷身也。」例多不具引。鄭必曰「猶娠」者，疑以今釋古耳。故虞注亦曰：「孕；妊娠也。」

象曰離群醜也。

離猶去也。

按廣雅釋詁二：「離，去也。」列子天瑞「而未相離也」釋文，淮南俶眞「皆欲離其童蒙之心」注皆同。

歸妹

六三、歸妹以須。

須，有才智之稱。

按詩桑扈疏引鄭志：「須，才智之稱。」須字無此義（須爲面毛，在頤下者）。鄭借「需」爲「秀」（見需卦注），亦借「須」爲「秀」（需，須同音相俞切）。「須」、「秀」雙聲（秀、息救切。須、秀同屬心母）。釋名釋天：「秀者物皆成也。」釋形體又曰：「鬚，秀也。物成乃秀，人成而鬚生也。」（「須」、「鬚」古今字）人之俊彥，古稱秀才、秀士，秀即才智之稱也。

豐

豐

豐之言腆，充滿意也。

按之言皆通其音義以詁經。豐、敷隆切；腆，他典切。二字音隔，僅通其義耳。說文：「豐，豆之豐滿也。从豆象形。」此言豆之大，不如腆之實多其物。說文：「腆，設膳腆腆多也。从肉、典聲。」故以腆爲釋也。

初九，遇其妃主。

嘉耦曰妃。

釋見第二章二節。

六二、豐其菩菩今作蔀

菩，小席。

釋見二章二節。

九三，豐其芾。芾今作沛

芾、祭祀之蔽膝。

按「芾」、「沛」以偏旁同，故相叚。「芾」即「巿」也。詩甘棠「蔽芾甘棠」、韓詩作「蔽茀甘棠」，「茀」、「芾」同音相叚（廣韻去聲八未內，「芾」、「茀」二字同音方味切）。「茀」亦通「巿」（說文「茀」、「巿」二字皆分物切）鄭於既濟六二又叚「茀」爲「巿」。本條「芾」字，即叚「芾」爲「巿」也。（廣韻入聲八物內「巿」、「芾」、「紱」、「韍」同音分勿切）說文：「巿，韠也。上古衣，蔽前而已，市目象之。从巾，象連帶之形。韍，篆文市从韋从犮，俗作紱。」（分勿切十五部）又曰：「韠，韍也。」「市」、「韠」二字轉注，一義。市象原始衣形，所以蔽前。禮記玉藻「韠君朱」注：「韠之言蔽也。」儀禮士冠禮「緇帶素韠」釋文：「韠，蔽膝也。」釋名釋衣服：「韠，蔽膝也，所以蔽膝前也。」

按市以蔽前，蔽前則蔽過膝（韠之制，下廣二尺，上廣一尺，長三尺），故鄭曰蔽膝。知市用於祭祀者，說文七篇下市部「韐」下段注：「大夫以上祭服用元冕，爵弁服，其韠曰紱。」詩小雅「瞻彼洛矣，靺韐有奭」箋：「靺韐，祭服之韠。」是也。

日中見昧。（昧今作沬）

按「昧」、「沬」同从未聲，故相叚。鄭於昧字無訓。

上六，闃其无人。

闃，无人貌。

按豐上六經文曰：「闃其戶，闃其无人。」則闃狀无人，文勢甚明。故釋文引馬傳：「闃，无人貌。」鄭從師說也。餘或訓靜，釋文引字林，文選登樓賦注引埤蒼皆訓靜。或訓空，本條虞注是也。說文無「闃」字，新附有之。按「闃」即叚「寂」字之義也。廣韻寂（前歷切從母齒）闃（苦鶪切溪母牙）二字疊韵（同在入聲二十三錫內）；又古齒牙互通，其例至多，如洎（巨至切羣母、牙）从自（疾二切從母、齒）聲，邪（似嗟切邪母齒）从牙（五加切疑母牙）聲……是也。廣韻：「寂，靜也。」又「闃，寂靜也。」其義正同。

象曰天際祥（今作翔）也。

際當爲瘵。瘵，病也。

按「祥」、「翔」二字同在廣韻下平十陽內（同音似羊切），以音同相叚。瘵者，說文：「瘵，病也。从疒，祭聲。」（側介切十五部）「祭」亦在十五部。「際」亦从祭聲，故「際」，「瘵」二字易於互易。爾雅釋詁瘵亦訓病，小雅菀柳「無自瘵焉」傳同。惟箋云：「瘵，接。」。則鄭於詩，易「瘵」爲「際」，故釋文曰「鄭音際」。

自戕（今作藏）也。

戕，傷也。

釋見第二章三節。

旅

初六，旅瑣瑣。

瑣瑣猶小小也（儀禮聘禮疏引無「也」字，王本有「也」字。釋文：「鄭云：瑣瑣，小也。」

按凡言猶者，音義隔而欲通之也。今瑣小二字音義相關，不必猶通，當從釋文作「瑣瑣，小也」爲是。爾雅釋訓：「瑣瑣，小也。」集解引陸績注同。詩節南山「瑣瑣姻亞」傳：「瑣瑣，小貌。」又訓細碎。後漢呂強傳「陛下惑其瑣才」注：「瑣，細也。」又劉梁傳「庚桑瑣隸」注：「瑣，碎也。」瑣之訓小、訓細、訓碎，音義雙涉，以皆齒音也。瑣（蘇果切心母），小（私兆切心母），細（蘇計切心母廣韻小也），碎（蘇內切心母細破也），諸字皆爲齒頭音；凡齒音字，每有小意，於茲可見。又知聲音之於詁訓，關涉至鉅。康成詁經，多由音通義，誠得其旨要也。

九四，得其齊（今作資）斧。

按釋文於「資斧」下云：「如字。子夏傳及衆家並作『齊斧』。張軌云：『齊斧，蓋黃鉞斧也。』張晏云：『整齊也。』應邵云：『齊利也。』虞喜志林云：『齊當作齋，齋戒入廟而受斧。』下卦同。」按二張應虞皆即齊字以爲訓。宋翔鳳周易考異又廣引諸書作齊斧者如次：漢書叙傳：「終用齊斧。」蔡邕集太尉橋公碑：「爰將度遼，亦由齊斧。」文選陳孔璋檄吳將校部曲：「要領不足以膏齊斧。」晉書樂志：「乃整元戎，以膏齊斧。」宋又云：「虞荀均作齊斧，李氏（按謂鼎祚）並據王弼本改之也。」據上述，則宋以爲當作「齊斧」，故廣引群書以實之耳。按今本作資斧爲正字，諸師作齊斧爲叚借字，皆是。資齊雙聲（資上平六脂即夷切精母，齊上平十二齊徂奚切從母），同爲齒頭音，以音近相叚用。其執齊字以爲訓者，昧音借之例，隔絕音義之通道，徒自紛擾，無裨經義。資斧之義至爲簡明。資者，貨財，經傳通訓。說文：「資，貨也。从貝，次聲。」九家易注：「資，財也。」詩板「喪亂蔑資」傳、齊語「無受其資」注皆同。資爲貨財，人所取給，故有用義。廣雅釋詁四：「資，用也。」老子「善人之資」注同。資用不限於貨幣，糧食亦曰資。左僖三十三年傳「惟是脯資餼牽竭矣」注：「資，糧也。」是皆行旅所資用也。

斧者，說文：「斧，所以斫也。从斤，父聲。」雪樵經解謂「資以自利，斧以自防」，義猶未足。詩：「墓門有棘，斧以斯之。」斯，析也。於旅專供析薪之用。薪水，生活必需，故人有疾則曰有采薪之憂者，言生計不備也。此資斧皆行旅必具之物。齊斧爲叚借之字也。

兌

象曰離（今作麗）澤兌。

離猶併也。

按「離」、「麗」二字相叚，說見離六五象曰下。併者，說文：「併，竝也。从人，幷聲。」竝爲二人竝立。兌上下皆兌體，兌爲澤，二澤相併麗，互注，君子以朋友講習象之，故注曰猶併也。

九四，商兌。

商，隱度也。

按「商」固訓「度」。廣雅釋詁一：「商，度也。」漢書趙充國傳「虜必商軍進退，稍引去」：注：「商，計度也。」隱亦訓度。廣雅釋詁一：「隱，度也。」爾雅釋言注同。鄭不直曰「度」，而曰「隱度」者，隱有安定之義。廣雅釋詁一：「隱，安也。」釋詁四：「隱，定也。」方言六同。禮記大學：「知止而后有定，定而后能靜，靜而后能安，安而后能慮，慮而后能得。」蓋安定而后計度，度必中理也。

渙

九五，渙汗其大號。

號，令也。

按呂覽懷寵「先發聲出號」注：「號，令也。」莊子田子方「何不號于國中曰」釋文：「號，號令也。」禮記樂記「鏗以立號」注：「號，號令。所以警衆也。」

中孚

象曰乘木舟虛也。

舟謂集板，如今自空大木爲之曰虛。

按「如今自」，「自」宜作「船」（說見第一章中孚卦內）。如今船句。此鄭以船釋舟也。古人言舟，漢人言船。集板者，並板爲之也。淮南氾論訓：「古者大川名谷，衝絕道路，不通往來也，乃爲窬木方版，以爲舟航。」注：「窬，空也。方，竝也，舟相連爲航也。」按古者空木爲舟，後乃集板爲之。注文「空大木爲之」句，正釋經文虛字。說文：「舟，船也，古者共鼓貨狄（人名）刳木爲舟。」空刳雙聲（空，苦紅切，溪母，刳，苦胡切，溪母）。易繫下亦曰：「刳木爲舟。」故鄭曰「空大木」也。

小過

象曰不宜上

上（如字）謂君也。

按廣雅釋詁一：「上，君也。」呂覽圜道「所以上下」注同。禮記中庸「上焉者」注：「上謂君也。」文選東京賦「上下通情」薛注：「上謂君。」按君在上位，故云然。

六五象曰已尚也。

尚，庶幾也。

按禮記大學「尚亦有利哉」注：「尚，庶幾也。」左文十八年傳「尚無及期」注，昭十三年傳「余尚得天下」注、文選思元賦「尚前良之遺風兮」舊注，詩兔爰「尚無爲」箋、大東「尚可載也」箋皆相同。

既濟

既濟

既，已也、盡也。濟，度也。

按說文：「既，小食也。从皀，旡聲。」段注：「此與口部嘰音義皆同。引申之義爲盡也，已也。」按既，已也，盡也。爲既之本義。就甲金文一目了然。甲文作[字形]藏一七八、四。[字形]前七、十八、一。金文作[字形]頌鼎、[字形]傳卣。與甲文一致，象人食已而去，口先向外，示既飽欲去之意。甲文即字作[字形]前五、二一、五。金文作[字形]盂鼎。正與既字相反，即象就食之形，旁置者皀（今簋），食器也。說文即字篆形作[字形]，猶略存初形，而以人（卪）爲卩（今節）。觀既之古形而訓已訓盡之本義立見，此則字形之不可不辨者也。既，已也，盡也，通訓。書堯典「九族既睦」傳：「既，已也。」詩汝墳「既見君子」傳，溱洧「士曰既且」箋，儀禮聘禮「既圖事」注皆同。書舜典既月傳：「既盡也。」詩載馳「既不我嘉」箋，儀禮鄉射禮「不拜既爵」注、左桓三年經「日有食之既」注皆同。濟度也者，左昭二十九年傳「遂濟窮桑」賈注：「濟，度也。」國語齊語「乘桴濟河」注，文選洛神賦「還濟洛川」注皆是。

六二，婦喪其茀。

茀，車蔽也。

釋見二章二節。

九三，象曰憊也。

憊，劣弱也。

釋見前遯九三。

九五，不如西鄰之禴祭。

禴，夏祭之名。

釋見萃六二

未濟

彖曰小狐汔濟

汔，幾也。

按虞注：「汔，幾也。」（集解引）井卦辭「汔至亦未繘井」虞注詩民勞「汔可小康」箋同。字今作
迄。

繫上傳

乾以易知。

佼易。

釋見大壯六五。

震无咎者存乎悔。

震，懼也。

按國語晉語「四夷莫不震動」注：「震，懼也。」周語「玩則無震」注，後漢書樂成靖王黨傳「不震厥教」注皆同。震之爲懼者，當取震爲雷（說卦），爲霆（左昭四年傳「雷出不震」注：「霆也」）。震卦辭曰：「震驚百里。」彖曰：「震驚百里，驚遠而懼邇也。」此所以迅雷風烈必變色而作也。

易與天地準。

準，中也，平也。

釋見第二章一節。

原始及今作反終。

按「及」「反」二字形近，字皆从又，故易訛。樂記「武王克殷反商」注：「反當爲及，字之誤也。」是其例。

而道濟天下。

道當作導。

按道導二字，經傳多通用。荀子非相「起於上所以道於下」注：「道與導同。」性惡「必將有師法之化，禮義之道」注同。漢書張騫傳「唯王使人道送我」注：「道讀曰導。」「爲發譯道抵康居」注，「烏孫發譯道送騫」注皆同。說文：「導，引也。从寸，道聲。」道爲音符，故相叚。

範圍天地之化。

範，法也。

按「範」字說文作「笵」云：「笵，法也。从竹、氾聲。」防爻切八部又曰：「範，範軷也。从車，笵省聲。」防鋄切七部則笵爲範之字根，故笵範二字相叚，正字當作「笵」。書洪範傳：範，法也。」爾雅釋詁，漢書成帝紀「夫洪範八政」注，孟子滕文公「吾爲之範我馳驅」注同。

故君子之道尟今作鮮矣。

尟，少也。

釋見第二章三節。

臧諸用（臧今作藏）

臧，善也。

按「臧」、「藏」二字古通（說見二章三節）。臧善，經傳通訓。說文：「臧，善也。从臣、戕聲。」爾雅釋詁、詩定之方中「終焉允臧」傳、野有蔓草「與子偕臧」傳，猗嗟「射則臧兮」箋，論語子罕「何用不臧」馬注皆同。

言天下之至賾而不可亂也。

賾當爲動。

按當爲者，訂其誤也。或形或聲，必有一誤，或二者俱誤。今二字之形與聲判然有別（不易淆亂），而曰當爲者，就文義以裁定之也。傳於上文旣曰：「聖人有以見天下之賾而擬諸其形容。」又曰「聖人有以見天下之動而觀其會通。」下文承之曰：「言天下之至賾而不可惡也。」當復曰「言天下之至動而不可亂也」於文理方順。鄭所見本，「至動」誤作「至賾」，故鄭曰：「賾當爲動。」正義曰：「以文勢上下言之，宜云至動而不可亂也。」蓋從鄭說。集解引虞翻曰：「動，舊誤作賾也。」亦可爲證。

儀（今作議）之而後動。

按「儀」、「議」二字，同从義聲，其音符相同，故相叚用。

樞機之發。

樞，戶樞也。機，弩牙也。

按說文「樞，戶樞也。从木，區聲。」。本條釋文引王廙注：「樞，戶樞也。」荀子富國「人君者所以管分之樞要也」注同。機，弩牙也。釋見屯六二。

其臭如蘭。

蘭，香草也。

按說文：「蘭，香艸也。从艸，闌聲。」穀梁昭八年傳「芝蘭以爲防」注「蘭，香草也。」離騷「紉秋蘭以爲佩」注同。

愼斯術也。

術，道。

按說文：「術，邑中道也。从行，朮聲。」食聿切十五部 文選蜀都賦「當衢向術」注：「術，道也。」孟子梁惠王「是乃仁術也」注：「是乃王爲仁之道。」

有功而不置置今作德

置當爲德。

按釋文云：「鄭陸蜀才作『置』，鄭云『置』當爲『德』。」此字形之誤也。古「德」字作「悳」，與「置」字形相亂。大戴哀公問五義云「躬行忠信，其心不置」，荀子哀公作「忠信而心不德」。此二字相亂之例，非相叚也。

君不密則失臣，臣不密則失身，幾事不密則害成。

幾，微也。密，靜也。

按廣雅釋詁四：幾，微也。」論語里仁「事父母幾諫」包注，書臯陶謨「一日二日萬幾」傳皆同。密，靜也。釋見小畜密雲不雨句。

野今作冶容誨淫。

飾其容而見於外曰野。言妖野容儀，教誨淫佚也。

按「野」、「冶」雙聲疊韵（廣韵野冶同在上聲三十五馬內，同音羊者切），其音同，故相叚用。或引列女傳曰：「避嫌遠別，終不野容。」而謂傳言「野處自障蔽」，欲以釋鄭易之「野容」，以爲顯露其容，非也（此執字形以求之也）。惠氏改「野」爲「冶」，亦非。鄭易用通叚字，逐處皆見，不煩指點，段氏謂「野」，「冶」皆「蠱」之叚借，謂張衡賦言「妖蠱」，今言「妖冶」，亦未允。妖蠱、妖冶，其義則同（皆見媚惑之意），非叚「冶」爲「蠱」也。竊妄謂「野」、「冶」皆「妖」之叚借字，妖爲正字。妖在廣韵下平四宵內，於喬切（說文音同），影母字。野冶同音，喻母，喻爲影之變音，故妖冶以雙聲相通叚。此詁訓之常，鄭易亟見。「妖」字說文作「媄」云：「媄，巧也。詩曰：『桃之媄媄。』女子笑皃。从女，芺聲。」巧有美飾之意（方言七，吳越飾貌謂竘，或謂之巧）。然美飾之過則爲妖。（妖者媄之省形）「野」、「冶」叚爲「妖」，故「冶」即訓「妖」。荀子非相「莫不美麗姚冶」注：「冶，妖也。」文選雪賦「紈袖慚冶」注同。一切經音義八引易劉瓛注：「冶，妖冶也。」（冶本鑪鑄之名）「飾其容而見於外」即謂之妖，有意爲之也。故鄭旋以妖野爲說也。又曰「教誨淫佚」者，淫佚皆放縱過甚之詞。說文作婬云：「婬，厶逸也。」「厶」，今作私，爲姦衺；「逸」爲恣肆，即自妖字生意也。

揲之以四。

揲，取也。

按揲字，本筮時計算蓍策之詞。策少易知；策多，必以手檢取而歷歷數之，方不致誤。故鄭訓「取」。揲之以四，四四數之也。說文：「揲，閱持也。」謂點清蓍數而手持之也。釋文：「揲，數也。」皆即計蓍時之事而爲訓，其義則相足也。

聖人之所以極深而研機（今作幾）也。

研喻思慮也。機當作幾。幾，微也。

按說文：「研，䃺也。从石，幵聲。」（五堅切十四部）又曰：「䃺，石磑也。从石，靡聲。」（模臥切十四部）䃺，今省作磨，即琢磨字，石相磨則愈細，思慮揣摩，則益精審，故以喻思慮。文選東京賦「研覈是非」薛注：「研，審也。」研之則詳審入微，故以訓研幾。幾，微也。釋見上「幾事」句。

神武而不殺者夫。

不意殺也。

按意字，疑傳本有誤，當作「衰」。集解引虞注：「反復不衰，故而不殺者夫」正以「衰」訓「殺」，是也。釋文於殺字下云：「王、鄭、王肅、干所戒反。」廣韻「衰殺」之「殺」亦音所拜反。就音義言注文「意」字，疑即「衰」之譌誤，經傳「衰」，「殺」同用義通。禮記「志微焦殺之音作」史記樂書作「焦衰」。漢書揚雄傳下「事罔隆而不殺」注：「殺，衰也。」呂覽長利「子孫彌殺」注同。儀禮士冠禮「德之殺也」注：「殺猶衰也。」「衰」，「殺」雙聲（衰楚危切初母。殺所拜切疏母），故連用義通。

易有太極。

極中之道。

釋見第二章四節，第三章第一節。

以定天下之吉凶，成天下之亹亹者，莫大乎蓍龜。

凡天下之善惡及沒沒之象事，皆成定之，言其廣大无不包也。

按注文，則是以善惡訓吉凶，以沒沒訓亹亹也。吉善者，說文：「吉，善也。从士口」。書皐陶謨吉哉」傳：「吉，善也。」詩摽有梅「迨其吉兮」傳，廣雅釋詁一均同。吉凶，善惡，皆對待之詞。吉爲善，則凶爲惡矣。說文：「凶，惡也。象地穿交陷其中也。」廣雅釋詁三：「凶，惡也。」亹亹，經傳每訓勉。

爾雅釋詁：「亹亹，勉也。」詩文王「亹亹文王」傳，崧高「亹亹申伯」箋皆同。國語周語「亹亹怵惕」注：「亹亹，勉勉也。」禮記禮器「君子達亹亹焉」注：「亹亹，猶勉勉也。」按「亹」之爲「勉」，此以雙聲爲訓也。（亹無匪切微母。勉亡辨切微母）鄭訓「沒沒」，「沒」，「亹」亦雙聲，（沒莫勃切明母）按「亹」、「勉」爲同紐雙聲，「亹」、「沒」爲異紐雙聲（明、微二母，均脣音也，古音不分）。詩鳧鷖「鳧鷖在亹」箋：「亹之言門也。」「亹」、「門」亦雙聲。（門莫奔切明母）鄭以音爲訓，篇中亟見之矣。本條訓「沒沒」，其義仍爲「勉」也。

有（今作又）以尚賢也。

按「有」「又」雙聲。（有云久切爲母，又于救切爲母）有，有韵；又，宥韵。有宥，爲尤之上去。故經傳二字通用。

詩終風「不日有曀」箋：「有，又也。」旣醉「昭明有融」箋、儀禮士相見禮「吾子有辱」注同。荀子正論「夫有誰與讓矣」注：「有讀爲又。」性惡「然則有何貴堯禹」注同。

繫下傳

何以守位曰仁。

持一不惑曰守。

按說文：「守，守官也。」官有責，必操持之，乃爲守。詩鳧鷖序「鳧鷖，守成也」疏：「執而不失謂之持，主而不失謂之守，守亦持也。」持守，主於一之謂。主一則不惑，故能久於其位。故守又訓久。廣雅釋詁三「守久也」是。

古者包犧。

包，取也。鳥獸全具曰犧。

按說文：「犧，宗廟之牲也。从牛，義聲。」呂覽行論「宋公肉袒執犧」注：「犧，牲也。」則犧牲義同，不言鳥獸。惟大戴記曾子天圓「序五牲之先後貴賤」注：「五牲，牛羊豕雞犬。」周禮膳夫「膳用六牲」注：「六牲，馬牛羊豕犬雞。」上言牲，中有雞，爲禽。周禮牧人「凡祭祀共其犧牲」注：「犧牲，毛羽完具也。」曰毛羽，則鳥獸具。左昭二十五年傳「三犧」服注：「三犧，雁鶩雉也。」此則鳥曰犧，故鄭謂鳥獸全具曰犧。

包取者，鄭叚「包」爲「捊」，「包」、「捊」雙聲疊韻，二字同在下平五肴內。（包布交切幫母、捊薄交切並母）「捊」字鄭訓「取」，見謙大象下。

後世聖人易之以書契。

書之於木，刻其側以爲契，各持其一以相考合。

按說文：「契，大約也。」契爲大約，故已書而復刻其側。周禮質人「掌稽市之書契」注：「書契，取予市物之劵也。其劵之象，書兩札，刻其側。」必兩書者，可以分合也。禮記曲禮上「獻粟者執右契」疏：「契謂兩書一札，同而別之。」管子輕重乙「使無劵契之責」注：「合之曰契。」

象也者像也。

像，擬也。

釋見第二章一節。

其殆庶幾乎。

庶，幸也。幾，覬也。

按爾雅釋言：「庶，幸也。」詩素冠「庶見素冠兮」傳、抑「庶無大悔」箋、江漢「王國庶定」箋皆同，

幾覬也者，覬爲覬覦，冀望之辭（廣韻：「覬覦，希望」）。「覬」、「冀」音同（廣韻同几利切）義通。「幾」則訓「冀」，書孔序「庶幾有補於將來」疏、盤庚下傳「言當庶幾相隱括」疏皆曰：「幾，冀也。」又訓望。史記晉世家「毋幾爲君」，呂不韋傳「則子無幾得與長子」，索隱皆曰：「幾謂望也。」「庶」訓「幸」，「幸」亦有所希求。說文：「覬，钦幸也。」是庶幾之義全同。幾，庶也（史記老莊申韓傳「則幾矣」索隱）。詩兔爰箋「尚庶幾也」疏：「庶幾者，幸覬之意也。」

男女覯精。（覯今作構）

覯，合也。男女以陰陽合其精氣。

按「覯」、「構」二字同从冓聲，故相易。

說文：「覯，遇見也。从見，冓聲。」詩公劉「迺覯于京」傳：「覯，見也。」詩草蟲「亦既覯止」傳：「覯，遇。」惟箋云：「既覯謂已昏。」與易注義相因，已昏則相結合也。尋覯之音符冓，已有合義。說文：「冓，交積材也。象對交之形。」曰「對交」，則已合矣。故从冓之字有合義。廣韻：「構，合也。」即其例。段於「覯」下曰：「毛云遇也，實含會合之義」是。

因貳以濟民行。

貳當爲式。

釋見第二章二節。

損德之脩也。

脩，治也。

按「脩」、「修」二字同从攸聲，古通用。訓「治」，乃「修」之引用義。說文：「脩，脯也。从肉，攸聲。」又曰「修，飾也。从彡，攸聲。」彡，毛飾畫文也，故爲修飾，爲治。禮記中庸「修道之謂教」注，「修，治也。」呂覽孟春「皆修封疆」注，文選東京賦「享候修勑」注，廣雅釋詁三皆同。

困德之辯也。辯今作辨

辯，別也。

按「辯」、「辨」二字音同皆符蹇切，故相叚。書堯典「辯章百姓」鄭注：「辯，別也。」禮記樂記「男女無辯」注、國語周語「言教必及辯」注、呂覽聽言「其有辯乎」注皆同。廣韻「辯」、「辨」二字皆訓「別也」，是其義。

益長裕而不設。

設，大也。周禮考工記曰：「中其莖，設其後。」

按周禮考工記桃氏載劍之形制曰：「中其莖，設其後。」注：「鄭司農云：『謂穿之也。』玄謂從中以卻，稍大之也。後大，則於把易制。」康成意謂：自劍身（莖）之中向後漸大，取便把制。故據文訓設爲大。疏云：「先鄭云：『穿之』，謂穿劍夾，內莖于中，故云『中其莖』。後鄭意，設訓爲大。故易繫辭云：『益長裕而不設。』鄭注云：『設，大也。』」周禮考工曰：「中其莖，設其後。』故云『從中以卻，稍大之；後大，則於把易制也。』」按設爲施陳（說文及廣雅均同）設，大也。鄭據周禮經文訓之也。

若夫雜物算（今作撰）德。

算，數也。

按「算」、「撰」二字古音通轉。算，蘇管切，在上聲二十四緩內，爲桓之上聲，心母、撰，士免切，在上聲二十八獮內，爲仙之上聲，牀母。桓仙二部古通。牀莊系，心精系，莊系爲精系之變聲，其聲類古同，故二字相叚。算，數也者，說文：「算，數也。从竹，从具，讀若筭。「爾雅釋詁：「算，數也。」小爾雅廣言、儀禮燕禮「無算爵」注，論語子路「何足算也」注皆同。

則居可知矣。

居，辭。

按居爲辭，則音基（廣韻：「居，語助，居之切」）。左成二年傳「誰居，後之人必有任是夫」注：「居，辭也。」禮記檀弓上「何居」注：「居讀爲姬姓之姬，齊魯之間助語也。」疏：「居，語辭。」禮記郊特牲「何居」注：「居讀爲姬，語之助也。何居，怪之也。」

成天下之亹亹者。

亹亹，沒沒也。

釋見上。

說卦

發揮於剛柔。

揮，揚也。

按說文：「揮，奮。从手，軍聲。」又曰「奮，翬也。」又曰：「翬，大飛也。」則奮爲鳥奮翼高飛，有振揚之意。又「揮」、「翬」二字音同（廣韻同音許歸切）相通。文選西征賦「終奮翼而高揮」注：「揮與翬古字通。」（二字同從軍聲）廣雅釋詁三：「翬，飛也。」方言十二：「翬，飛也。」飛揚一義，所謂「飛揚跋扈」（北史齊高祖紀）是也。

窮理盡性以至於命。

言窮其義理，盡人之情性，以至於命，吉凶所定。

據注文，則是以義理釋理，以情性釋性，以吉凶分定釋命也。理爲義理者，按說文：「理，治玉也。从王，里聲。」按理當爲玉之理也。治玉宜爲後起之義。玉之理，徹乎內外，異於凡物（段云「治之得其鰓理」，亦不以鰓理爲本義）。故以爲凡物之文理，凡事之條貫，荀子正名「道也者，治之經理也」注：「理，條貫也。」事理之有條貫，即謂義理。理即指義理。荀子賦「夫是之謂箴理」注：「理，義理也。」理又訓道。廣雅釋詁三：「理，道也。」淮南原道「是故一之理」注：「理，道也。」理爲道之精蘊。荀子正名「志輕理而不重物者，無之有也。」注：「理爲道之精微。」又爲是非之權衡。呂覽離謂：「理也者，是非之宗也。」斯理也，義理也。而謂之道者，人之所共由（論語雍也：「子曰：誰能出不由戶？何莫由斯道也？」），心之所同然也。孟子告子上：「心之所同然者，何也？謂理也，義也。聖人先得我心之所同然耳。故理義之悅我心，猶芻豢之悅我口。」心之所同然者，謂理也，義也，實即指義理。義理之悅我心，猶芻豢之悅我口，惟親嘗者知之耳。孟子於此分言，實則理即義也。禮記喪服四制：「理者，義也。」呂覽懷寵「必中理然後說」注：「理，義也。」分言之曰理曰義，合之則爲義理。義理者以義狀理，非理之外，別有所謂義理，故鄭以義理訓理也。

情性者，本自一物，皆天地之所生。春秋繁露深察名號：「天地之所生，謂之性情。」性與情固不可分。莊子庚桑楚：「性者生之質也。」荀子正名：「情者性之質也。」喜怒好惡謂之情，荀子天論：「好惡喜怒哀樂臧焉，夫是之謂天情。」然亦謂之性。大戴記文王官人：「民有五性，喜怒欲懼憂也

○」故荀子又混而一之。荀子正名：「性之好惡喜怒哀樂謂之情。」（此後人以靜動分性情之說所由起）實則情即性也。呂覽上德「此之謂順情」注：「情，性也。」淮南本經「人愛其情」注同。國語周語「而厚其性」注：「性，情性也。」情性一體，故鄭以情性釋性也。命，吉凶所定者，論衡偶會：「命，吉凶之主也。」命義：「禍福吉凶者，命也。」論語堯曰「不知命」孔注：「命謂窮達之分也，」皇疏：「命謂窮通夭壽也。」

雷風相薄。

薄，入也。

按釋文引馬傳：「薄，入也。」則鄭從師說也。又「陰陽相薄也」集解曰：「薄，入也。」按薄之爲入，自逼近之義引申之也。經傳「薄」多訓「迫」。書益稷「外薄四海」傳：「薄，迫也。」廣雅釋詁三，小爾雅廣言、左僖二十三年傳「薄而觀之」注、文十二年傳「薄諸河」注、國語吳語「今會日薄矣」注皆同。「薄」訓「迫」者，二字雙聲（薄並母，迫幫母），迫爲逼近，偪之急則入，故薄訓入也

莫盛乎艮。

盛音成，裹也。

按說文：「盛，黍稷在器中，以祀者也。从皿，成聲。」公羊桓十四傳：「黍稷曰粢，在器曰盛。」史記孝文紀「『以給宗廟粢盛』應劭注：「在器中曰盛。」在器中，則爲器所包裹，故盛有裹義。裹者包納物。漢書東方朔傳「壺者所以盛也」注：「盛，受物也。」受物即包納之也。

爲龍。

龍讀爲尨，取日出時色雜也。

按讀爲者易音以通其義（兼易其義）也。龍在三鍾，尨在四江，古音同在第九部，故易之也。周禮考

工記玉人「上公用龍」司農注：「龍當爲尨。」尨，雜色。左閔二年傳「衣之尨服」注：「尨，雜色。」考工記玉人「上公用龍」司農注：「尨謂雜色。」國語晉語「以尨衣純」注：「雜色曰尨。」按尨爲多毛之犬（說文），其字从彡（彡爲文飾），其色必雜也。

爲萑葦。

萑葦，竹類。

按正義曰：「萑葦，竹之類也。」禮記曲禮上「器之溉者不寫」（疏：「寫謂倒傳之」）注：「不溉，謂萑竹之器也。」疏：「萑葦也。是織萑爲之器，竹是織竹爲之器。並謂筦筥之屬。」按萑葦也，筦筥皆竹器，知萑葦爲竹類。

爲反生。

生而反出也。

按釋文云：「麻豆之屬反生，戴孚甲而出也。虞作阪，云『陵阪也』。陸云『阪當爲反』。」據鄭云「生而反出」，則不作「阪」明矣。又集解引宋衷曰：「謂枲豆之屬，戴甲而生。」正義曰：「取其始生戴甲而出。」皆謂戴甲者反生。按戴甲者，其甲每反句向上，故鄭謂反出也。

爲宣（今作寡）髮。

按考工記車人「半距謂之宣」注：「頭髮皓落曰宣。」疏：「按說卦云：『其於人爲宣髮……』」今易文不作『宣』，作『寡』者，蓋『宣』、『寡』義得兩通，故鄭作『宣』不作『寡』也」鄭禮注以頭髮皓落爲宣，皓即白。集解引虞翻曰：「爲白（按巽爲木下有爲白二字），故宣髮，馬君以宣爲寡髮，非也。據此，則虞亦作「宣髮」。曰「爲白」，則與鄭云「皓」同。然則「宣髮」、「寡髮」，其義相因，故疏曰「宣寡義得兩通」也。又按宣寡之音亦近（宣須緣切心母齒音，寡古瓦切見母牙音）齒牙古聲互通（

說見上），故相易也。

爲黃（今作廣）顙。

按廣从黃聲（說文），黃爲廣之字根，故相代用。

爲月。

臣象也。

按洪範五行傳「側匿則侯王其肅」注：「月，臣象也。」詩柏舟「日居月諸」傳同。十月之交「彼月而微」傳：「月，臣道也。」

爲乾卦。

乾當爲幹，陽在外，能幹正也。

按當爲者，正其誤也。此二字形似，音亦近（乾渠焉切又古寒切 幹古案切），故易亂，而鄭則讀正之也。

爲徑路。

田間之道曰徑路。

按說文：「徑，步道也。从彳，巠聲。」步道即小道。漢書高帝紀「夜徑澤中」注：「徑，小道也，」一字林同。田間之道小，止容牛馬。周禮遂人「凡治野，夫間有遂，遂上有徑」注：「徑畛涂道路，皆所以通車徒於國都也。徑容牛馬，畛容大車，涂容乘車一軌………」夫遂皆在田間，遂上之徑止容牛馬，故田間之道曰徑路，言其小也。

爲黚（今作黔）喙之屬。

謂虎豹之屬，貪冒之類。

按「䵹」、「黔」二字音同（皆巨淹切），故相叚。集解引馬傳曰：「黔喙，肉食之獸，謂豺狼之屬。」是鄭從師說也。虎豹豺狼，皆肉食，猛獸也，其性貪冒。正義亦曰：「黔喙之屬，取其山居之獸也。」與馬鄭同。

序卦

飲食必有訟。

訟猶諍也。言飲食之會，恒多諍也。

按訟，說文：「訟爭也。从言，公聲。」易訟卦釋文：「訟，爭也：言之於公也。」淮南俶眞「分徒而訟」注：「訟，爭是非也。」上引訟皆訓爭。說文：「諍，止也。从言爭聲。」而一切經音義二十四引蒼頡曰：「諍，訟也。」則訟諍之義同。「諍」、「爭」二字經傳多通。柳敏碑：「諫爭匡弼。」諍即作爭。以爭爲字根，可代諍也。

雜卦

兌說（今作見）而巽伏也。

按今本作「見」，與「伏」相對。鄭作「說」，以卦德言之。說卦：「兌說也，巽入也。」伏入義同，各有所主也。

蠱則飾（今作飭）也。

按「飾」、「飭」二字古音同在第一部（飾賞隻切，飭恥力切）爲疊韵，又音符相同（皆从食聲，見說文），故相叚用也。足見通假之字，無不與聲音有關也。

參考書目

十三經注疏
國語　戰國策　史記　漢書　後漢書　晉書
荀子　老子　莊子　韓非子　管子　列子　法言　呂氏春秋　淮南　春秋繁露　說苑
楚辭　文選　文心雕龍
周易集解　易緯乾鑿度　晁氏易　周易考異　五經小學述
易章句　九經誤字　易經異文釋　周易正字考
周禮漢讀考　國故論衡　車制考
甲骨文編　周金文存　古籀彙編
爾雅　說文　釋名　玉篇　方言　廣雅　小爾雅　經典釋文　廣韻　集韻
說文解字詁林　經籍纂詁　說文通訓定聲　爾雅義疏　周易諸家引經異字同聲考。